Kohlhammer

Marion Steven

Produktionslogistik

Verlag W. Kohlhammer

1. Auflage 2015

Alle Rechte vorbehalten
© W. Kohlhammer GmbH, Stuttgart
Gesamtherstellung: W. Kohlhammer GmbH, Stuttgart

Print:
ISBN 978-3-17-028636-8

E-Book-Formats:
pdf: 978-3-17-028637-5
epub: 978-3-17-028638-2
mobi: 978-3-17-028639-9

Für den Inhalt abgedruckter oder verlinkter Websites ist ausschließlich der jeweilige Betreiber verantwortlich.
Die W. Kohlhammer GmbH hat keinen Einfluss auf die verknüpften Seiten und übernimmt hierfür keinerlei Haftung.

Vorwort

Angesichts der zunehmenden globalen Vernetzung von Unternehmen und Märkten kommt der Logistik als der Lehre von der Gestaltung und Steuerung von raum-zeitlichen Transformationsprozessen in Wissenschaft und Praxis eine immer größere Rolle zu. Auch wenn sich die Logistik lange Zeit überwiegend mit der Leistungserstellung in Speditionsbetrieben befasste, wird sie inzwischen als eine Querschnittsfunktion angesehen, die in sämtlichen Phasen des güterwirtschaftlichen Transformationsprozesses benötigt wird. Die Aufgabe der Logistik ist die Koordination der mit dem Leistungsaustausch verbundenen Material- und Informationsflüsse, die zur Verknüpfung von unternehmensinternen und -externen Wertschöpfungsstufen dienen.

Es werden sowohl grundlegende Zusammenhänge dargestellt als auch ausgewählte Lösungsverfahren vermittelt und anhand von Beispielen veranschaulicht. Als Vorkenntnisse werden die Grundlagen aus einer Einführungsveranstaltung in die Produktionswirtschaft vorausgesetzt, wie sie z. B. in dem ebenfalls im Kohlhammer Verlag erschienen Lehrbuch „Einführung in die Produktionswirtschaft" (Steven 2013) vermittelt werden.

Das Buch ist entsprechend dem Ablauf einer Vorlesung in 13 Lehreinheiten gegliedert, die jeweils dem Umfang und Inhalt einer Vorlesungs-Doppelstunde entsprechen. Die vielfältigen Aufgaben der Produktionslogistik lassen sich unterschiedlichen Abschnitten im Wertschöpfungsprozess zuordnen:

- Die *Beschaffungslogistik* (Lehreinheiten 2 bis 4) wirkt sich auf der Inputseite des betrieblichen Transformationsprozesses aus; hier sind Fragestellungen wie der Aufbau eines Beschaffungssystems, die Gestaltung von Lagerstrukturen, aber auch Prognose- und Lagerhaltungsmodelle von Bedeutung.

- Gegenstand der *Fertigungslogistik* (Lehreinheiten 5 und 6) sind insbesondere die Gestaltung von Fertigungsstrukturen und die Layout-Planung, aber auch die Qualitätssicherung und die Auswahl eines flussorientierten Produktionsplanungssystems, das am Beispiel des Just-in-Time-Konzepts dargestellt wird.

- Die *Distributionslogistik* (Lehreinheiten 7 bis 9) setzt an der Outputseite des Transformationsprozesses an und befasst sich mit der Gestaltung von Distributionssystemen, der Transport- und Tourenplanung, aber auch der Gestaltung von Supply Chains, der Citylogistik oder logistischen Dienstleistungen.

- Die Aufgaben der *Entsorgungslogistik* und von *Green Logistics* (Lehreinheiten 10 und 11) bestehen darin, für eine geordnete, den gesetzlichen Vorschriften und denАнсprüchen der Stakeholder des Unternehmens an die Umweltverträglichkeit entsprechende Rückführung von Reststoffen und Abfällen aus der Produktion sowie von genutzten Produkten zu sorgen bzw. die Logistik insgesamt möglichst umweltverträglich zu gestalten.

Diese am Wertschöpfungsprozess ausgerichteten Inhalte sind eingebettet in eine Einführung in die logistische Denkweise in Lehreinheit 1 und sämtliche Bereiche umfassende Ausführungen zum Supply Chain Management in Lehreinheit 12 bzw. zum Logistikcontrolling in Lehreinheit 13.

Die Ausführungen wechseln zwischen einem beschreibenden Niveau, durch das konzeptionelle und institutionelle Zusammenhänge verdeutlicht werden, und formalen Modellen, mit denen sich einzelne Teilprobleme abbilden und lösen lassen. Zum Abschluss jeder Lehreinheit werden weiterführende Literaturhinweise gegeben, die bei der eigenständigen Vertiefung des Stoffs helfen sollen.

Das Buch richtet sich an Studierende der Wirtschaftswissenschaften und verwandter Studiengänge, die sich für das Gebiet der Produktionslogistik interessieren oder diesen Bereich als Studienschwerpunkt vertiefen wollen. Weiter eignet es sich für Studierende der Natur- und Ingenieurwissenschaften sowie für Praktiker, die sich wirtschaftswissenschaftliche Kenntnisse aus dem Bereich der Logistik aneignen wollen. Die einzelnen Lehreinheiten können weitgehend unabhängig voneinander durchgearbeitet werden. Zu jeder Lehreinheit wird zusätzliche Literatur angegeben, durch die sich das jeweilige Thema vertiefen lässt.

Ich danke meinem Lehrstuhlteam für die vielfältige Unterstützung bei der Erstellung dieses Buchs. Meine früheren und derzeitigen wissenschaftlichen Mitarbeiter haben mir während der Entstehungszeit in intensiven Diskussionen geholfen, die Darstellung verständlich zu gestalten und auf die wesentlichen Sachverhalte zu beschränken. Die studentischen Hilfskräfte haben durch die Erstellung von Abbildungen und die Datenbeschaffung ebenfalls einen wichtigen Beitrag geleistet. Dank gilt auch den Bochumer Studierenden, die mir mit ihren kritischen Fragen viele wertvolle Anregungen gegeben haben. Dem Kohlhammer Verlag danke ich für die Bereitschaft zur Publikation des vorliegenden Buches und insbesondere Herrn Dr. Uwe Fliegauf für seine Anregungen, die kontinuierliche Betreuung und die reibungslose Abwicklung.

Bochum, im März 2015   Marion Steven

Inhalt

1	**Aufgaben und Ziele der Produktionslogistik**	**1**
1.1	Logistikbegriff	1
1.2	Ziele der Logistik	4
1.2.1	Systemdenken	5
1.2.2	Servicedenken	6
1.2.3	Gesamtkostendenken	7
1.2.4	Effizienzdenken	8
1.3	Logistikobjekte	9
1.4	Logistikprozesse	10
1.5	Logistiksysteme	12
1.6	Teilbereiche der Logistik	14
1.7	Weiterführende Literatur	17
2	**Prognosemodelle**	**18**
2.1	Zeitreihen	18
2.2	Bedarfsverläufe	20
2.3	Bedarfsprognose	22
2.3.1	Prognosen auf Basis der Mittelwertrechnung	23
2.3.2	Prognosen auf Basis der Regressionsrechnung	25
2.3.3	Exponentielle Glättung	28
2.4	Prognosefehler und Servicegrad	29
2.5	Weiterführende Literatur	33
3	**Lagersysteme und Bestandsmanagement**	**34**
3.1	Lagerarten	34
3.2	Funktionen des Lagers	36
3.3	Lagerobjekte	37
3.4	Lagertechnik	38
3.5	Kommissionierung	43
3.6	Lagerstandorte	45
3.7	Bestandsmanagement	47
3.7.1	Bestandsarten	47

3.7.2	Bedeutung des Lagerbestands	48
3.7.3	Lagerbestände im Just in Time-Konzept	50
3.8	Weiterführende Literatur	51
4	**Innerbetriebliche Transportsysteme**	**52**
4.1	Fördermittel	52
4.1.1	Arten von Fördermitteln	52
4.1.2	Auswahl von Fördermitteln	55
4.2	Förderhilfsmittel	56
4.3	Packprobleme	59
4.4	Ebenen des Materialflusses	63
4.5	Weiterführende Literatur	65
5	**Fertigungssysteme**	**66**
5.1	Anforderungen an Fertigungssysteme	66
5.2	Traditionelle Ausprägungen von Fertigungssystemen	69
5.2.1	Werkstattfertigung	69
5.2.2	Fließfertigung	70
5.2.3	Beurteilung der traditionellen Fertigungssysteme	71
5.3	Flexible Fertigung	72
5.4	Gestaltung des Materialflusses	77
5.5	Push- und Pull-Strategien	79
5.6	Order Penetration Point	82
5.7	Weiterführende Literatur	83
6	**Layoutplanung**	**84**
6.1	Problemstellung der Layoutplanung	84
6.1.1	Aufgaben der Layoutplanung	84
6.1.2	Ziele der Layoutplanung	86
6.2	Optimierendes Verfahren: Quadratisches Zuordnungsproblem	89
6.3	Heuristische Lösung: Zweieraustauschverfahren	90
6.4	Beispiel eines Fertigungslayouts	95
6.5	Weiterführende Literatur	96
7	**Lieferketten und Verkehrssysteme**	**97**
7.1	Lieferketten	97
7.2	Logistiknetzwerke	99
7.2.1	Direktbelieferung	99
7.2.2	Hub and Spoke-Systeme	100
7.3	Phasen der Distribution	103
7.4	Distributionskonzepte	104

7.4.1	Gebietsspediteure	104
7.4.2	Cross Docking	106
7.5	Außerbetriebliche Verkehrssysteme	106
7.5.1	Kennzahlen der Makrologistik	107
7.5.2	Strukturen von Verkehrsnetzen	108
7.5.3	Ausgestaltung von Verkehrssystemen	109
7.6	Weiterführende Literatur	115
8	**Transport- und Tourenplanung**	**116**
8.1	Transportmodelle	116
8.1.1	Klassisches Transportmodell	117
8.1.2	Heuristik für das Transportmodell	118
8.2	Tourenplanung	122
8.2.1	Problemstellung der Tourenplanung	122
8.2.2	Savings-Verfahren	124
8.2.3	Zuordnungsproblem	131
8.2.4	Travelling Salesman Problem	132
8.3	Weiterführende Literatur	133
9	**Distributionssysteme und logistische Dienstleistungen**	**134**
9.1	Organisation der Distribution	134
9.1.1	Zentralisationsgrad	134
9.1.2	Distributionsstrukturen	135
9.2	Efficient Consumer Response	137
9.3	Verpackungen	139
9.3.1	Arten von Verpackungen	139
9.3.2	Anforderungen an Verpackungen	141
9.4	Logistische Dienstleistungen	144
9.5	Speditionen	147
9.6	Weiterführende Literatur	149
10	**Reverse Logistics**	**150**
10.1	Entwicklung von Reverse Logistics	150
10.2	Entsorgungslogistik	153
10.2.1	Grundlagen der Entsorgungslogistik	153
10.2.2	Sammlung und Sortierung	156
10.2.3	Transport und Umschlag	158
10.2.4	Lagerung	159
10.2.5	Behandlung	160
10.2.6	Entsorgungslogistische Prozesse	162
10.3	Retourenlogistik	163
10.4	Behälterlogistik	167

10.5	Weiterführende Literatur	171
11	**Green Logistics**	**172**
11.1	Logistik und Umweltschutz	172
11.2	Umweltwirkungen der Logistik	174
11.3	Umweltaspekte in der Logistik	177
11.3.1	Umweltaspekte beim Transport	177
11.3.2	Umweltaspekte beim Umschlag	178
11.3.3	Umweltaspekte bei der Lagerung	179
11.4	Just in Time und Umweltschutz	180
11.4.1	Positive Umweltwirkungen von Just in Time	181
11.4.2	Negative Umweltwirkungen von Just in Time	182
11.4.3	Maßnahmen zur umweltverträglichen Gestaltung der Just in Time-Zulieferung	184
11.5	Externe Kosten des Verkehrs	185
11.5.1	Feinstaubbelastung	186
11.5.2	LKW-Maut	187
11.5.3	Emissionszertifikate im Luftverkehr	188
11.6	Weiterführende Literatur	190
12	**Supply Chain Management**	**191**
12.1	Begriff und Ursprung des Supply Chain Managements	191
12.2	Ebenen des Supply Chain Managements	195
12.2.1	Entscheidungen auf der Strukturebene	195
12.2.2	Entscheidungen auf der Prozessebene	197
12.2.3	Entscheidungen auf der Managementebene	200
12.3	Globales Supply Chain Management	202
12.4	Planungsverfahren für das Supply Chain Management	203
12.5	Weiterführende Literatur	206
13	**Logistikcontrolling**	**207**
13.1	Aufgaben des Logistikcontrollings	207
13.2	Kennzahlen als Basis des Logistikcontrollings	210
13.3	Strategisches Logistikcontrolling	213
13.3.1	Logistikportfolio	213
13.3.2	Höchstpunktzahlverfahren zur Lieferantenbewertung	215
13.3.3	Supply Chain Balanced Scorecard	217
13.4	Operatives Logistikcontrolling	219
13.4.1	Operative Logistikkennzahlen	219
13.4.2	Logistikkosten- und -leistungsrechnung	223
13.5	Weiterführende Literatur	225
14	**Literaturempfehlungen**	**226**

1 Aufgaben und Ziele der Produktionslogistik

Die Produktionslogistik befasst sich mit der Planung, Steuerung und Koordination der mit der Produktion verbundenen raum-zeitlichen Transformationsprozesse. In dieser ersten Lehreinheit wird ein grundsätzlicher Überblick über den Gegenstand und die Aufgaben der Logistik gegeben. Ausgehend vom Logistikbegriff werden zunächst die Zielsetzungen und die Objekte der Logistik und die mit ihnen verknüpften logistischen Prozesse dargestellt. Weiter wird ein Überblick über einzel- und gesamtwirtschaftliche Logistiksysteme gegeben. Schließlich wird gezeigt, in welche Teilbereiche sich die Produktionslogistik gliedern lässt und in welchen Lehreinheiten diese Teilbereiche behandelt werden.

Leitfragen: Aus welchen Wurzeln hat sich die Logistik entwickelt?

Welche Ziele werden in der Produktionslogistik verfolgt?

Welche Logistikobjekte werden durch welche Logistikprozesse transformiert?

Welche Arten von Logistiksystemen lassen sich unterscheiden?

Welche Aufgaben haben die verschiedenen Teilbereiche der Produktionslogistik?

1.1 Logistikbegriff

Der Ursprung des Begriffs „Logistik" liegt im militärischen Bereich. Dort versteht man unter Logistik den Transport, die Unterbringung und die Versorgung der Soldaten sowie den Transport, die Lagerung und die Instandhaltung von Gütern zum Zweck der bedarfsgerechten *Truppenversorgung* (vgl. Pfohl 2010, S. 11). Nach dem 2. Weltkrieg wurden die in diesem Zusammenhang gewonnenen Erkenntnisse und Methoden unter der Bezeichnung Unternehmenslogistik (business logistics) auf den wirtschaftlichen Bereich übertragen und anhand der dort auftretenden Problemstellungen im Bereich der Distribution (physical distribution) und der Materialverwaltung weiterentwickelt. Die Wurzeln der Logistik liegen innerhalb der Betriebswirtschaftslehre zum einen in der Materialwirtschaft, zum anderen in der Verkehrsbetriebslehre.

Im Gegensatz zu den klassischen – institutionell oder funktional organisierten – Teilgebieten der Betriebswirtschaftslehre handelt es sich bei der Logistik noch um eine recht junge Teildisziplin, die einer sauberen Begriffsbestimmung und Abgrenzung bedarf. Weber und Kummer bezeichnen die Logistik als eine der wesentlichen betriebswirtschaftlichen Innovationen der jüngeren Zeit, aber auch als einen schillernden, wenig trennscharfen Begriff (vgl. Weber/Kummer 1998, S. 1 bzw. S. 26). Es lassen sich in der Literatur verschiedene Sichtweisen der Logistik feststellen, die teilweise auch ihre bisherigen *Entwicklungsstufen* widerspiegeln:

- Im ingenieurwissenschaftlichen Bereich dominiert eine *technikorientierte Darstellung* der Logistik, deren Schwerpunkt auf der konkreten Ausgestaltung von Lager-, Förder-, Handhabungs- und Produktionssystemen für die verschiedenen Anforderungen der Praxis liegt (vgl. stellvertretend für diese Richtung Jünemann/Schmidt 1999a, Koether 2007).

- Eine stark *modellorientierte Sichtweise* der Logistik vertreten Domschke und Drexl, die sich in einem dreiteiligen Lehrbuch zur Logistik auf OR-Algorithmen für Transportprobleme, Probleme der Tourenplanung und Probleme der Standortplanung konzentrieren und diese mit mathematisch anspruchsvollen, formalen Methoden darstellen und lösen (vgl. Domschke 1997, 2007, Domschke/Drexl 1996).

- Die amerikanische Logistikgesellschaft *Council of Logistics Management* definiert: "Logistics ... is ... the process of planning, implementing, and controlling the efficient, cost effective flow and storage of raw materials, in-process inventory, finished goods, and related information from point of origin to point of consumption for the purpose of conforming to customer requirements."

- In der betriebswirtschaftlichen Literatur findet sich vielfach eine *flussorientierte Logistiksicht*. Ihr Schwerpunkt liegt auf der Durchführung von raum-zeitlichen Gütertransformationen und den unterstützenden Prozessen und Dienstleistungen. Dabei stehen die funktionalen Aspekte der einzelnen Transformationsprozesse im Vordergrund (vgl. z. B. Pfohl 2010, Weber/Kummer 1998, S. 9ff.).

- Inhaltlich und methodisch über die Flussorientierung hinaus geht die *Koordinationssicht* der Logistik, die auf die Abstimmung und Integration der an verschiedenen Stellen des Wertschöpfungsprozesses auftretenden Material- und Informationsflüsse abstellt (vgl. z. B. Weber/Kummer 1998, S. 14ff., Klaus 1998, S. 66ff.). Diese Koordinationsaufgabe ist nicht auf ein Unternehmen beschränkt, sondern kann – z. B. in der Erweiterung zum Supply Chain Management – die gesamte Lieferkette, in die das Unternehmen eingebunden ist, umfassen.

- Schließlich lässt sich die Logistik als eine *prozessorientierte Führungslehre* auffassen, die sich nicht mehr nur mit der Handhabung konkreter Material- und Informationsströme befasst. Ihre Aufgabe besteht vielmehr darin, das der operativen Ebene übergeordnete Führungs- und Ausführungssystem eines Unternehmens in enger gegenseitiger Abstimmung konsequent flussorientiert auszugestalten (vgl. z. B. Weber/Kummer 1998, S. 21ff., Isermann 1998, S. 24).

1.1 Logistikbegriff

Im Folgenden wird auf der flussorientierten Sichtweise aufgebaut und unter *Logistik* die integrierte Planung, Gestaltung, Abwicklung und Kontrolle des gesamten physischen Materialflusses und des dazugehörigen Informationsflusses von den Lieferanten in das Unternehmen hinein, innerhalb des Unternehmens, vom Unternehmen zu seinen Kunden sowie der damit verbundenen Entsorgungsprozesse verstanden (vgl. Abb. 1.1). Diese Sichtweise erstreckt sich auch auf die Koordination der verschiedenen Quellen und Senken, die innerhalb einer komplexen, unternehmensübergreifenden Wertschöpfungskette auftreten. Es handelt sich somit um eine betriebswirtschaftliche *Querschnittsfunktion*, die die marktbezogenen Grundfunktionen Beschaffung, Produktion und Absatz sowohl innerhalb eines Unternehmens als auch zwischen Unternehmen miteinander verknüpft und die methodisch auf einer Schnittstelle zwischen der Betriebswirtschaftslehre und den Ingenieurwissenschaften angesiedelt ist.

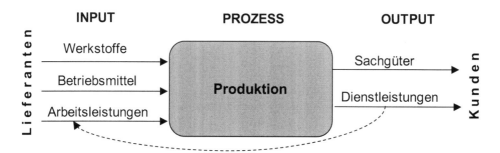

Abb. 1.1 Flussorientierung der Logistik

Während die Logistik in den USA bereits in den 1950er Jahren aufgrund *steigender Transportkosten* sowie im Zusammenhang mit einer stärkeren Markt- bzw. Kundenorientierung der Unternehmen an Bedeutung gewann, geschah dies in der deutschsprachigen Betriebswirtschaftslehre erst seit den 1970er Jahren (vgl. Isermann 1998, S. 22, Klaus 1998, S. 61). Eine beschleunigte Weiterentwicklung des logistischen Denkens lässt sich in den 1980er und 1990er Jahren feststellen, als mit dem Supply Chain Management die Koordination von Materialflüssen in den Mittelpunkt der Forschung rückte.

Auch in den Unternehmen kommt der Logistik ein zunehmender Stellenwert zu. In diesem Zusammenhang wird das 21. Jahrhundert als das Jahrhundert der Logistik bezeichnet (vgl. Pfohl 2001). Dieser Bedeutungszuwachs beruht auf mehreren Entwicklungen:

- Im Rahmen des zunehmenden *Wettbewerbs* erwarten die Kunden von den Unternehmen auf zahlreichen Märkten neben hervorragenden, auf ihre individuellen Bedürfnisse zugeschnittenen Produkten auch einen immer besseren Lieferservice.

- Weiter verstärkt sich die Notwendigkeit, durch *Kostensenkungen* zur Verbesserung des betrieblichen Ergebnisses beizutragen, wobei die Logistik mit einem branchenabhängigen Anteil von bis zu 25 % der Gesamtkosten einen vielversprechenden Ansatzpunkt bietet.

- Schließlich lässt sich sowohl in der Gesamtwirtschaft als auch global eine immer weiter zunehmende *Arbeitsteilung* feststellen, durch die nicht nur zusätzliche Verkehrsflüsse entstehen, sondern auch logistische Aufgaben auf spezialisierte Dienstleistungsunternehmen ausgelagert werden.

Im Jahr 2012 betrug der *Logistikumsatz* in Europa 930 Mrd. Euro, wobei Deutschland mit 228 Mrd. Euro einen Anteil von ca. 25 % hatte (vgl. Kille/Schwemmer 2013, S. 32ff.). Damit liegt der deutsche Logistikumsatz in Europa auf dem ersten Rang. Die Logistik ist innerhalb Deutschlands nicht nur der drittgrößte Wirtschaftsbereich, sondern beeinflusst über ihren direkten Anteil von 8,65 % hinaus ca. 70 % des deutschen Bruttoinlandsprodukts. In Deutschland sind ca. 2,85 Mio. Arbeitnehmer in der Logistik beschäftigt, das jährliche Wachstum dieser Branche liegt derzeit weltweit bei ca. 6 %.

1.2 Ziele der Logistik

Die Zielsetzungen der Logistik beziehen sich auf eine technische und eine ökonomische Komponente. Das *Sachziel* der Logistik ist das *Serviceziel*. Es besteht in der Sicherstellung der bedarfsgerechten Verfügbarkeit von logistischen Objekten zum Zweck der Befriedigung der Bedürfnisse von internen oder externen Kunden und lässt sich durch die so genannten „4 R" als Kriterien veranschaulichen (vgl. Pfohl 1996, S. 12). Die Logistik soll dafür sorgen, dass

- das *richtige Gut* (in Bezug auf seine Sorte und Menge)
- im *richtigen Zustand* (d. h. in der gewünschten Qualität)
- zur *richtigen Zeit*
- am *richtigen Ort*

bereitgestellt wird (vgl. hierzu den Güterbegriff bei Debreu 1976, S. 37 sowie Steven 2013, S. 30f.). Sollte ein Gut bei einer dieser Dimensionen nicht die gewünschte Ausprägung aufweisen, so kann es durch eine der in Abschnitt 1.3 beschriebenen logistischen Transformationen, d. h. durch einen Transport-, Umschlag- oder Lagerungsvorgang, in den Sollzustand überführt werden.

Als ökonomisches Ziel bzw. *Formalziel* der Logistik, das sich aus dem Gewinnstreben eines Unternehmens ableiten lässt, wird die Minimierung der mit der Güterbereitstellung verbundenen *Logistikkosten* verfolgt. Diese setzen sich aus einer Vielzahl von Kostengrößen zusammen, über die in verschiedenen Verantwortungsbereichen der Produktionslogistik entschieden wird. Zu den Logistikkosten zählen insbesondere:

- Beschaffungskosten
- Fehlmengenkosten
- Lagerhaltungskosten
- Transportkosten

1.2 Ziele der Logistik

- Materialflusskosten
- Distributionskosten
- Entsorgungskosten

Je nach Abgrenzung machen die Logistikkosten bei produzierenden Unternehmen bis zu 50 % der Herstellkosten aus. Somit weist die Logistik über die zielgerichtete Koordination aller relevanten Wertschöpfungsprozesse ein erhebliches Kostensenkungspotential auf.

Die Kostenminimierung steht allerdings häufig in einem *Zielkonflikt* mit dem zuvor genannten Serviceziel. Dies ist z. B. der Fall, wenn eine Kostensenkung über die Verringerung der Lagerbestände oder über eine Reduktion der Anzahl der am Markt angebotenen Produktvarianten erreicht werden soll. Eine häufig gewählte Kompromisslösung zur Auflösung dieses Zielkonflikts besteht darin, dass die Logistikkosten minimiert werden sollen (Extremierungsziel) unter der Bedingung, dass ein vorgegebener Servicegrad zumindest erreicht wird (Satisfizierungsziel).

Zusätzlich sind bei der Durchführung logistischer Prozesse *soziale Ziele* wie der Gesundheits- und Arbeitsschutz oder die Arbeitszufriedenheit von Bedeutung. Auch *ökologische Ziele* werden bei der Gestaltung logistischer Abläufe nicht nur im Bereich der Entsorgungslogistik immer stärker berücksichtigt.

Um die Erreichung dieser vielfältigen Zielsetzungen durch konsistentes Handeln auf sämtlichen Stufen des betrieblichen Leistungsprozesses sicherzustellen, lässt sich das Ziel der Logistik auf der operativen Ebene als *optimale Ausgestaltung des physischen Materialflusses* durch Koordination aller relevanten Abläufe formulieren. Auf der strategischen Ebene wird dies unterstützt durch die flussorientierte Ausgestaltung des gesamten Leistungsbereichs eines Unternehmens (vgl. Weber/Kummer 1998, S. 20f.).

Generell lässt sich das *logistische Denken* durch die in den nachfolgenden Unterabschnitten behandelten Komponenten näher charakterisieren (vgl. Pfohl 1996, S. 20ff.). Diese vier Komponenten des logistischen Denkens sind eng miteinander verknüpft; erst ihre gemeinsame Betrachtung erschließt die charakteristischen Zielsetzungen der logistischen Leistungserstellung.

1.2.1 Systemdenken

Die Betrachtungsweise der Logistik ist vom systemtheoretischen Standpunkt ganzheitlich, d. h. sie betrifft das Logistiksystem als Ganzes. Dies bedeutet zunächst, dass die logistischen Funktionen und Objekte in einer einheitlichen Terminologie beschrieben werden, um die Zusammenhänge zwischen verschiedenen Teilsystemen adäquat abbilden zu können. Weiter muss die Modellbildung für Logistiksysteme unter Beachtung aller relevanten Interdependenzen erfolgen, um sämtliche Auswirkungen einer logistikbezogenen Entscheidung erfassen und dadurch letztendlich einen besseren Kundenservice bieten zu können. Dies erfordert weiter, suboptimale Insellösungen zu vermeiden bzw. diese zu einem ganzheitlichen Logistiksystem zu vernetzen, das in der Lage ist, Synergieeffekte zwischen verschiedenen Teilbereichen aufzudecken und zu realisieren.

So ist z. B. bei isolierter Betrachtung der Transportkosten die Luftfracht für die meisten Güter aufgrund ihres geringen Verhältnisses von Wert und Volumen eine zu teure Beförderungsart. Bei Betrachtung des Gesamtsystems kann sich jedoch der Lufttransport als die kostengünstigste Variante erweisen, wenn die dadurch mögliche Lieferterminverkürzung von den Kunden entsprechend honoriert wird oder wenn sich aufgrund dieser Entscheidung ein Lagerstandort innerhalb der Lieferkette schließen lässt.

1.2.2 Servicedenken

Das Serviceziel wurde bereits als ein wesentliches Ziel der Logistik herausgestellt. Unter Service versteht man in diesem Zusammenhang die logistischen Dienstleistungen, die vom Unternehmen vielfach als Ergänzung zu seinen Sachleistungen angeboten werden und als zusätzliches Differenzierungsmerkmal im Wettbewerb immer mehr an Bedeutung gewinnen. Auf der Beschaffungsseite des Unternehmens spricht man vom Versorgungsservice, auf der Absatzseite vom Lieferservice, die beide für die bedarfsgerechte Bereitstellung der jeweiligen Güter sorgen müssen. Da in einer Kunden-Lieferanten-Beziehung der Versorgungsservice des Kunden durch den Lieferservice des Lieferanten determiniert wird, steht letzterer meist im Mittelpunkt logistischer Betrachtungen. Der *Lieferservice* lässt sich durch die in Abb. 1.2 angegebenen Kriterien charakterisieren:

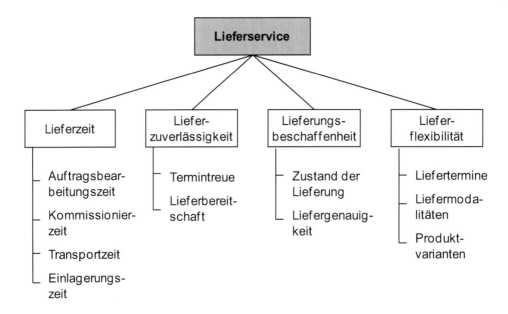

Abb. 1.2 Komponenten des Lieferservice

- Die *Lieferzeit* entspricht der Zeit von der Auftragserteilung bis zum Wareneingang beim Kunden und umfasst die Komponenten Auftragsbearbeitungszeit beim Lieferanten, Zeit

1.2 Ziele der Logistik

für die Zusammenstellung (Kommissionierung) des Auftrags, Transportzeit zur Überbrückung der räumlichen Entfernung zwischen Lieferant und Kunde sowie Zeit für die Einlagerung der Ware beim Kunden. Bei Einzelanfertigungen, die eine individuelle Produktentwicklung erfordern, zählt zusätzlich die Entwicklungszeit zur Lieferzeit.

- Die *Lieferzuverlässigkeit* gibt an, inwieweit die Lieferungen eines Lieferanten zu den vereinbarten Lieferterminen eingehen (Termintreue) bzw. inwieweit der Lieferant auch bei plötzlichen Bestellungen lieferbereit ist.

- Die *Lieferungsbeschaffenheit* bezieht sich darauf, in welchem Zustand die Lieferung am Bedarfsort ankommt und inwieweit die Lieferung nach Art und Qualität der gelieferten Waren der Bestellung entspricht (Liefergenauigkeit).

- Von großer Bedeutung ist weiter die *Lieferflexibilität* als ein Maß für die Bereitschaft des Lieferanten, auf individuelle Kundenwünsche sowohl bei der Produktgestaltung als auch bei den Liefermodalitäten und den Lieferterminen einzugehen.

1.2.3 Gesamtkostendenken

Die oben als Hauptziel der Logistik genannte Kostenminimierung bezieht sich nicht auf die isolierte Minimierung einer bestimmten Kostenart, sondern auf die Minimierung der im *Gesamtsystem* anfallenden Kosten. Dies bedeutet bei gegenläufigen Kostenverläufen, dass zur Erzielung einer Gesamtkostenreduktion durchaus an einzelnen Stellen im System Kostenerhöhungen auftreten dürfen, wenn diese durch größere Kostensenkungen an anderer Stelle überkompensiert werden. Daher sind bei einer Entscheidung im Logistikbereich regelmäßig sämtliche relevanten Kostengrößen angemessen zu berücksichtigen. Derartige Interdependenzen bestehen – teils in Form von Zielharmonien, teils als Zielkonflikte – insbesondere zwischen den in Abb. 1.3 dargestellten Kostenkomponenten.

- Eine Senkung der *Transportkosten* aufgrund der Zusammenfassung von Einzellieferungen bewirkt zwar eine Vereinfachung bei der Produktion, der Verpackung und der Auftragsabwicklung, bringt jedoch auch jedoch ein Ansteigen des Lagerbestands und damit der Lagerhaltungskosten sowie ein schlechteres Serviceniveau mit sich.

- Bei einer Verringerung des Lagerbestands sinken zwar die *Lagerhaltungskosten* sowie aufgrund des geringeren Platzbedarfs auch die Kosten im Bereich der Lagergestaltung, jedoch sind damit gleichzeitig ein geringeres Serviceniveau, höhere Auftragsabwicklungs- und Transportkosten sowie größere Schwankungen bei den Produktionsmengen verbunden.

- Eine Kostenreduktion aufgrund von Einsparungen bei den *Verpackungen* lässt zwar die Produktions- und Transportkosten sinken, jedoch können gleichzeitig die Anforderungen an die Lagergestaltung steigen und das Serviceniveau aufgrund von Transportschäden zurückgehen.

- Wenn man höhere Kosten der *Lagergestaltung* in Kauf nimmt, lässt sich dadurch nicht nur das Serviceniveau erhöhen, sondern es lassen sich aufgrund der besseren Zugriffsmöglichkeiten auf das Material auch die Bestandskosten, die Auftragsabwicklungskosten und die Produktionskosten senken.

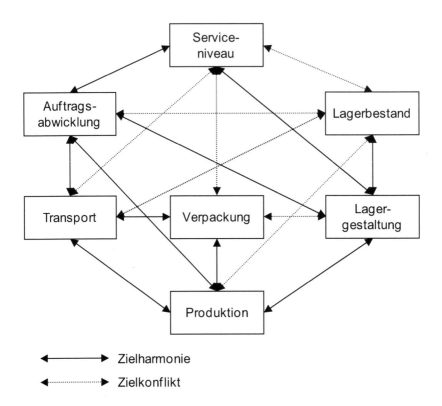

Abb. 1.3 *Interdependenzen zwischen den Logistikkosten (in Anlehnung an Pfohl 1996, S. 31)*

1.2.4 Effizienzdenken

Effizienz bedeutet die Orientierung am ökonomischen Prinzip, das heißt in Bezug auf die Logistik die Vermeidung der Verschwendung von knappen Ressourcen bei der Erstellung von Logistikleistungen. Nach Pfohl (2004, S. 41f.) erfordert das Effizienzdenken in der Logistik eine Ausrichtung am Verhältnis von Input bzw. den durch den Einsatz von logistischen Produktionsfaktoren verursachten Logistikkosten und dem Output, der in Form der erzeugten Logistikleistungen vorliegt. Dabei wird das ökonomische Prinzip nicht nur in einer mengenmäßigen Formulierung, sondern auch in wertmäßiger Dimension verwendet.

Eine Anwendung des Effizienzdenkens in der Logistik ist die Zusammenfassung von logistischen Objekten zu umfassenderen Einheiten, z. B. das Stapeln von Kartons, die gemeinsam transportiert werden sollen, auf einer Palette als Ladungsträger. Dadurch wird nicht nur das Handling erleichtert, sondern es werden auch viele einzelne Logistikvorgänge und damit Kosten eingespart. Auch durch die Bündelung von Tätigkeiten, die zuvor an mehreren Stellen im Logistiksystem separat verrichtet wurden, bei einem einzigen Logistikdienstleister lassen sich Rationalisierungspotentiale ausnutzen und dadurch gleichzeitig die Effizienz des Gesamtsystems erhöhen und die Kosten senken.

1.3 Logistikobjekte

Objekte der Logistik sind auf der physischen Ebene *Sachgüter*, d. h. alle materiellen Güter, an denen logistische Zustandstransformationen vorzunehmen sind. Hierzu zählen aus Sicht der Produktionslogistik insbesondere das Fertigungsmaterial, also die Roh-, Hilfs- und Betriebsstoffe, Zuliefer- und Ersatzteile, Handelswaren, Halb- und Fertigerzeugnisse sowie Retouren, Verpackungen, Abfälle und Rückstände, für deren ordnungsmäßige Beseitigung oder Rückführung in das Wirtschaftssystem ein Unternehmen verantwortlich ist. Zwar können auch *Personen* als Logistikobjekte auftreten, doch ist dies nur aus der Sicht von Verkehrsbetrieben, Reiseveranstaltern und ähnlichen Unternehmen interessant und wird daher im Folgenden vernachlässigt.

Auf der immateriellen Ebene gehören neben den Finanzflüssen, die hier nicht vertieft betrachtet werden sollen, sowie den logistischen Dienstleistungen auch *Informationen* zu den Objekten der Logistik. Logistische Informationen beschreiben den Zustand der physischen Objekte und die an ihnen vorzunehmenden Transformationen. Der logistische Informationsfluss dient der Planung, Steuerung und Kontrolle des Materialflusses. Informationen können zum einen dem Materialfluss entgegen gerichtet sein, zum anderen parallel zum Materialfluss verlaufen. Weiter lassen sich die logistischen Informationen in die in Abb. 1.4 genannten Kategorien einteilen:

Informationen	parallel zum Materialfluss	entgegengesetzt
vorauseilend	Lieferavis	Bestellung
begleitend	Positionsmeldung	–
nacheilend	Rechnung	Reklamation

Abb. 1.4 *Logistische Informationen*

- Dem Güterfluss *vorauseilende Informationen* sorgen dafür, dass sich die betroffenen Stellen in der Lieferkette rechtzeitig auf das Eintreffen der Güter vorbereiten können. Zu dieser Kategorie gehören z. B. eine Bestellung oder ein Lieferavis.
- Den Güterfluss *begleitende Informationen* dienen dazu, die jeweiligen logistischen Prozesse auszulösen, den Weg der Güter durch das logistische Netzwerk zu verfolgen und

gegebenenfalls Maßnahmen zur Beschleunigung oder Verzögerung von Vorgängen zu treffen. Beispiele sind Informationen über den Abgang oder Eingang von Transporten sowie über die aktuelle Position eines Transports. Begleitende Informationen können nur parallel zum Materialfluss verlaufen.

- Dem Güterfluss *nacheilende Informationen* sind für die Auswertung und die nachträgliche Kontrolle des Güterflusses erforderlich. Sie können in der gleichen Richtung wie der zugrunde liegende Güterfluss auftreten, wie z. B. eine Rechnung, oder dem Güterfluss entgegen gerichtet sein, wie Rückmeldungen über die Abwicklung, den Lieferservice oder auch Reklamationen.

Tendenziell haben die dem Güterfluss vorauseilenden Informationen die größte Bedeutung für die logistische Koordination, sie weisen jedoch die schlechteste Verfügbarkeit auf. Umgekehrt sind dem Güterfluss nacheilende Informationen zwar in großer Menge und problemlos verfügbar, sie haben jedoch lediglich eine historische Bedeutung und sind daher nur begrenzt relevant für die Durchführung der logistischen Koordination.

1.4 Logistikprozesse

Durch *logistische Prozesse* werden Transformationen verschiedener Art an den materiellen Logistikobjekten bewirkt. Typische logistische Prozesse sind die Lagerung, der Transport, die Bündelung, die Verteilung, die Handhabung (Handling), das Umladen, das Palettieren, das Verpacken, das Etikettieren, das Kommissionieren oder das Sortieren und Mischen von Gütern. Diese Tätigkeiten lassen sich in Abhängigkeit von der Güterart und ihren logistischen Eigenschaften und Anforderungen sehr unterschiedlich ausgestalten. So erfordern z. B. Schüttgüter ein anderes Verpackungssystem als Stückgüter, Einzelanfertigungen werden anders verteilt als Massengüter. Im Lebensmittelbereich werden besondere hygienische Anforderungen gestellt, Frisch- oder Tiefkühlware benötigt andere Transportsysteme als Trockenware. Die wesentlichen logistischen Prozesse mit den durch sie bewirkten Gütertransformationen sind in Abb. 1.5 dargestellt.

- *Lagerung*: Durch einen Lagerungsprozess wird der Zeitpunkt der Verfügbarkeit eines Logistikobjekts auf der Zeitachse nach hinten verschoben, d. h. es findet eine zeitliche Transformation statt. Am Anfang jeder Lagerung steht eine Einlagerung, am Ende erfolgt eine Auslagerung.

- *Transport*: Bei einem Transportvorgang wird eine Ortsveränderung des Logistikobjekts vorgenommen, d. h. seine räumliche Verfügbarkeit wird von dem Ausgangspunkt zum Endpunkt des Transports verlagert. Transportprozesse sind sowohl innerbetrieblich als auch für Lieferungen zwischen verschiedenen Unternehmen von großer Bedeutung.

- *Bündelung bzw. Verteilung*: Bei der Bündelung werden meist gleichartige, aber auch verschiedene Logistikobjekte zu einer logistischen Einheit zusammengefasst, ein Beispiel ist die Verpackung der zu einer Bestellung gehörenden Produkte. Bei der Verteilung wird hingegen eine komplexere logistische Einheit in einzelne Logistikobjekte aufgelöst, z. B.

1.4 Logistikprozesse

beim Handel die Vereinzelung von palettierter Ware beim Einräumen in die Regale. Die hierbei erfolgende Transformation ist eine Änderung der Menge der zu handhabenden logistischen Einheiten.

	Lagerung	Transport	Umschlag		
			Bündelung Verteilung	Sortierung Mischung	Verpackung
Zeitänderung	X				
Raumänderung		X			
Mengenänderung			X		
Sortenänderung				X	
Änderung der Umschlageigenschaften			(X)		X

Abb. 1.5 *Logistikprozesse und Gütertransformationen (in Anlehnung an Pfohl 2004, S. 8)*

- *Sortierung bzw. Mischung*: Durch die Sortierung findet eine Sortenänderung des Logistikobjekts statt, indem vermischt auftretende Einheiten nach den jeweils relevanten Eigenschaften sortiert werden. Ein Beispiel ist das Aussortieren von beschädigter oder fehlerhafter Ware. Beim Mischen werden umgekehrt sortenreine Logistikobjekte, die unterschiedliche Ausprägungen aufweisen, zu einer neuen Einheit zusammengeführt, z. B. die Zusammenstellung von unterschiedlichen Gemüsesorten beim Befüllen von Beuteln mit Mischsalat.

- *Verpackung*: Beim Verpacken wird ein Logistikobjekt, das Packgut, durch das Umhüllen mit Packstoffen so verändert, dass es für die nachfolgenden logistischen Prozesse günstigere Umschlageigenschaften aufweist. Nach ihrer Funktion im Logistikprozess unterscheidet man Verkaufsverpackungen, Umverpackungen und Transportverpackungen (vgl. Lehreinheit 9).

Letztlich lassen sich sämtliche logistischen Tätigkeiten auf die in Abb. 1.6 dargestellten so genannten *TUL-Prozesse* Transport, Umschlag und Lagerung zurückführen. Diese fungieren als Grundstrukturen, aus denen sich durch Verknüpfungen beliebige logistische Ketten zusammensetzen lassen.

Die *Lagerung* bewirkt eine Zeitänderung und der *Transport* führt zu einer Ortveränderung des Logistikobjekts, d. h. beide haben eine Veränderung seiner raum-zeitlichen Verfügbarkeit zur Folge. Unter *Umschlagvorgängen* werden hier alle logistischen Prozesse verstanden, die Transport- oder Lagervorgänge miteinander verbinden (vgl. Wäscher 1998, S. 427). Dieses Begriffsverständnis geht über die auf Umladevorgänge beschränkte Definition des Umschlags in der DIN 30781 hinaus, die den Begriff wie folgt erklärt: „Gesamtheit der Förder-

und Lagervorgänge beim Übergang der Güter auf ein Transportmittel, beim Abgang der Güter von einem Transportmittel und wenn Güter das Transportmittel wechseln."

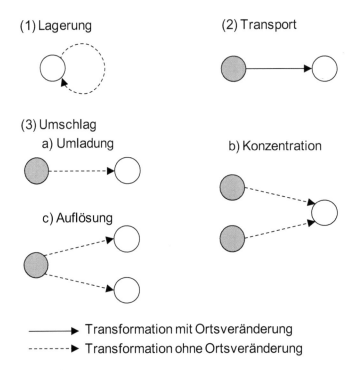

Abb. 1.6 Logistische Grundprozesse

Bei den beiden Umschlagprozessen der *Auflösung* und der *Konzentration* können mehrere logistische Transformationen gleichzeitig durchgeführt werden. So kann die Auflösung einer logistischen Einheit aus dem Auspacken, d. h. einer Veränderung der Umschlageigenschaften, dem Sortieren des Inhalts, durch das eine Sortenänderung bewirkt wird, und dem Verteilen auf Ladungsträger für verschiedene Bedarfsorte, d. h. einer zusätzlichen Mengenänderung, bestehen.

1.5 Logistiksysteme

Gegenstand der Logistik ist die Analyse von Abläufen innerhalb von logistischen Systemen. In systemtheoretischer Sichtweise besteht ein *Logistiksystem* aus einer Menge von Elementen – in diesem Fall den Logistikobjekten –, die durch spezifische Beziehungen – in diesem Fall den Logistikprozessen – miteinander verknüpft sind. Die wichtigsten Beziehungen innerhalb eines Logistiksystems sind Transformationsbeziehungen, Fließbeziehungen und

1.5 Logistiksysteme

Lagerbeziehungen. In Abb. 1.7 ist dargestellt, wie sich *Logistiksysteme* auf verschiedenen Betrachtungsebenen abgrenzen lassen.

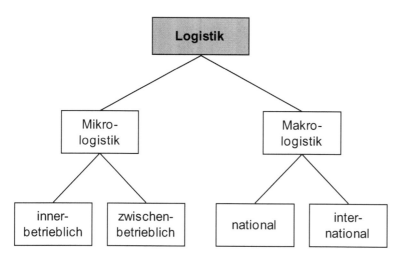

Abb. 1.7 *Abgrenzung von Logistiksystemen*

Auf einer ersten Ebene unterscheidet man zwischen Systemen der Mikrologistik und der Makrologistik.

Als *Mikrologistik* bezeichnet man einzelwirtschaftliche Logistiksysteme, die die innerhalb von bzw. zwischen Unternehmen auftretenden Materialflüsse umfassen.

- Ein Beispiel für ein *innerbetriebliches Logistiksystem* ist ein fahrerloses Transportsystem, das die Materialversorgung innerhalb einer Montagehalle übernimmt.

- *Zwischenbetriebliche Logistiksysteme* verknüpfen auf verschiedenen Wertschöpfungsstufen angesiedelte Unternehmen miteinander. Je nach der Intensität der Zusammenarbeit zwischen den beteiligten Unternehmen können sie sehr unterschiedlich ausgestaltet sein, von der einmaligen Auslieferung eines Auftrags durch eine Spedition bis hin zur Just-in-Sequence Anlieferung von Baugruppen durch Systemlieferanten in der Automobilindustrie sowie zu intensiven Beziehungen zwischen den Partnern in einer Supply Chain.

Die *Makrologistik* beschäftigt sich hingegen mit der Gestaltung gesamtwirtschaftlicher Güterflusssysteme, insbesondere mit der Bereitstellung der verkehrstechnischen Infrastruktur in einer Region.

- Die Makrologistik lässt sich zum einen auf *nationaler Ebene* betrachten, wo sie sich z. B. mit dem Bau und der Unterhaltung von Fernstraßen- oder Eisenbahnnetzen befasst.

- Die *internationale Makrologistik* bezieht sich auf zwischenstaatliche Projekte wie den Bau eines Tunnels oder einer Brücke zwischen zwei Staaten oder auf internationale Vereinbarungen über den Flug- und Seeverkehr.

Die makrologistischen Infrastrukturen sind zwar als Voraussetzung für die Durchführung der zwischenbetrieblichen logistischen Prozesse der Unternehmen von großer Bedeutung, jedoch nicht selbst Gegenstand betriebswirtschaftlicher Entscheidungen und werden daher lediglich in Lehreinheit 7 im Rahmen der Diskussion verschiedener Verkehrssysteme betrachtet.

1.6 Teilbereiche der Logistik

Die Entwicklung der Logistik erfolgte problemorientiert über die nachfolgenden Entwicklungsstufen:

- Den ersten Schwerpunkt der betriebswirtschaftlich ausgerichteten Logistik bildete die Absatz- bzw. *Distributionslogistik*, da die Bedeutung des Lieferservice zunächst an der Schnittstelle des Unternehmens zum Absatzmarkt als einem wichtigen Wettbewerbsfaktor erkannt wurde.

- Zuerst für die Automobilindustrie mit ihren komplexen Beschaffungsstrukturen, später auch für andere Industriebereiche gewann dann die auf die Materialversorgung des Unternehmens ausgerichtete *Beschaffungslogistik* – diese wird auch als Versorgungslogistik bezeichnet – an Bedeutung.

- Konsequenterweise schloss sich die Gestaltung der *Fertigungslogistik* – auch die Bezeichnung Produktionslogistik ist gebräuchlich, die hier allerdings als Oberbegriff für sämtliche logistischen Teilbereiche verwendet wird – als weiterer wesentlicher Aufgabenbereich der Logistik an. Die Fertigungslogistik befasst sich mit der Gestaltung des zwischen Beschaffung und Distribution angesiedelten innerbetrieblichen Materialflusses. Häufig werden die Beschaffungs- und die Fertigungslogistik unter dem Begriff *Materiallogistik* zusammengefasst (vgl. z. B. Tempelmeier 2008).

- In den 1990er Jahren wurde schließlich aufgrund der zunehmenden gesetzlichen Regelungsdichte im Umweltschutzbereich die *Entsorgungslogistik*, die auch als Reverse Logistics bezeichnet wird, etabliert. Diese befasst sich mit der Verwertung und Beseitigung von Rückständen aus Produktion und Konsum, d. h. mit entgegen der Richtung der Wertschöpfung verlaufenden Materialflüssen.

Von ebenso großer Bedeutung wie die Steuerung der in den genannten Bereichen auftretenden Materialflüsse ist die Gestaltung der sie begleitenden Informationsflüsse. Die Verknüpfung der verschiedenen Teilbereiche der Produktionslogistik ist in Abb. 1.8 dargestellt.

Es ist offensichtlich, dass der Stellenwert der genannten Teilbereiche der Logistik stark von dem Tätigkeitsfeld eines Unternehmens abhängt. Während in Industrieunternehmen typischerweise alle vier Teilbereiche, wenn auch mit branchenabhängig unterschiedlicher Gewichtung, benötigt werden, entfällt beim Handel, der die Waren ohne wesentliche Veränderung weiterverkauft, die Fertigungslogistik. Bei reinen Dienstleistungsunternehmen kann wegen der Immaterialität ihrer Leistungen zusätzlich auf die Distributionslogistik verzichtet werden (vgl. Abb. 1.9).

1.6 Teilbereiche der Logistik

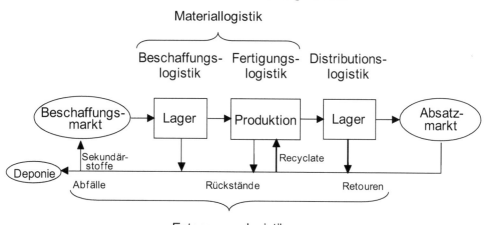

Abb. 1.8 Teilbereiche der Produktionslogistik

	Beschaffungs-logistik	Fertigungs-logistik	Distributions-logistik	Entsorgungs-logistik
Industrie	X	X	X	X
Handel	X		X	X
Dienstleistungs-unternehmen	X			X

Abb. 1.9 Bedeutung der Logistikbereiche

Trotz der Notwendigkeit, den Material- und Informationsfluss über die gesamte Wertschöpfungskette hinweg durch eine adäquate Abstimmung und Verknüpfung der verschiedenen logistischen Teilbereiche konsistent zu integrieren, werden diese in den nachfolgenden Lehreinheiten weitgehend separat behandelt. Auf wichtige Interdependenzen wird an entsprechender Stelle eingegangen. Dabei werden die folgenden Schwerpunkte gesetzt:

- Gegenstand der Lehreinheiten 2 und 3 ist die *Beschaffungslogistik*. Die Beschaffung steht am Anfang der innerbetrieblichen logistischen Kette und bildet die Schnittstelle des Unternehmens zu seinen Beschaffungsmärkten. Die Aufgabe der Beschaffung besteht in der bedarfsgerechten Versorgung des Unternehmens mit den von den nachfolgenden betrieblichen Funktionsbereichen benötigten Verbrauchsfaktoren, d. h. mit Roh-, Hilfs- und Betriebsstoffen, aber auch mit fremdbezogenen Zwischenprodukten und Bauteilen oder Baugruppen. Der Gegenstand der Beschaffungslogistik ist demzufolge die Planung, Steuerung und Kontrolle der Vorgänge bei der Bedarfsermittlung, der Bestellabwicklung, der Warenannahme, der Einlagerung, Lagerung und Auslagerung und der Bereitstellung von Materialien für den sich anschließenden Fertigungsbereich. Durch Entwicklungen wie die Globalisierung der Beschaffungsmärkte, die Konzentration der Unternehmen auf ihre Kernkompetenzen und die Bildung unternehmensübergreifender Wertschöpfungsketten kommt der Beschaffungslogistik sowohl auf der strategischen als auch auf der taktisch-operativen Ebene eine steigende Bedeutung zu. Im Rahmen der Beschaffungslogistik wird auf verschiedene Modelle zur Bedarfsprognose, auf die Lager- und Fördertechnik, auf die Gestaltung von Lagersystemen sowie auf das logistische Bestandsmanagement eingegangen.

- Im Mittelpunkt der Lehreinheiten 4 bis 6 steht die *Fertigungslogistik*. Die Fertigungslogistik ist im betrieblichen Werteflus zwischen der Beschaffungslogistik und der Distributionslogistik angesiedelt. Ihre Aufgabe besteht in der Planung, Steuerung und Kontrolle der Materialbestände und -bewegungen innerhalb von und zwischen verschiedenen Fertigungsbereichen sowie in der Organisation der Fertigungsprozesse und der Anordnung von Fertigungssystemen unter logistischen Aspekten. Sowohl aufgrund der anhaltenden Tendenz zur Verkürzung von Produktlebenszyklen als auch der marktseitigen Forderung zur Reduktion der Liefer- und Durchlaufzeiten ist eine häufige Anpassung der logistischen Prozesse im Fertigungsbereich an veränderte Anforderungen erforderlich. Im Einzelnen werden die Aufgaben der Layout-Planung, der Gestaltung von innerbetrieblichen Transportsystemen und Fertigungssystemen sowie Just-in-Time-Konzepte behandelt.

- Die Lehreinheiten 7 bis 9 befassen sich mit der *Distributionslogistik*. Die Distributionslogistik verbindet den Fertigungsbereich mit den Absatzmärkten. Sie umfasst sämtliche Abläufe, die zur Verteilung der hergestellten Produkte an die Kunden erforderlich sind, insbesondere die Lager- und Transportvorgänge von Waren zum Endabnehmer und die damit verbundenen Informations-, Steuerungs- und Kontrolltätigkeiten. Die Aufgabe der Distribution besteht in der Organisation und Abwicklung der physischen Warenströme und der sie begleitenden Informationsströme in den Dimensionen Raum und Zeit. Dabei wird eine bestandsarme, reaktionsschnelle, sichere und kostengünstige Versorgung der Märkte mit den jeweiligen Gütern angestrebt. Der Lieferservice als für die Wettbewerbsposition eines Unternehmens wichtige logistische Sekundärleistung wird wesentlich durch die Abläufe in der Distributionslogistik determiniert. Im Bereich der Distributionslogistik wird speziell auf die Transport- und Tourenplanung, auf außerbetriebliche Verkehrssysteme, die Gestaltung von Distributionssystemen in Bezug auf die Distributionsstruktur, das Transportsystem und die Verpackungen sowie auf logistische Dienstleistungen und Speditionen eingegangen.

- In den Lehreinheiten 10 und 11 wird auf die Umweltwirkungen der logistischen Aktivitäten eingegangen. Bei *Reverse Logistics* stehen die entgegengesetzt zu der aus den Funktionen Beschaffung, Fertigung und Distribution bestehenden Versorgungslogistik verlaufenden Materialflüsse im Vordergrund. Neben der Entsorgungslogistik im engeren Sinn, die sich mit der Sammlung, dem Transport, der Behandlung, Verwertung und Deponierung von Rückständen befasst, zählen dazu die Retourenlogistik und die Ersatzteillogistik. Weiter wird im Rahmen von Green Logistics auf Möglichkeiten eingegangen, die logistischen Prozesse umweltverträglicher zu gestalten.

- Gegenstand von Lehreinheit 12 und 13 sind übergreifende Aspekte der Produktionslogistik. Das *Supply Chain Management* befasst sich mit der Gestaltung und Optimierung von unternehmensübergreifenden Wertschöpfungsketten. Eine aktuelle Entwicklung zur Kennzeichnung logistischer Objekte und zur Unterstützung des Informationsflusses in der Wertschöpfungskette ist die alternativ zu Barcode-Etiketten eingesetzte *RFID-Technologie*.

1.7 Weiterführende Literatur

Isermann, H.: Grundlagen eines systemorientierten Logistikmanagements, in: Isermann, H.: Logistik – Gestaltung von Logistiksystemen, Landsberg am Lech, 2. Aufl. 1998, S. 21-60

Pfohl, H.-C.: Logistiksysteme, Springer-Verlag, Berlin usw., 7. Aufl. 2004

Vahrenkamp, R.: Logistikmanagement, Oldenbourg, München/Wien, 7. Aufl. 2012, S. 1-23

Weber, J., Kummer, S.: Logistikmanagement, Schäffer-Poeschel, Stuttgart, 2. Aufl. 1998

2 Prognosemodelle

Die Prognose der auf den verschiedenen Wertschöpfungsstufen zukünftig benötigten Materialmengen ist eine wichtige Aufgabe im Rahmen der der Beschaffungslogistik. *Bedarfsprognosen* dienen nicht nur der direkten oder indirekten Ermittlung von Beschaffungsmengen, sondern sie sind auch eine wesentliche Grundlage für verschiedene Planungsaufgaben im Produktionsbereich. Von der Qualität der Bedarfsprognosen hängen insbesondere die Höhe der Lagerbestände und damit auch die Lagerhaltungskosten bei Vor-, Zwischen- und Endprodukten, die Lieferfähigkeit und der vom Kunden wahrgenommene Servicegrad sowie die Kapazitätsauslastung im Produktions- und im Logistikbereich ab. Ausgehend von den grundlegenden Bedarfsverläufen werden verschiedene Prognoseverfahren dargestellt und anhand von Beispielen veranschaulicht.

Leitfragen: Welche Bedeutung haben Zeitreihen für die Bedarfsprognose?

Welche Formen des Bedarfsverlaufs lassen sich unterscheiden?

Welches Prognoseverfahren eignet sich für welchen Bedarfsverlauf?

Was ist ein Prognosefehler?

Wodurch unterscheiden sich der α- und der β-Servicegrad?

Wie wirkt sich der Servicegrad auf den Lagerbestand aus?

2.1 Zeitreihen

Je exakter die Bedarfsmengen und -zeitpunkte vorhergesagt werden können, desto besser lassen sich Kundenwünsche erfüllen und desto geringer sind der benötigte Lagerbestand und damit die Lagerhaltungskosten. Gerade im Zusammenhang mit Lieferbeziehungen in globalen Supply Chains, in denen sich jedes beteiligte Unternehmen auf seine Kernkompetenzen konzentriert, gewinnen gute Bedarfsprognosen an Bedeutung.

Zukünftige Bedarfsmengen sind unsicher, soweit sie sich nicht aus festen Lieferverträgen ableiten lassen. Die nachfolgend dargestellten Prognoseverfahren beruhen auf *Zeitreihen*, d. h. auf der Auswertung von über einen bestimmten Zeitraum beobachteten Bedarfsmengen der Vergangenheit. Aus diesen lassen sich dann auf der Basis bestimmter Modellannahmen Aussagen über zukünftige Bedarfsmengen herleiten. Dabei erfolgt eine deterministische Informationsverarbeitung für den eigentlich stochastischen Nachfrageprozess.

2.1 Zeitreihen

Grundsätzlich lassen sich folgende Prognosearten unterscheiden:

- Bei einer *univariaten Prognose* werden ausschließlich die Daten in der betrachteten Zeitreihe verwendet, d. h. in diesem Fall die Nachfragewerte der Vergangenheit.
- Bei *multivariaten Prognosen* treten zusätzliche Informationen hinzu, die in einem kausalen Zusammenhang mit der Bedarfsentwicklung stehen, z. B. werden auch Daten hinsichtlich des Konjunkturverlaufs, des Lebenszyklus des Produkts oder der Marktentwicklung adäquat berücksichtigt.

Abb. 2.1 zeigt, in welchen Bereichen Prognoseverfahren in Abhängigkeit vom Fertigungstyp (vgl. hierzu Steven 2013, S. 59ff.) ihren Einsatzbereich haben.

	auftragsorientierte Fertigung	marktorientierte Fertigung
Produktions-programm	Aufträge	Prognosen
Mengen der A- und B-Teile	Stücklisten	Stücklisten Rezepturen
Mengen der C-Teile	Prognosen	Prognosen

Abb. 2.1 Bestimmung von Bedarfsmengen

- Bei *auftragsorientierter Fertigung* ergibt sich das Produktionsprogramm aus den vorliegenden Kundenaufträgen, so dass sich die für dessen Herstellung benötigten Materialmengen grundsätzlich vollständig über die Stücklistenauflösung ermitteln lassen (programmgesteuerte Bedarfsermittlung). Dennoch wird diese aufwändige Methode häufig nur für die A- und B-Teile mit einem hohen Materialwert durchgeführt, während für die große Anzahl an geringwertigen C-Teilen die Bedarfsermittlung auf der Basis von Vergangenheitswerten prognostiziert wird oder mithilfe von einfachen, am Verbrauch ausgerichteten Verfahren erfolgt (verbrauchsorientierte Bedarfsermittlung).

- Bei einer *marktorientierten Fertigung* hingegen werden bereits die Bedarfsmengen der Endprodukte entweder aus den Nachfragemengen der Vergangenheit oder multivariat prognostiziert. Die für die Produktion benötigten Materialmengen werden wie bei der auftragsorientierten Fertigung entweder aus Stücklisten und Rezepturen abgeleitet oder aus Vergangenheitswerten prognostiziert. Rezepturen treten in der prozesstechnischen Industrie, z. B. bei der Herstellung von Lebensmitteln oder Chemieprodukten, an die Stelle von Stücklisten.

Zur Auswahl des für den jeweiligen Bedarfsverlauf adäquaten Prognosemodells ist zunächst eine *Voranalyse* der Zeitreihe erforderlich, bei der diese in eine glatte Komponente g_t, die den tendenziellen Verlauf der Zeitreihe angibt, sowie eine Restkomponente bzw. Störgröße s_t zerlegt wird. Diese Störgröße wird üblicherweise als standardnormalverteilt angenommen, so dass sich die Störeffekte im Mittel ausgleichen. Der Schätzwert für den Bedarf $\hat{d}_t$ der Periode t wird berechnet, indem die glatte Komponente und die Störgröße entweder additiv oder multiplikativ verknüpft werden.

$$\hat{d}_{t+1} = g_t + s_t$$

$$\hat{d}_{t+1} = g_t \cdot s_t$$

2.2 Bedarfsverläufe

Grundsätzlich kann der Verlauf der glatten Komponente einem der drei folgenden Bedarfsmuster unterliegen (vgl. Vahrenkamp 1994, S. 90ff.):

- Bei einem *konstanten Bedarfsverlauf* ist der Bedarf jeder Periode im Mittel gleich hoch, d. h. die Bedarfswerte schwanken um einen langfristig konstanten Mittelwert a (vgl. Abb. 2.2). Aufgrund des Einflusses der Störgröße kommt es zu unregelmäßigen Schwankungen des tatsächlichen Bedarfs um diesen Mittelwert, auf die das Unternehmen insbesondere durch Vorhalten eines Sicherheitsbestands reagieren kann. Ein solcher Bedarfsverlauf liegt z. B. bei Grundnahrungsmitteln vor. Das zugehörige Prognosemodell lautet:

$$g_t = a \qquad \text{mit: } a > 0$$

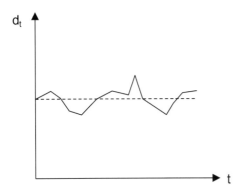

Abb. 2.2 Konstanter Bedarf

- Ein *trendförmiger Bedarfsverlauf* bedeutet, dass der Bedarf langfristig eine steigende oder eine fallende Tendenz aufweist. Auch wenn ein solcher Trend prinzipiell linear oder

2.2 Bedarfsverläufe

nichtlinear sein kann, geht man vielfach von einem linearen Trend aus, da sich die zugehörige Funktion numerisch leichter schätzen lässt (vgl. Abb. 2.3). Ein Beispiel für einen langfristig ansteigenden Bedarfsverlauf ist der Weltenergieverbrauch; langfristig fallender Bedarf liegt aufgrund der derzeitigen Bevölkerungsentwicklung in Deutschland für Produkte des Baby- und Kinderbedarfs vor. Zur Prognose eines linearen, trendmäßigen Bedarfsverlaufs sind zwei Parameter erforderlich, wobei $b > 0$ zu einem steigenden und $b < 0$ zu einem fallenden Trend führt:

$$g_t = a + b \cdot t$$

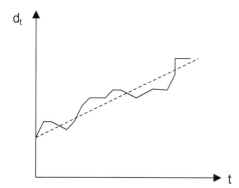

Abb. 2.3 *Trendförmiger Bedarf*

Häufig bereitet es Probleme, einen Trend rechtzeitig zu erkennen und nicht mit zufälligen Bedarfsschwankungen bei einem konstanten Bedarfsverlauf zu verwechseln. Weiter muss man bei Annahme eines linearen Trends regelmäßig überprüfen, ob eine Trendänderung vorliegt, die eine Anpassung der Schätzparameter erfordert.

- *Saisonabhängiger Bedarf* liegt vor, wenn sich in der Zeitreihe periodisch wiederkehrende Bedarfsspitzen und -täler erkennen lassen (vgl. Abb. 2.4). Zur Prognose von saisonalem Bedarf ist ein trigonometrischer Ansatz erforderlich, z. B.:

$$g_t = a + c \cdot \sin(\omega\, t)$$

Dabei kann – in Abhängigkeit vom jeweiligen Artikel – die Länge eines Saisonzyklus recht unterschiedliche Längen aufweisen. So unterliegen z. B. Sportausrüstungen, die zu bestimmten Jahreszeiten benötigt werden, einer jährlichen Saison, die Nachfrage nach Zeitschriften steigt und fällt in Abhängigkeit von ihrem Erscheinungsturnus, der Absatz von Fisch ist typischerweise freitags und in der Fastenzeit am höchsten, bei frischen Brötchen liegt ein täglicher Zyklus mit einer Nachfragespitze am frühen Vormittag vor. Damenoberbekleidung weist innerhalb eines Jahres mehrere Saisonspitzen auf, die sich teilweise sogar überlagern.

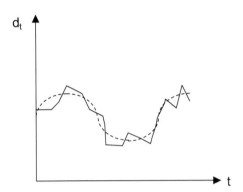

Abb. 2.4 Saisonabhängiger Bedarf

Selbstverständlich können diese drei Grundmuster des Bedarfsverlaufs auch kombiniert auftreten, häufig überlagern sich ein trendförmiger und ein saisonaler Verlauf. Weitere Bedarfsverläufe, die sich allerdings einer systematischen Prognose entziehen, sind der *erratische* bzw. *chaotische Bedarf*, bei dem keine Regelmäßigkeiten erkennbar sind, und der *sporadische Bedarf*, der nur in einzelnen Perioden auftritt. Ein Beispiel für erratischen Bedarf ist die Nachfrage nach bestimmten Impfstoffen, die jeweils plötzlich ansteigt, wenn die zugehörige Krankheit ausbricht. Sporadischer Bedarf liegt z. B. bei selten benötigten Ersatzteilen oder auch bei stark spezialisierten Fachbüchern vor.

2.3 Bedarfsprognose

Bei der *Bedarfsprognose* geht man so vor, dass man zunächst versucht, den zugrunde liegenden Bedarfsverlauf anhand einer grafischen oder numerischen Analyse der Zeitreihe zu erkennen, und den dafür geeigneten Modelltyp auswählt. Anschließend werden die jeweils relevanten Parameter des Modells aus der Zeitreihe bestimmt. Mithilfe der Parameter in der Schätzfunktion kann dann der im Zeitpunkt $t+1$ erwartete Bedarf auf der Basis von L Vergangenheitswerten bestimmt werden.

Für die Qualität der Prognose spielt nicht nur die korrekte Spezifikation der Schätzfunktion, sondern auch die Anzahl dieser zu berücksichtigenden *Vergangenheitswerte* eine große Rolle: Wählt man das L zu groß, so sind die Prognosen zwar sehr stabil, d. h. einzelne Ausreißer in den Daten haben keinen großen Einfluss auf den prognostizierten Wert. Gleichzeitig sind die Prognosen aber auch recht inflexibel, denn das Modell ist nicht in der Lage, aktuelle Entwicklungen zu erkennen und angemessen zu berücksichtigen. Umgekehrt tritt bei einer weniger umfangreichen Datenbasis das Problem auf, dass die Prognose tendenziell kurzsichtig (myopisch) ist und durch Ausreißer stark beeinflusst werden kann.

In der Praxis sind – in Abhängigkeit von den jeweils vorliegenden Saisonalitäten – Prognosen auf der Basis von Werten aus den letzten ein bis zwei Jahren üblich. Kürzere Zeiträume

2.3 Bedarfsprognose

bieten sich vor allem an, wenn die Vergangenheit nur als wenig repräsentativ angesehen wird oder wenn ein sehr kurzer Saisonzyklus vorliegt.

Im Folgenden werden die gebräuchlichsten Prognoseverfahren behandelt, die auch in den von der Praxis eingesetzten computergestützten Produktionsplanungs- und -steuerungssystemen implementiert sind. Einen Überblick über diese Verfahren gibt Abb. 2.5.

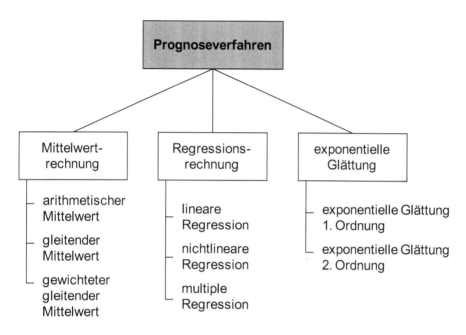

Abb. 2.5 Prognoseverfahren

Während sich die Verfahren auf Basis der Mittelwertrechnung und die exponentielle Glättung 1. Ordnung lediglich für konstante Bedarfsverläufe eignen, kommen die Regressionsrechnungen und die exponentielle Glättung 2. Ordnung auch für den trendmäßigen Bedarfsverlauf in Betracht. Eine ausführliche Behandlung von Prognoseverfahren findet sich z. B. in Bamberg/Baur (2002).

2.3.1 Prognosen auf Basis der Mittelwertrechnung

Bei der *Mittelwertrechnung*, die bei konstantem Bedarfsverlauf zum Einsatz kommt, wird für die Prognose des künftigen Bedarfs der Mittelwert der in der Vergangenheit aufgetretenen Bedarfswerte gebildet. Die verschiedenen Varianten der Mittelwertrechnung unterscheiden sich dahingehend, wie viele Vergangenheitswerte berücksichtigt werden und inwiefern eine Gewichtung dieser Werte erfolgt.

- Die einfachste Form der Mittelwertrechnung ist der *arithmetische Mittelwert* über sämtliche Vergangenheitswerte. Die Prognose des kommenden Bedarfswerts $\hat{d}_{t+1}$ erfolgt somit nach folgender Schätzfunktion:

$$\hat{d}_{t+1} = \frac{1}{t} \sum_{\tau=1}^{t} d_\tau$$

Da hierbei die Periodenzahl im Zeitablauf immer weiter anwächst, hat sich dieses Verfahren als wenig praktikabel erwiesen.

- Bei der Prognose mithilfe *gleitender Mittelwerte* erfolgt die Schätzung des kommenden Bedarfswerts als arithmetisches Mittel der letzten L Vergangenheitswerte. Das bedeutet, dass von Periode zu Periode jeweils der älteste Bedarfswert weggelassen und der zuletzt beobachtete zur Zeitreihe hinzugefügt wird. Die zugehörige Schätzfunktion lautet:

$$\hat{d}_{t+1} = \frac{1}{L} \sum_{\tau=t-L+1}^{t} d_\tau$$

- Die Prognose auf der Basis von *gewichteten gleitenden Mittelwerten* greift ebenfalls auf die letzten L Vergangenheitswerte zurück, erlaubt aber zusätzlich eine Gewichtung der einzelnen Perioden mit individuell bestimmbaren Parametern α_τ. Dadurch kann der Planer bestimmten, als besonders charakteristisch angesehenen Perioden ein größeres Gewicht geben. Üblicherweise werden den jüngeren Bedarfswerten die höchsten und den älteren Werten die geringsten Gewichte zugewiesen, um dadurch besser auf die aktuelle Bedarfsentwicklung reagieren zu können. Die Schätzung erfolgt nach folgender Schätzfunktion:

$$\hat{d}_{t+1} = \sum_{\tau=t-L+1}^{t} \alpha_\tau \cdot d_\tau$$

mit: $\quad \alpha_\tau \geq 0 \qquad\qquad\qquad \tau = t - L + 1, \ldots, t$

$$\sum_{\tau=t-L+1}^{t} \alpha_\tau = 1$$

Das Vorgehen der drei auf der Mittelwertrechnung basierenden Prognoseverfahren wird an dem nachfolgenden *Beispiel* verdeutlicht. Gegeben sind Bedarfswerte für insgesamt acht Perioden, davon liegen die ersten vier Werte ($d_1, \ldots, d_4$) von Anfang an vor. Die restlichen Werte ($d_5, \ldots, d_8$) werden erst im Laufe der Zeit beobachtet und bei den nachfolgenden Prognosen berücksichtigt.

$d_1 = 90$	$d_2 = 88$	$d_3 = 93$	$d_4 = 98$
$d_5 = 97$	$d_6 = 95$	$d_7 = 96$	$d_8 = 92$

2.3 Bedarfsprognose

Für die gleitende Mittelwertbildung sollen jeweils die letzten vier Vergangenheitswerte herangezogen werden, die Gewichte zur Ermittlung der gewichteten gleitenden Mittelwerte betragen:

$$\alpha_{t-3} = 0{,}1 \qquad \alpha_{t-2} = 0{,}2 \qquad \alpha_{t-1} = 0{,}3 \qquad \alpha_t = 0{,}4$$

Tab. 2.1 zeigt, wie sich die auf eine Nachkommastelle gerundeten Prognosewerte der drei Verfahren für die Perioden 5 bis 8 voneinander unterscheiden.

Tab. 2.1 Nachfrageprognosen bei Mittelwertrechnung

Periode	arithmetisches Mittel	gleitendes Mittel	gewichtetes gleitendes Mittel
5	92,3	92,3	93,7
6	93,2	94,0	95,6
7	93,5	95,8	96,0
8	93,9	96,5	96,1
9	93,6	95,0	94,3

In Periode 5 sind die Prognosewerte nach dem arithmetischen Mittel und dem gleitenden Mittel noch identisch, da der Mittelwert über dieselben Bedarfswerte gebildet wird. Bereits in Periode 6 zeigt sich, dass das gleitende Mittel, bei dem jetzt der Wert für $t = 1$ durch den Wert für $t = 5$ ersetzt wird, eine bessere Anpassung an die tatsächliche Nachfrage erlaubt als das arithmetische Mittel, das den Wert für $t = 5$ hinzunimmt und das Mittel über fünf Perioden bildet. Noch besser ist in diesem Fall die Anpassung bei Verwendung des gleitenden arithmetischen Mittels.

Insgesamt lässt sich erkennen, dass die Prognose nach dem Verfahren des arithmetischen Mittelwerts bei diesem Beispiel die geringsten Schwankungen aufweist, während die mithilfe des gewichteten gleitenden Mittelwerts bestimmten Prognosewerte jeweils die beste Anpassung an die zuletzt hinzugekommene Bedarfsinformation vornehmen.

2.3.2 Prognosen auf Basis der Regressionsrechnung

Das Einsatzgebiet der *Regressionsrechnung* sind trendmäßige Bedarfsverläufe. Während bei der *linearen Regression* anhand der vorliegenden Bedarfswerte eine Ausgleichsgerade ermittelt wird, kommen bei der *nichtlinearen Regression* quadratische, hyperbolische, exponentielle oder trigonometrische Schätzverfahren zum Einsatz. Werden mehrere Wertereihen gleichzeitig in die Schätzung einbezogen, liegt eine *multiple Regression* vor. Die folgenden Ausführungen beschränken sich auf die Darstellung des Grundmodells der linearen Regression.

Die Grundidee der linearen Regressionsrechnung besteht darin, dass die in der Zeitreihe zusammengefassten Bedarfswerte durch eine lineare Funktion in Abhängigkeit von der Zeit abgebildet werden können. Zur Ermittlung einer solchen *Geradengleichung* sind der Absolutwert a und der Steigungsparameter b der Ausgleichsgerade so zu bestimmen, dass die Summe der quadrierten Abweichungen von beobachteten Bedarfswerten und berechneten Werten minimal wird:

$$S(a,b) = \sum_{t=1}^{L} (d_t - a - b \cdot t)^2 \Rightarrow \min!$$

Notwendige Bedingung für ein solches Minimum ist, dass die Ableitungen erster Ordnung nach den gesuchten Werten a und b den Wert null annehmen:

$$\frac{\partial S(a,b)}{\partial a} = -2 \cdot \sum_{t=1}^{L} (d_t - a - b \cdot t) \stackrel{!}{=} 0$$

$$\frac{\partial S(a,b)}{\partial b} = -2 \cdot \sum_{t=1}^{L} (d_t - a - b \cdot t) \cdot t \stackrel{!}{=} 0$$

Durch Umformen und Auflösen erhält man die folgenden Bestimmungsgleichungen für die beiden Parameter der Geradengleichung:

$$b = \frac{L \cdot \sum_{t=1}^{L} d_t \cdot t - \sum_{t=1}^{L} t \cdot \sum_{t=1}^{L} d_t}{L \cdot \sum_{t=1}^{L} t^2 - \left(\sum_{t=1}^{L} t\right)^2}$$

$$a = \frac{1}{L} \cdot \left(\sum_{t=1}^{L} d_t - b \cdot \sum_{t=1}^{L} t\right)$$

Anhand des folgenden Beispiels, bei dem Bedarfswerte für 9 Perioden vorliegen, wird zum einen grafisch, zum anderen numerisch gezeigt, wie sich die Ausgleichsgerade und damit auch der Prognosewert für die zehnte Periode ermitteln lässt.

$d_1 = 15$ $d_2 = 13$ $d_3 = 16$

$d_4 = 18$ $d_5 = 19$ $d_6 = 17$

$d_7 = 22$ $d_8 = 20$ $d_9 = 25$

In Abb. 2.6 sind die einzelnen Bedarfswerte sowie die mittels linearer Regression ermittelte Ausgleichsgerade grafisch dargestellt.

2.3 Bedarfsprognose

Nachfrage

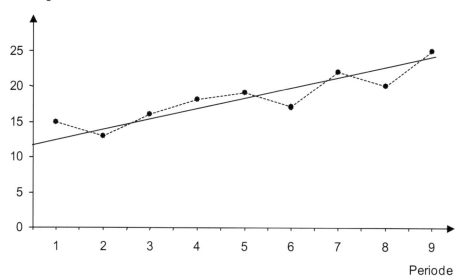

Abb. 2.6 Regressionsgerade

Da die Bedarfsprognose auf Basis der letzten neun Bedarfswerte erfolgen soll, gilt $L = 9$. Weiter lassen sich die zur Ermittlung der Geradenparameter benötigten Zwischenergebnisse wie folgt berechnen:

$$\sum_{t=1}^{9} t = 45 \qquad \sum_{t=1}^{9} t^2 = 285$$

$$\sum_{t=1}^{9} d_t = 165 \qquad \sum_{t=1}^{9} t \cdot d_t = 897$$

Damit ergeben sich durch Einsetzen in die zuvor hergeleiteten Formeln die folgenden Werte für b bzw. a:

$$b = \frac{9 \cdot 897 - 45 \cdot 165}{9 \cdot 285 - 45^2} = 1{,}2$$

$$a = \frac{1}{9} \cdot (165 - 1{,}2 \cdot 45) = 12{,}\overline{3}$$

Die *Regressionsgerade*, mit der sich der Vorhersagewert für den Bedarf in Periode $t+1$ bestimmen lässt, lautet somit:

$$\hat{d}_{t+1} = 12{,}\overline{3} + 1{,}2 \cdot (t+1)$$

Daraus ergibt sich als Prognosewert für den Bedarf in der zehnten Periode:

$$\hat{d}_{10} = 12,\overline{3} + 1,2 \cdot 10 = 24,\overline{3}$$

Da die Berechnung von Regressionsgeraden mithilfe von Tabellenkalkulationsprogrammen schnell und einfach erfolgen kann, stellt die lineare Regressionsrechnung ein wertvolles Hilfsmittel dar, das sich in der Praxis großer Beliebtheit erfreut.

2.3.3 Exponentielle Glättung

Die Verfahren der exponentiellen Glättung benutzen die Abweichungen zwischen den prognostizierten und den eingetretenen Bedarfswerten zur Verbesserung der künftigen Prognosen.

Die *exponentielle Glättung 1. Ordnung* wird bei konstantem Bedarfsverlauf eingesetzt. Dabei werden – ähnlich wie bei der arithmetischen Mittelwertrechnung – sämtliche bereits realisierten Bedarfswerte bei der Prognose berücksichtigt. Allerdings findet eine Gewichtung mit exponentiell abnehmenden Gewichtungsfaktoren statt, so dass der Einfluss von weiter zurückliegenden Werten sehr schnell abnimmt. Im Gegensatz zur Berechnung gewichteter Mittelwerte, bei der jedes Gewicht separat zu bestimmen ist, wird bei der exponentiellen Glättung lediglich der Glättungsparameter $\alpha \in [0, 1]$ als Gewicht des letzten beobachteten Bedarfswerts vorgegeben. Die im letzten Schätzwert $\hat{d}_t$ enthaltene aggregierte Vergangenheitsinformation wird mit $(1 - \alpha)$ gewichtet. Die Bedarfsprognose für die Periode $t+1$ wird wie folgt ermittelt:

$$\hat{d}_{t+1} = \hat{d}_t + \alpha \cdot (d_t - \hat{d}_t) = \alpha \cdot d_t + (1-\alpha) \cdot \hat{d}_t$$

Es handelt sich hierbei um eine lineare Differenzengleichung erster Ordnung, die sich durch *Rekursion* in eine gewichtete Summe sämtlicher Bedarfswerte umformen lässt. Das auf der ersten Bedarfsprognose basierende Restglied konvergiert mit zunehmender Periodenzahl sehr schnell gegen null.

$$\hat{d}_{t+1} = \alpha \cdot \sum_{\tau=1}^{t-1}(1-\alpha)^{\tau} \cdot d_{t-1} + (1-\alpha)^{t} \cdot \hat{d}_1$$

Ein auf der exponentiellen Glättung beruhendes Prognosesystem berücksichtigt bei der nächsten Prognose jeweils die in der Vergangenheit aufgetretenen Prognosefehler. Dabei gibt der Glättungsparameter α an, wie ernst diese Fehler genommen werden.

- Wählt man ein hohes α, so erfolgt eine recht schnelle Anpassung der Bedarfsprognose an eine veränderte Nachfragestruktur, allerdings haben auch Ausreißerwerte und Zufallseinflüsse einen großen Einfluss auf die Prognose.

- Bei einem geringen Wert für α reagiert die Prognose eher träge auf Veränderungen der Bedarfssituation, es werden lediglich solche Schwankungen erkannt, die auch langfristig Bestand haben.

Eine übliche Empfehlung für die Praxis lautet, im Normalfall mit einem geringen α im Bereich zwischen 0,1 und 0,3 zu arbeiten, diesen Wert jedoch bei offensichtlichem Auftreten eines Strukturbruchs solange zu erhöhen, bis sich die Prognosewerte an das neue Bedarfsniveau angepasst haben. Die exponentielle Glättung 1. Ordnung wird in ca. 80 % der Unternehmen zur Prognose von konstantem Bedarf eingesetzt und stellt damit das gebräuchlichste computergestützte Verfahren der Bedarfsprognose dar.

Die *exponentielle Glättung 2. Ordnung* nimmt eine nochmalige Glättung der bereits ermittelten Abweichungen zwischen Bedarfsprognose und tatsächlich aufgetretenem Bedarf vor, sie eignet sich daher – wie die lineare Regressionsrechnung – auch zur Prognose von Bedarfsverläufen mit linearem Trend. Die Vorhersage des Bedarfswerts für die Periode $t+1$ erfolgt mittels nachfolgender Gleichung:

$$\hat{d}_{t+1} = 2S_t^1 - S_t^2 + \frac{\alpha}{1-\alpha} \cdot \left(S_t^1 - S_t^2\right)$$

mit: $\quad S_t^1 = \alpha \cdot d_t + (1-\alpha) \cdot S_{t-1}^1$

$\quad S_t^2 = \alpha S_t^1 + (1-\alpha) \cdot S_{t-1}^2$

Weitere Varianten der exponentiellen Glättung sind die *exponentielle Glättung höherer Ordnung*, durch die eine noch bessere Anpassung der Prognosen an den tatsächlichen Bedarfsverlauf erfolgt, und die *exponentielle Glättung mit Saisonfaktoren*, die sich auch für den Einsatz bei saisonalem Bedarfsverlauf eignet. Diese werden jedoch in der Praxis wegen des deutlich höheren Rechenaufwands nur selten verwendet.

2.4 Prognosefehler und Servicegrad

Wenn der tatsächlich realisierte Bedarfswert von der Bedarfsprognose abweicht, liegt ein *Prognosefehler* vor. Da der tatsächliche Bedarfsverlauf in der Regel stochastisch ist, sind Prognosefehler letztlich auch bei sorgfältigster Datenbereitstellung und Anwendung anspruchsvoller Prognoseverfahren unvermeidlich.

Prognosefehler lassen sich auf unterschiedliche Art messen: Die bekanntesten Fehlermaße sind die *mittlere quadratische Abweichung* σ, die z. B. bei einer Normalverteilung des Bedarfsverlaufs der Standardabweichung entspricht, und die *mittlere absolute Abweichung MAD*. Sie werden – jeweils für die letzten L Wertepaare aus Bedarfswert d_τ und Prognosewert $\hat{d}_\tau$ – wie folgt berechnet:

$$\sigma = \sqrt{\frac{1}{L} \cdot \sum_{\tau=t-L+1}^{t} \left(d_\tau - \hat{d}_\tau\right)^2}$$

$$MAD = \frac{1}{L} \cdot \sum_{\tau=t-L+1}^{t} |d_\tau - \hat{d}_\tau|$$

Wenn die Bevorratung entsprechend der Bedarfsprognose erfolgt, so kommt es aufgrund von Prognosefehlern entweder zu überhöhten Lagerbeständen und damit zu hohen Bestandskosten oder zu Fehlmengen, wobei vor allem letztere in der Regel aufgrund von vielfältigen negativen Folgewirkungen in der eigenen Produktion sowie bei den Abnehmern zu noch höheren Zusatzkosten führen.

Daher werden als Maßnahme zur Vermeidung von Fehlmengen vielfach *Sicherheitsbestände* vorgehalten. Diese ermöglichen es, trotz der unvermeidbaren Unsicherheit hinsichtlich des tatsächlichen Bedarfs die Verfügbarkeit des Materials bzw. die Lieferbereitschaft sicherzustellen und damit einen vorgegebenen Servicegrad einzuhalten.

Der *Servicegrad* ist ein wichtiges Merkmal, das z. B. als Kennzahl zur Lieferantenbewertung dient und als Entscheidungskriterium bei der Lieferantenwahl herangezogen wird. In der Literatur finden sich unterschiedliche Definitionen für Servicegrade, die letztlich alle auf die *Lieferfähigkeit* des Unternehmens abstellen. In der Praxis verbreitet ist die Verwendung des α- bzw. β-Servicegrads, die sich in Bezug auf das betrachtete Fehlmengenereignis unterscheiden (vgl. z. B. Günther/Tempelmeier 2005, S. 255f.). Beide werden als Prozentwerte angegeben.

- Der α-Servicegrad gibt die Wahrscheinlichkeit an, dass sämtliche in einer Periode auftretenden Bedarfe auch befriedigt werden können. Eine Näherungsformel lautet:

$$\alpha = \frac{\text{Anzahl befriedigter Nachfrageereignisse}}{\text{Gesamtzahl Nachfrageereignisse}} \cdot 100$$

Damit gibt (1-α) die relative Häufigkeit des Auftretens von Fehlmengenereignissen an, ohne jedoch zu berücksichtigen, welchen Umfang die Fehlmengen angenommen haben.

Hierzu ein Beispiel: In der ersten Woche eines Monats werden von 20 vorliegenden Aufträgen 18 erfüllt, in der zweiten Woche sämtliche 22 Aufträge, in der dritten Woche 21 von 24 Aufträgen und in der vierten Woche 25 von 26 Aufträgen. Somit können insgesamt 86 von 92 Aufträgen erfüllt werden, das entspricht einem α-Servicegrad von 93,5 %.

- Beim *β-Servicegrad* hingegen ist nicht nur das Auftreten, sondern auch der Umfang einer Fehlmenge von Bedeutung. Der β-Servicegrad ist definiert als Anteil der in einer Periode befriedigten Nachfragemenge an der gesamten Nachfragemenge. Dementsprechend gibt (1 − β) an, welcher Nachfrageanteil nicht befriedigt werden konnte.

$$\beta = \frac{\text{befriedigte Nachfragemenge einer Periode}}{\text{Gesamtnachfragemenge einer Periode}} \cdot 100$$

Als Beispiel seien die in Tab. 2.2 angegebenen Werte für die Nachfrage und den verfügbaren Lagerbestand eines Artikels angenommen.

2.4 Prognosefehler und Servicegrad

Tab. 2.2 Beispiel zum β-Servicegrad

Woche	Nachfrage	Lagerbestand
1	900	1.300
2	2.000	1.900
3	700	550
4	1.100	1.500
5	1.500	1.450

In der ersten und der vierten Woche reicht der Lagerbestand aus, um die jeweilige Nachfrage zu befriedigen. In der zweiten Woche tritt eine Fehlmenge von 100 Stück auf, in der dritten Woche sind es 150 Stück und in der fünften Woche 50 Stück. Die Gesamtnachfrage während der betrachteten Zeit beträgt 6.200 Stück. Somit beträgt die gesamte Fehlmenge 300 Stück bzw. die befriedigte Nachfrage 5.900 Stück. Daraus ergibt sich ein β-Servicegrad in Höhe von 95,1 %.

Wenn die Absicherung gegen Fehlmengen bzw. ein hoher Servicegrad durch das Halten eines *Sicherheitsbestands* erreicht werden soll, so ist zu berücksichtigen, dass dieser mit dem Servicegrad überproportional ansteigen muss. Abb. 2.7 zeigt diesen Zusammenhang für den Fall einer normalverteilten Nachfrage.

Ein β-Servicegrad von 50 % wird gerade dann eingehalten, wenn ein Lagerbestand in Höhe des Mittelwerts der Nachfrage $\bar{x}$ gehalten wird. Erhöht man den Lagerbestand um die einfache Standardabweichung auf $\bar{x}+\sigma$, so ist sichergestellt, dass lediglich in 15,87 % der Fälle eine höhere Nachfrage auftritt, d. h. der Servicegrad beträgt 84,13 %. Dementsprechend führt ein Lagerbestand in Höhe von $\bar{x}+2\sigma$ zu einem Servicegrad von 97,72 %, und ein Bestand von $\bar{x}+3\sigma$ gewährleistet die Lieferfähigkeit in 99,87 % der Fälle (vgl. Hoitsch 1993, S. 417).

Der für andere Werte des gewünschten Servicegrads erforderliche Lagerbestand lässt sich entsprechend aus dem Verlauf der Normalverteilung ermitteln. So gilt bei einem Mittelwert $\bar{x}=500$ und einer Standardabweichung von $\sigma=125$ der folgende Zusammenhang von gewünschtem Servicegrad und zugehörigem Lagerbestand:

Servicegrad 90% ⇒ Lagerbestand 660,2 Stück
Servicegrad 95% ⇒ Lagerbestand 705,6 Stück
Servicegrad 98% ⇒ Lagerbestand 756,7 Stück
Servicegrad 99% ⇒ Lagerbestand 790,8 Stück

Wie man sieht, steigt der für einen zusätzlichen Prozentpunkt Servicegrad erforderliche Lagerbestand überproportional an. Ein Servicegrad von 100 % würde einen extrem hohen Sicherheitsbestand erfordern.

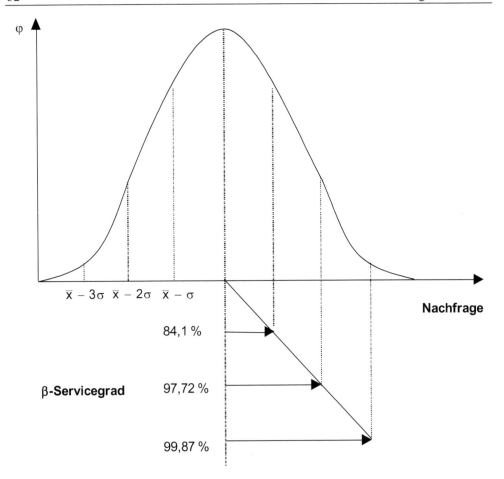

Abb. 2.7 Servicegrad und Sicherheitsbestand

Da mit dem Sicherheitsbestand auch die Lagerhaltungskosten überproportional ansteigen, ist ein Servicegrad von oder nahe 100 % nur mit prohibitiv hohen Lagerhaltungskosten erreichbar. Dieser Zusammenhang ist in Abb. 2.8 dargestellt.

Die optimale Höhe des Sicherheitsbestands liegt dort, wo der durch eine zusätzlich gelagerte Einheit bewirkte Anstieg der Lagerhaltungskosten und der Rückgang der Fehlmengenkosten sich ausgleichen, und muss für den Einzelfall bestimmt werden. In der Praxis werden vielfach Servicegrade um 95 % als ausreichend angesehen.

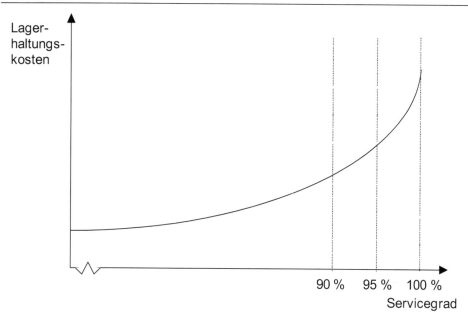

Abb. 2.8 *Lagerhaltungskosten und Servicegrad*

2.5 Weiterführende Literatur

Bamberg, G., Baur, F.: Statistik, Oldenbourg, München/Wien, 12. Aufl. 2002

Corsten, H., Gössinger, R.: Produktionswirtschaft, Oldenbourg, München/Wien, 13. Aufl. 2012

Günther, H.-O., Tempelmeier, H.: Produktion und Logistik, Springer, Berlin usw., 6. Aufl. 2005

Hoitsch, H.-J.: Produktionswirtschaft, Vahlen, München, 2. Aufl. 1993

Vahrenkamp, R.: Produktions- und Logistikmanagement, Oldenbourg, München/Wien 1994

3 Lagersysteme und Bestandsmanagement

Lager dienen der Speicherung von Logistikobjekten bis zu dem Zeitpunkt, in dem sie für den nächsten Wertschöpfungsschritt benötigt werden. Ausgehend von den verschiedenen Funktionen, die ein Lager im Produktionsprozess übernehmen kann, werden Lagerobjekte und Lagertechniken klassifiziert. Von großer Bedeutung für die Performance eines Lagers sind die Strategien der Lagerplatzzuordnung und die bei der Kommissionierung verfolgten Ein- und Auslagerungsstrategien. Ergänzend wird eine kritische Perspektive auf Lagerbestände eingenommen und der Wertschöpfungsbeitrag der einzelnen Bestandsarten herausgearbeitet.

Leitfragen: Welche Funktionen hat ein Lager?

Wie lassen sich Lagerobjekte klassifizieren?

Wie lässt sich ein Lager ausgestalten?

Welche Möglichkeiten der Lagerplatzzuordnung gibt es?

Welche Rolle übernehmen die verschiedenen Bestandsarten im Wertschöpfungsprozess?

3.1 Lagerarten

Unter einem Lager versteht man in *physischer Sichtweise* einen Ort, an dem Material bis zu seiner geplanten Verwendung aufbewahrt wird. Dabei stehen der Lagerstandort, die Lagerbauweise, die Lagergröße und die Lagerorganisation im Vordergrund der Betrachtung.

Aus *logistischer Sicht* stellen Lager Knoten in einem logistischen Netzwerk dar und übernehmen eine Schlüsselfunktion bei der Durchführung von zahlreichen logistischen Prozessen. In einem Lager finden neben Lagerungsprozessen auch Bewegungsprozesse, z. B. bei der Ein- und Auslagerung, statt. Dabei können neben der Zeitüberbrückung auch Mengen- und Sortenänderungen der Lagergüter auftreten.

Eine wesentliche Aufgabe eines Lagers besteht darin, einen *Puffer* zwischen aufeinander folgenden Wertschöpfungsstufen zu bilden, deren Zugangs- und Abgangsraten voneinander abweichen. Lager treten insbesondere an den in Abb. 3.1 dargestellten Schnittstellen zwischen verschiedenen betrieblichen Funktionsbereichen auf (vgl. auch Steven 2013, S. 45f.).

3.1 Lagerarten

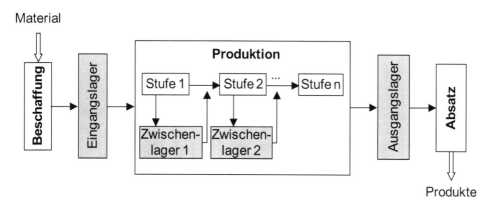

Abb. 3.1 Lagerarten

- Ein *Eingangslager* bzw. Materiallager ist zwischen der Beschaffung und der Produktion angesiedelt und dient dem Ausgleich zwischen der unregelmäßigen, losweisen Anlieferung von fremdbezogenem Material und seinem regelmäßigen oder sogar kontinuierlichen Einsatz in der Fertigung.

- Puffer- bzw. *Zwischenlager* sind bei mehrstufiger Produktion erforderlich, um einen Ausgleich zwischen unterschiedlichen Bearbeitungsgeschwindigkeiten von aufeinander folgenden Produktionsstufen vorzunehmen. Dies ist insbesondere bei der Einzel- und Serienfertigung erforderlich, bei der die Kapazitäten der Fertigungsanlagen nicht vollständig aufeinander abgestimmt sind.

- Das *Ausgangslager* bzw. Endproduktlager dient der Koordination von Produktion und Absatz. Es nimmt die fertiggestellten Endprodukte auf, bis die für den Transport vorgesehene Menge erreicht ist und sie an die Kunden ausgeliefert werden. Durch ein Ausgangslager lässt sich trotz saisonaler Nachfrageschwankungen eine weitgehend gleichmäßige Produktionsrate aufrechterhalten. Diese Entkopplung von Produktion und Nachfrage bezeichnet man als das Emanzipationsprinzip der Fertigung, während eine Produktion, die jeweils die aktuelle Nachfrage erzeugt, dem Synchronisationsprinzip folgt.

- Aus logistischer Sicht ist zusätzlich das *Umschlaglager* relevant, das meist außerhalb des Produktionsunternehmens unterhalten wird. Dort findet der Übergang zwischen verschiedenen Transportmitteln statt, z. B. ein Cross Docking-Center (vgl. Abschnitt 7.4.2) für den Handel oder ein Containerterminal in einem Hafen.

Entsprechend ihrer *vorrangigen Aufgabe* lassen sich Lager klassifizieren in Vorratslager, die die Produktion mit Material versorgen und saisongebundene Zwischenprodukte aufnehmen, Umschlaglager, die den Übergang zwischen verschiedenen Transportmitteln unterstützen, Eingangslager, bei denen die Konzentration von Warenströmen im Vordergrund steht, und Ausgangslager, deren Hauptleistung die Auflösung von Produktionsmengen ist. Abb. 3.2 veranschaulicht den Zusammenhang zwischen diesen Lagerarten und ihren Aufgaben.

Lagerart	Ausrichtung auf betriebliche Funktion	logistische Bedeutung	Lagerobjekte
Eingangslager	Beschaffung	Konzentrationsleistung	Material Handelsware
Zwischenlager	Produktion	Lagerkapazität	Material Zwischenprodukte saisongebundene Endprodukte
Umschlaglager	Transport	Umschlagleistung	Material Zwischen- und Endprodukte Handelsware
Ausgangslager	Absatz	Auflöseleistung	Endprodukte Handelsware

Abb. 3.2 Lagerarten und ihre Aufgaben

3.2 Funktionen des Lagers

Die Lagerhaltung ist eine der drei Grundfunktionen der TUL-Logistik (vgl. Abschnitt 1.4). Im Einzelnen lassen sich einem Lager die folgenden produktionswirtschaftlich relevanten *Funktionen* zuordnen (vgl. auch Kistner/Steven 2001, S. 31f.):

- Die *Ausgleichsfunktion* des Lagers dient der Überbrückung von zeitlichen Diskrepanzen zwischen Zugang und Abgang der Lagerobjekte. Sie kommt vor allem bei saisonalen Schwankungen von Lagerzugang oder -abgang zum Tragen und sorgt für eine zeitliche Abstimmung von Anlieferung und Produktion bzw. Produktion und Absatz.

- Bei der *Pufferfunktion* des Lagers steht der mengenmäßige Ausgleich von Lagerzu- und -abgang im Vordergrund, sie sorgt für die wirtschaftliche Abstimmung von unterschiedlich dimensionierten Güterströmen.

- Die *Sicherungsfunktion* des Lagers dient der Absicherung gegen unvorhersehbare Schwankungen bei Lagerzu- oder -abgang. Mithilfe eines Sicherheitsbestands (vgl. Abschnitt 2.4) können derartige Schwankungen aufgefangen werden, ohne dass sie den Betriebsablauf beeinträchtigen.

- Die *Umschlagfunktion* des Lagers ist aus logistischer Sicht besonders relevant (vgl. Abschnitt 3.1). Sie besteht zum einen darin, dass Lagerobjekte beim Wechsel des Transportmittels zwischengelagert werden. Zum anderen zählen hierzu auch die Konzentration von Lagerobjekten aus verschiedenen Quellen beim Lagerzugang sowie die Auflösung eines Lagerbestands für verschiedene Bedarfsorte beim Lagerabgang.

- Eine *Veredlungsfunktion* des Lagers liegt vor, wenn die Lagerung ein Bestandteil des Produktionsprozesses ist, d. h. wenn durch Alterung, Gärung oder Trocknung während der Lagerung der Wert der Lagerobjekte erhöht wird.

- Ein Lager kann auch eine *Spekulationsfunktion* haben. Dies ist dann der Fall, wenn Lagerbestände vorsorglich aufgebaut werden, um angesichts einer erwarteten Preiserhöhung eines Materials diese günstig in den Vorrat zu nehmen.

3.3 Lagerobjekte

Gegenstand der Lagerung sind die *Lagerobjekte*, die in einem Lager vorgehalten werden. Nach ihrem Aggregatzustand lassen sich feste, flüssige und gasförmige Güter unterscheiden, die jeweils unterschiedliche Anforderungen an die Lagerhaltung stellen. Abb. 3.3 gibt einen Überblick über die wesentlichen Güterkategorien und die Möglichkeiten ihrer Lagerung (vgl. Koether 2007, S. 63).

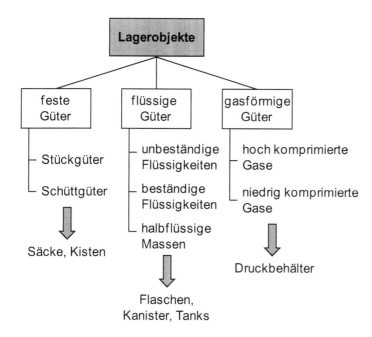

Abb. 3.3 Lagerobjekte

- *Feste Güter* können als Stückgüter oder als Schüttgüter auftreten. Aus Sicht der Logistik sind *Stückgüter*, die eine stabile Außenhülle aufweisen und sich daher einfach handhaben lassen, der Idealzustand eines Logistikobjekts. Alle anderen Güter müssen entweder durch eine geeignete Verpackung (vgl. Lehreinheit 10) in Stückgüter transformiert oder in speziellen logistischen Einrichtungen transportiert und gelagert werden. So lassen sich Schüttgüter wie z. B. Baustoffe, die ebenfalls zu den festen Gütern zählen, durch das Abfüllen in Säcke oder Kisten wie Stückgüter behandeln.

- Flüssige Güter lassen sich unterteilen in unbeständige Flüssigkeiten, z. B. Lösungsmittel, beständige Flüssigkeiten, z. B. Öle, Chemikalien, und halbflüssige Massen, wie Gele oder Pasten. Für ihre Lagerung und ihren Transport werden sie in der Regel in Flaschen, Kanister oder Tanks abgefüllt und dadurch in Stückgüter transformiert. Alternativ ist auch die Beförderung von Flüssigkeiten in Rohrleitungen möglich.

- Die Lagerung und der Transport von *gasförmigen Gütern*, die als hoch oder niedrig komprimierte Gase auftreten können, erfolgen in der Regel in Druckbehältern wie Tanks, Gasometern oder Gasflaschen.

3.4 Lagertechnik

Die für ein bestimmtes Lagerobjekt erforderliche *Lagertechnik* hängt von der Ausprägung der folgenden Eigenschaften ab:

- Das *Volumen* eines Lagerobjekts stellt Anforderungen an die Abmessungen des Lagerraums. Es ist dafür zu sorgen, dass Regalfächer in der passenden Größe zur Verfügung stehen.

- Aus dem *Gewicht* des Lagerobjekts resultieren Anforderungen an die Tragfähigkeit der Lagerfläche. So müssen schwere Lagerobjekte am Boden oder in den unteren Regalfächern gelagert werden.

- Die *Form* des Lagerobjekts, z. B. flach, quaderförmig oder zylindrisch, hat großen Einfluss auf seine Handhabungseigenschaften. Aus logistischer Sicht ist der Quader die Idealform, da er sich leicht handhaben und stapeln lässt sowie zu einer guten Raumausnutzung führt. Beispiele für quaderförmige Lagerobjekte sind Kisten, Boxen, Schachteln, Kartons.

- Weiter können bestimmte Lagerobjekte *besondere Anforderungen* an die Lagertechnik stellen: So sind bei Gefahrstoffen spezielle Sicherheitsvorkehrungen erforderlich, um die Umwelt vor einem unkontrollierten Austreten zu schützen. Verderbliche Lebensmittel benötigen eine ununterbrochene Kühlkette, bei Tiefkühlkost muss die Temperatur sogar ständig unter -18°C liegen. Besonders wertvolle Güter werden häufig in einem separaten Bereich gelagert, der über zusätzliche Zugangskontrollen gesichert ist.

Einen Überblick über die in Bezug auf die Lagertechnik zu treffenden Entscheidungen gibt Abb. 3.4.

Bezüglich der *Lagerbauweise* lassen sich die Lagerung auf offenen Lagerflächen im Freien, die für unempfindliche Güter wie z. B. Stahlbrammen zum Einsatz kommt, und die Lagerung in einem Lagergebäude unterscheiden. Bei Höhen ab ca. 10 m spricht man von einem Hoch-

3.4 Lagertechnik

regallager, das häufig als eigenständiger Baukörper realisiert ist und für das eine spezielle Lager- und Fördertechnik benötigt wird.

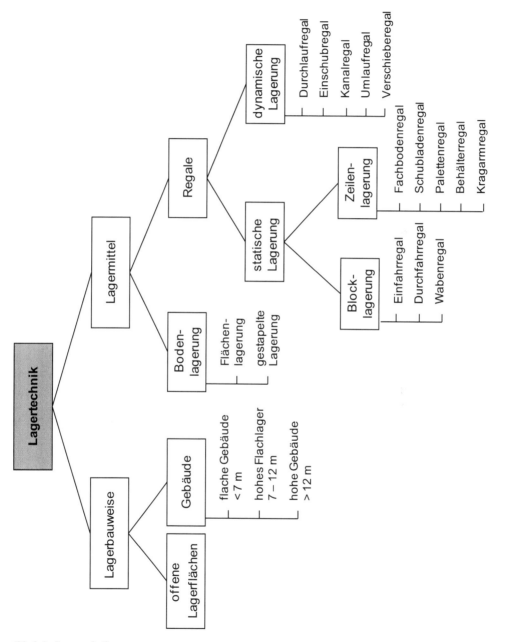

Abb. 3.4 Lagertechnik

Als *Lagermittel* kommen die Bodenlagerung oder die Lagerung in Regalen in Betracht. Die einfachste Form der *Bodenlagerung* ist die Flächenlagerung, bei der die Lagerobjekte nebeneinander auf dem Boden abgestellt werden. Sie verbraucht jedoch viel Lagerfläche und wird daher vor allem für große und schwere Lagerobjekte, z. B. für Maschinen, gewählt. Weiter gibt es – vor allem bei einheitlichen quaderförmigen Lagerobjekten, z. B. Kisten oder gleich hoch bepackten Paletten – bei der Bodenlagerung die Möglichkeit der Stapelung, durch die sich Lagerfläche einsparen lässt. Der Nachteil der gestapelten Lagerung besteht allerdings darin, dass kein freier Zugriff auf beliebige Lagereinheiten mehr möglich ist.

Eine *Lagerung in Regalen* ist bei empfindlichen oder schlecht stapelbaren Lagerobjekten zwingend erforderlich, wird jedoch auch bei anderen Gütern häufig angewandt, da sie zu einer guten Ausnutzung des Lagerraums führt. Bei der Regallagerung unterscheidet man die statische Lagerung, bei der die einzelne Lagereinheit während der Dauer der Lagerung an dem ihr zugewiesenen Lagerplatz verbleibt, und die dynamische Lagerung, bei der eine Bewegung von Lagereinheiten möglich ist.

- Die *statische Lagerung* erfolgt entweder als Block- oder als Zeilenlagerung, die jeweils in verschiedenen, in Abb. 3.4 angegebenen Ausprägungen auftreten können. Während ein Blocklager eine gute Raumausnutzung erzielt, aber keinen direkten Zugriff auf jedes einzelne Lagerobjekt erlaubt, bietet das Zeilenlager zwar direkte Zugriffsmöglichkeiten zu jeder Zeile, weist jedoch aufgrund der zusätzlich erforderlichen Bedienkanäle eine wesentlich schlechtere Raumausnutzung aus. Der unterschiedliche Platzbedarf von Block- bzw. Zeilenregal für eine identische Anzahl von Lagerobjekten wird in Abb. 3.5 veranschaulicht.

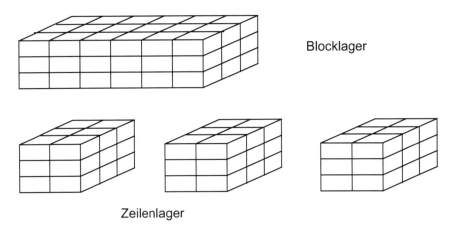

Abb. 3.5 Block- und Zeilenlagerung

Bei der *Blocklagerung* unterscheiden sich das Einfahr- und das Durchfahrregal dahingehend, dass bei ersterem die Bedienung nur von einer Seite möglich ist, von der Lagerobjekte hinzugefügt oder entnommen werden können. Daher erfolgt der Verbrauch nach dem Lifo-Prinzip, d. h. die zuletzt eingelagerten Einheiten werden als erste entnommen. Beim Durchfahrregal hingegen kann nach dem Fifo-Prinzip an einer Seite ein- und an der anderen ausgelagert werden, so dass die ältesten Lagereinheiten zuerst entnommen werden. Die gleichzeitige Ein- und Auslagerung erhöht die Umschlagleistung des Lagers erheblich. Wabenregale dienen der Lagerung von Langgut, das in Längsrichtung in die Waben hineingeschoben wird.

Die wichtigsten Lagertypen für die *Zeilenlagerung* sind das Fachbodenregal, bei dem die Lagereinheiten auf einen Regalboden gestellt werden, das Schubladenregal, bei dem standardisierte Behälter, z. B. Kleinteilekästen, mit den Lagerobjekten in das Regal eingeschoben werden, das Palettenregal, bei dem Paletten oder Gitterboxen als Lagerhilfsmittel auf Traversen aufgesetzt werden, das Behälterregal, das Behälter in standardisierter Größe aufnimmt, und das Kragarmregal, in dem vor allem lange Güter, z. B. Eisenstangen, direkt auf Armen ohne vordere Abstützung gelagert werden. Während das Fachbodenregal die größte Flexibilität hinsichtlich der in Frage kommenden Lagerobjekte bietet, erfordert es einen erheblichen Materialbedarf für die Regalböden.

- Bei der *dynamischen Lagerung* kommen – ähnlich wie bei der Blocklagerung – unterschiedliche Entnahmeregeln zum Einsatz: In einem Durchlaufregal erfolgt die Lagerung in einem leicht geneigten Kanal, dessen Boden als Rollenbahn (vgl. Abschnitt 4.1.1) ausgestaltet ist, bei dem von der einen Seite beschickt und von der anderen entnommen wird. Somit werden jeweils die ältesten Lagerobjekte zuerst entnommen (Fifo-Prinzip), wodurch sich tendenziell eine Überalterung des Lagerbestands vermeiden lässt. Umgekehrt werden bei einem Einschubregal die neuen Lagerobjekte am Anfang des Kanals eingestellt, so dass die älteren nach hinten geschoben werden. Da auch die Entnahme von vorn erfolgt, werden hierbei die jüngsten Lagerobjekte zuerst entnommen (Lifo-Prinzip). Auch hier ist der Regalboden als geneigte Rollenbahn angelegt, die jedoch im Gegensatz zum Durchlaufregal nicht nach hinten, sondern nach vorn geneigt ist. Dadurch rutschen bei einer Entnahme die hinteren Lagereinheiten automatisch nach vorne. Das Kanal- bzw. Tunnelregal weist hingegen keine Neigung auf. Je nach Ausgestaltung kann die Bedienung von einer oder von beiden Seiten erfolgen. Bei einem Umlaufregal befinden sich die Lagerobjekte in einem ständigen Umlauf (z. B. Paternoster), so dass jederzeit eine Entnahme möglich ist. Bei einem Verschieberegal werden die Lagerobjekte zusammen mit dem Lagergestell horizontal (z. B. Apothekerschrank) oder vertikal bewegt.

Um den in der Regel begrenzten Lagerraum möglichst gut auszunutzen, stellt sich die Frage, wie die Zuordnung von Lagerobjekten zu freien Lagerplätzen erfolgen soll. Die verschiedenen Möglichkeiten der *Lagerplatzzuordnung* sind in Abb. 3.6 dargestellt.

- Bei der *festen Lagerplatzzuordnung* wird jeder Artikelart ein bestimmter Lagerbereich zugewiesen, in den alle Lagereinheiten dieses Artikels eingestellt werden. Diese Einlagerungsstrategie erfordert keinerlei technischen Aufwand. Sie bietet die größte Zugriffssicherheit selbst bei einem Verlust der Lagerbestandsdatei und erlaubt auf einfache Weise die organisatorische Trennung verschiedener Warengruppen im Lager. Allerdings ist sie auch mit einem sehr hohen Bedarf an Lagerkapazität verbunden, denn es bleiben viele Lagerplätze frei. Aufgrund der tendenziell langen Wege bei der Ein- und Auslagerung weist diese Strategie nur eine geringe Umschlagleistung auf. Diese Nachteile lassen sich mit den verschiedenen Strategien der gemeinsamen Lagerplatzzuordnung vermeiden.

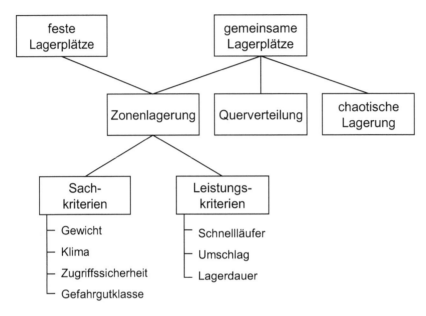

Abb. 3.6 *Lagerplatzzuordnung*

- Die *Querverteilung* dient vor allem der Sicherstellung der Versorgung. Dabei werden mehrere Lagereinheiten einer Artikelart über verschiedene Lagerbereiche verteilt, um auch bei Blockierung eines Ganges oder bei Ausfall eines Regalfahrzeugs jederzeit Zugriff auf diesen Artikel zu haben. Diese Einlagerungsstrategie erfordert eine räumliche und organisatorische Trennung der verschiedenen Bereiche und die rechnergesteuerte Verwaltung der vergebenen Lagerplätze.

- Als *Zonenlagerung* bezeichnet man eine Einlagerungsstrategie, bei der es für jede Artikelart eine bestimmte Zone gibt. Innerhalb einer bestimmten Zone findet für die zugehörigen Lagerobjekte eine feste oder eine freie Platzzuordnung statt. Eine Zonenlagerung ist entweder aufgrund von sachlichen Anforderungen der Lagergüter erforderlich (z. B. Tragfähigkeit der Lagereinrichtungen, Kühlung, Sicherheitslager für Gefahrgut, Beschränkung der Zugriffsmöglichkeiten) oder sie wird bewusst durchgeführt, um verschiedene Warengruppen voneinander zu trennen oder um die Umschlagleistung des Lagers zu erhöhen. Dabei werden z. B. diejenigen Artikel, die mittels einer ABC-Analyse als Schnelldreher identifiziert wurden, in einem Bereich mit kurzen Zugriffswegen gelagert, während zu den nur selten benötigten Artikeln weitere Wege zurückzulegen sind. Auf diese Art ist weiter eine organisatorische Trennung von Artikeln, die nur kurz im Lager verbleiben sollen, von solchen mit einer längeren Verweildauer möglich.

- Bei der *chaotischen Lagerung* erfolgt eine völlig freie Lagerplatzzuordnung: Um eine bessere Ausnutzung der Lagerkapazität zu erreichen, werden die Lagerobjekte an einer beliebigen freien Stelle eingelagert, die die passende Größe aufweist. Bei gemeinsamer Nutzung des vorhandenen Lagerraums durch mehrere Artikelarten muss nicht mehr für jede separat, sondern lediglich für alle gemeinsam eine – insgesamt deutlich geringere – Kapazitätsreserve vorgehalten werden. Die Einlagerung sowie der spätere Zugriff auf die Lagerobjekte erfordern eine sorgfältige Freifach- und Lagerbestandsverwaltung. Ergänzend können bei der Lagerplatzzuordnung weitere Kriterien wie die Umschlaghäufigkeit eines Artikels herangezogen werden, um die Umschlagleistung des Lagers zu steigern. Dazu trägt auch die Strategie bei, das als nächstes auszulagernde Lagerobjekt in der Nähe des letzten Einlagerungsfaches auszuwählen, um unnötige Wege der Fördermittel zu vermeiden.

3.5 Kommissionierung

Zu den Aufgaben eines Lagersystems zählt neben der Lagerung vielfach auch das *Kommissionieren*, d. h. das Zusammenstellen der für einen Auftrag benötigten Teile. Die Tätigkeit des Kommissionierens ist einerseits für Produktionsaufträge erforderlich, dabei werden die laut Stückliste erforderlichen Materialien und Bauteile an den Arbeitsplatz geliefert. Noch größere Bedeutung hat die Kommissionierung bei Kundenaufträgen, für die die bestellten Teile aus dem Lager geholt und für den Versand vorbereitet werden müssen.

Aufgrund der starken Heterogenität sowohl der Aufträge als auch der Teile wird das Kommissionieren in kleinen und mittelgroßen Lagersystemen in der Regel manuell durchgeführt. Ein weiteres Argument für das manuelle Kommissionieren ist die Stoßempfindlichkeit der zu kommissionierenden Artikel. Erst bei einem erheblichen Kommissionieraufkommen, wie es z. B. bei (Online-)Versandhändlern vorliegt, lohnt sich die Automatisierung dieser Tätigkeit. Durch den Einsatz von Kommissionierrobotern oder Kommissionierautomaten lässt sich die Produktivität der Kommissionierung erheblich steigern.

Die Kommissionierung kann nach zwei grundlegenden Prinzipien erfolgen:

- Bei der Kommissionierung nach dem Prinzip *„Mann zur Ware"* erfolgt eine statische Bereitstellung der Lagerobjekte. Der Kommissionierer bewegt sich – ggf. mithilfe eines geeigneten Fahrzeugs – im Lagerbereich und entnimmt die für einen Auftrag benötigten Artikel den entsprechenden Lagerfächern. Der Vorteil dieses Vorgehens ist, dass mehrere Kommissioniervorgänge von verschiedenen Mitarbeitern parallel durchgeführt werden können und keine aufwändige Lagertechnik erforderlich ist. Allerdings lässt sich bei jedem Durchlauf durch das Lager lediglich ein Auftrag kommissionieren, so dass insgesamt lange Wegstrecken zurückgelegt werden müssen. Zudem ist häufig die ergonomische Beanspruchung der Lagermitarbeiter sehr hoch.

- Die Kommissionierung nach dem Prinzip *„Ware zum Mann"* ist stärker automatisiert. Hierbei wird die Ware mithilfe von Fördereinrichtungen zu den Kommissionierplätzen bewegt. Die für einen Auftrag benötigten Behälter werden manuell oder automatisch in eine Vorzone des eigentlichen Lagers gebracht, wo der Kommissionierer ihnen die für den Auftrag erforderlichen Teile entnimmt, und anschließend wieder zurückgebracht. Auf diese Weise lassen sich deutlich höhere Kommissionierleistungen pro Zeiteinheit erzielen. Das Wegfallen weiter Wege und eine spezielle Gestaltung der Kommissionierarbeitsplätze reduzieren die ergonomische Beanspruchung der Mitarbeiter.

Abb. 3.7 zeigt den Aufbau eines zweistufigen Lagersystems mit manueller Kommissionierung. Links befindet sich der *Wareneingang*, in dem die ankommenden Lagerobjekte identifiziert werden. Ihnen wird ein Lagerplatz zugeordnet und ihre Menge wird dem Lagerbestand zugebucht. Rechts davon befindet sich das eigentliche Lager, in dem die Kommissionierung stattfindet. Der grau unterlegte Bereich ist die *Lagerzone*, in der die Lagerobjekte entsprechend ihren Anforderungen (z. B. Kühlung) in Regalen aufbewahrt werden. Die Gänge zwischen den Regalen werden als *Bedienzone* bezeichnet. Hier verkehren die Regalbediengeräte, z. B. Gabelstapler (vgl. Abschnitt 4.1.1). Rechts vom Lager liegt die *Kommissionierzone*, in die vollständige Paletten aus der Lagerzone gebracht werden. Hier erfolgt das eigentliche Kommissionieren, d. h. die Zusammenstellung der auftragsspezifischen Lagerobjekte für einen Kunden. Anschließend werden die gepackten Behälter in den Warenausgang gebracht, noch einmal kontrolliert, verschlossen und für den Versand bereitgestellt. Zu diesem Zeitpunkt werden die entnommenen Lagerobjekte vom Lagerbestand abgebucht.

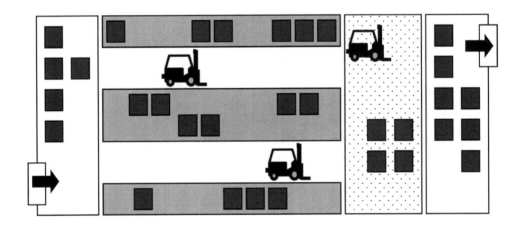

Abb. 3.7 Kommissionierung in einem zweistufigen Lagersystem

Wichtige *Kennzahlen* zur Beurteilung von Kommissioniervorgängen sind die Kommissionierzeit und die Kommissionierleistung. Die *Kommissionierzeit* wird wie folgt berechnet:

Kommissionierzeit = Basiszeit + Wegezeit + Greifzeit + Totzeit + Verteilzeit

- Die *Basiszeit* bezeichnet die Zeit, die für organisatorische Tätigkeiten vor bzw. nach der eigentlichen Kommissionierung benötigt wird. Dazu zählen z. B. das Aufnehmen, Lesen

und Ordnen der Kommissionierbelege sowie das Suchen und Bereitstellen von benötigten Hilfsmitteln wie Paletten, Behältern oder Kommissionierwagen.
- Die *Wegezeit* ist die Zeit für die Bewältigung des Weges, der zwischen den einzelnen Entnahmen zurückgelegt werden muss.
- Als *Greifzeit* bezeichnet man die Zeit für die Entnahme eines Artikels aus dem Regal, d. h. das Hinlangen, Greifen und Herausnehmen, und das anschließende Hineinlegen in den Sammelbehälter. Ihre Länge ist insbesondere von der Greifhöhe und -tiefe sowie dem Gewicht und dem Volumen des zu kommissionierenden Lagerobjekts abhängig.
- Unter der *Totzeit* versteht man die unproduktive, aber unvermeidbare Zeit, die für Vorgänge vor und nach den Entnahmen anfällt. Totzeiten sind z. B. die Zeiten für die Suche nach dem Lagerplatz eines Artikels, für das Kontrollieren, Zählen und Vergleichen der entnommenen Artikel mit dem Auftragsschein und gegebenenfalls für die Änderung der Bestandsangabe auf der Lagerfachkarte.
- *Verteilzeiten* sind Zeiten für weitere nicht zur Wertschöpfung beitragende Vorgänge. Man unterscheidet persönliche Verteilzeiten für Kaffee- oder Zigarettenpausen, Toilettengänge oder Scheinarbeiten unmotivierter Mitarbeiter und sachliche Verteilzeiten wie Pausen aufgrund von Arbeitsmangel oder Wartezeiten auf Transportmittel oder Informationen.

Die *Kommissionierleistung* beschreibt die Produktivität des Kommissioniersystems. Sie wird als Anzahl der Entnahmen pro Zeiteinheit gemessen und hängt von ganz unterschiedlichen Faktoren wie der Güterart, der Kommissioniermethode, dem Umfang der Aufträge und der Anzahl an Artikeln je Auftrag ab.

3.6 Lagerstandorte

Eine weitere wichtige Entscheidung bei der Gestaltung von Lagersystemen ist die Auswahl der *Lagerstandorte* (vgl. Pfohl 2010, S. 124ff.). Während sich der Standort eines Vorratslagers in der Regel an den Erfordernissen der nachfolgenden Produktion ausrichtet, wird der Standort eines Ausgangslagers stärker durch logistische Überlegungen beeinflusst. Wesentliche *Standortfaktoren* sind dabei die Nähe zum Absatzgebiet, die absolute Höhe und die räumliche Verteilung der Nachfrage, der Anschluss eines Standorts an das Versorgungsgebiet mittels geeigneter Verkehrsverbindungen, die ausreichende Verfügbarkeit passend qualifizierter Arbeitskräfte sowie die voraussichtliche Höhe der Transportkosten. Auch die am Standort relevanten behördlichen Auflagen sowie die Möglichkeit einer späteren Erweiterung des Lagers können eine große Rolle spielen. Eine falsche Standortwahl gehört zu den häufigsten und kostspieligsten Fehlern bei der Einrichtung eines Lagers (allgemein zur Standortwahl vgl. Steven 2014, S. 33ff.).

Eng verbunden mit der Standortwahl ist die Entscheidung über den *(De-)Zentralisationsgrad* eines Lagers. Der Vorteil einer *dezentralen Lagerhaltung*, bei der der Gesamtbestand auf unterschiedliche, räumlich verteilte Lagerstandorte aufgeteilt wird, besteht darin, dass sie aufgrund der größeren Kundennähe eine schnelle Belieferung und damit einen guten Kundenservice ermöglicht. Allerdings muss an jedem einzelnen Lagerstandort ein Sicherheitsbestand zur Absicherung gegen unvorhersehbare Bedarfsschwankungen gehalten werden, so dass nicht nur die Fixkosten der dezentralen Lager, sondern auch recht hohe Bestandskosten anfallen.

Demgegenüber besteht der wesentliche Vorteil einer *zentralen Lagerhaltung* in deutlich geringeren Kosten. Diese resultieren zum einen aus der Möglichkeit, angesichts der größeren Lager- und Umschlagmengen die Lager- und Umschlagtechnik, die Bestandsführung und die Zugriffssteuerung stärker zu automatisieren. Zum anderen lassen sich die Bestände und damit auch der Platzbedarf und die Kapitalbindung im Lager reduzieren, da sich in einem zentralen Lager die Bedarfsschwankungen der verschiedenen Versorgungsbereiche zumindest teilweise kompensieren.

Als Näherungsformel für die Abschätzung der durch eine Zentralisation des Lagers möglichen Bestandsreduktion wird die so genannte $\sqrt{n}$-Formel herangezogen, nach der bei der Zusammenlegung von n gleich großen Lagerstandorten der zur Aufrechterhaltung des gewünschten Servicegrads erforderliche Sicherheitsbestand vom n-fachen auf das $\sqrt{n}$-fache des Bestands eines einzelnen Lagerstandorts absinkt. Werden z. B. vier Lagerstandorte zusammengelegt, an denen jeweils 100 Einheiten Sicherheitsbestand gehalten wurden, so wird im Zentrallager anstelle von 400 Einheiten nur noch der doppelte Bestand eines einzelnen Lagers, d. h. 200 Einheiten ($\sqrt{4} \cdot 100$), als Sicherheitsbestand benötigt (vgl. Ihde 2001, S. 317). Abb. 3.8 veranschaulicht diesen Effekt.

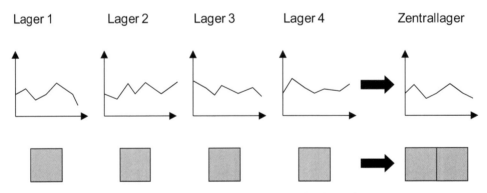

Abb. 3.8 *Auswirkungen der Zentralisierung von Lagern auf den Sicherheitsbestand*

3.7 Bestandsmanagement

3.7.1 Bestandsarten

Ein physisch homogener Lagerbestand lässt sich logisch auf unterschiedliche Ursachen zurückführen. Dabei lassen sich die folgenden *Bestandsarten* unterscheiden (vgl. Fleischmann 2003, S. 23f.):

- Der *Sicherheitsbestand* (safety stock) dient zur Vermeidung von Fehlmengensituationen bzw. zur Aufrechterhaltung eines hohen Servicegrads (vgl. Abschnitt 2.4). Er ist immer dann erforderlich, wenn bei positiver Wiederbeschaffungszeit Unsicherheit in Bezug auf die Höhe und die zeitliche Verteilung des Bedarfs bzw. die Planbarkeit des Lagerzugangs vorliegt. Er ist umso höher anzusetzen, je höher die Fehlmengenkosten sind und je größer die Variabilität der Nachfrage ist.

- Der *Losgrößenbestand* (cycle stock) ergibt sich aufgrund des losweisen Zuflusses oder Abflusses von Material bei der Fertigung. Er schwankt – wie sich beim klassischen Losgrößenmodell erkennen lässt – zwischen einer losgrößenabhängigen Obergrenze und Null (vgl. Steven 2013, S. 51ff.). Die Bildung von Losgrößenbeständen resultiert entweder – wie bei der Bestimmung der optimalen Losgröße, die einen Ausgleich von Rüst- und Lagerhaltungskosten vornimmt – aus wirtschaftlichen Überlegungen oder aber aus technischen Gründen, d. h. wenn aufgrund von Vorgaben des Lieferanten der Lagerzugang nur in bestimmten Mengeneinheiten möglich ist oder wenn bei der Chargenfertigung die Produktion losweise erfolgen muss.

- Als *Saisonbestand* (anticipation stock) bezeichnet man den Aufbau von Lagerbeständen, die zur Abdeckung einer absehbaren Bedarfsspitze vorgesehen sind. Dieser Bestand ist erforderlich, um eine Fehlmenge zu vermeiden, wenn der Bedarf eines Materials oder Produkts zeitweise größer ist als die maximale Kapazität des Zuflusses, d. h. die mögliche Liefermenge oder die eigene Produktionsrate. Doch der Aufbau eines Saisonbestands kann auch das Ergebnis einer wirtschaftlichen Überlegung sein: So erfolgt bei der Produktionsglättung eine Abwägung zwischen den Lagerhaltungskosten und den Kosten einer zeitlichen oder intensitätsmäßigen Anpassung der Fertigung an die (saisonal) schwankende Nachfrage.

- Weiter tritt Lagerbestand regelmäßig in Form von *Work in Process* (pipeline stock) auf. Dabei handelt es sich um diejenigen Materialmengen, die sich während der Durchführung von wertschöpfenden Produktions- und Transportprozessen im Fertigungsbereich befinden. Selbst wenn es gelingt, die Lagerhaltung zwischen aufeinander folgenden Prozessschritten vollständig zu vermeiden, lässt sich der Work-in-Process-Bestand nicht auf null reduzieren.

- Zusätzlich zu den bereits genannten Bestandsarten kann ein *Spekulationsbestand* gehalten werden. Er entsteht durch den vorgezogenen Zufluss von Material, durch den einer Erhöhung der Beschaffungskosten ausgewichen oder der Wert des gelagerten Gutes gesteigert werden soll.

Da diese Bestandsarten auf unterschiedliche Ursachen zurückgehen, treten sie unabhängig voneinander auf. Dennoch bewirken sie gemeinsam die Höhe des tatsächlichen Lagerbestands und damit der Lagerhaltungskosten. Eine *Reduktion des Lagerbestands* darf nicht pauschal erfolgen, sondern muss die mit den einzelnen Bestandsarten verbundenen Anforderungen angemessen berücksichtigen. Durch die separate Analyse der Bestandsarten lassen sich Ansatzpunkte zur Bestandsreduktion besser identifizieren und die Auswirkungen von Bestandsveränderungen prognostizieren.

Die Bedeutung dieser verschiedenen Bestandsarten hängt unter anderem von der Planungsebene ab: Auf der taktischen, mittelfristigen Planungsebene (Master Production Scheduling) werden in der Regel die Saisonbestände geplant und der operativen, kurzfristigen Steuerungsebene vorgegeben. Der Sicherheitsbestand wird hier als fest vorgegeben betrachtet, für den Losgrößenbestand und Work in Process werden Näherungswerte angenommen. Die Steuerungsebene betrachtet alle Bestandsarten mit Ausnahme des Losgrößenbestands, den sie im Rahmen der Vorgaben der taktischen Planungsebene bestimmt, als vorgegeben, wobei sich der Work in Process-Bestand aufgrund des kürzeren Planungszeitraums nunmehr exakter abschätzen lässt als bei der mittelfristigen Planung.

Weiter ist durch die separate Betrachtung der Bestandsarten eine sachgerechte Zuweisung von *Verantwortung* für die Bestandhöhe möglich (vgl. Fleischmann 2003, S. 26f.). Da, wie in Abschnitt 3.1 herausgearbeitet, ein Lager häufig an der Schnittstelle zwischen zwei aufeinander folgenden Prozessen eingerichtet wird, bestehen vielfältige Interessenkonflikte hinsichtlich der Höhe des Lagerbestands: So versucht bei einem Auslieferungslager die *Fertigung*, die den Lagerzugang steuert, durch das Halten eines Losgrößenbestands ihre Rüstkosten und durch den Saisonbestand ihre Überstundenkosten zu senken. Die *Distribution*, die den Lagerabgang bewirkt, hat hingegen Interesse an einem hohen Sicherheitsbestand, um ihren Kunden einen guten Servicegrad zu bieten. Setzen beide Seiten ihre Interessen durch, resultiert ein insgesamt zu hoher Lagerbestand, dessen Kosten nach einer entsprechenden Analyse verursachungsgerecht auf die die Entscheidungen auslösenden Bereiche verteilt werden müssten.

3.7.2 Bedeutung des Lagerbestands

Die Lagerung wird – soweit sie nicht wie z. B. bei Reifungsprozessen explizit ein Bestandteil der Produktion ist – vielfach als ein nicht wertschöpfender Prozess angesehen. Erfahrungsgemäß machen Lagerbestände bei produzierenden Unternehmen durchschnittlich 37 % des Umlaufvermögens aus und verursachen über die damit einhergehende Kapitalbindung erhebliche Zins- bzw. Opportunitätskosten. Generell werden mit überhöhten Lagerbeständen in der betrieblichen Wertschöpfungskette die folgenden *negativen Auswirkungen* verbunden (vgl. Kistner/Steven 1991, S. 14ff.):

- Lagerbestände *binden Kapital*, das an anderer Stelle produktiv eingesetzt werden könnte. Jede Reduktion von überhöhten Lagerbeständen setzt somit Kapital für zusätzliche Anla-

3.7 Bestandsmanagement

geinvestitionen frei und trägt dadurch zur Verbesserung der Rentabilität des Unternehmens bei.

- Lagerbestände erhöhen die Durchlaufzeiten der Aufträge um die Zeit, die die Zwischenprodukte auf den verschiedenen Produktionsstufen in Zwischenlagern liegen und auf ihre nächste Bearbeitung warten. Sie können daher zur *Verlängerung der Lieferfristen* führen. Wenn jedes Teil exakt zum Bedarfszeitpunkt auf der nachfolgenden Produktionsstufe eintreffen würde, ließen sich die Durchlaufzeiten auf das theoretische Minimum, nämlich die Summe der unvermeidbaren Rüst-, Bearbeitungs- und Transportzeiten eines Auftrags, reduzieren.

- Lagerbestände verringern die *Flexibilität* des Unternehmens, sich schnell an veränderte Bedürfnisse der Abnehmer anzupassen. Bei einer Umstellung des Produktionsprogramms auf andere Produkte bedeuten verbleibende Bestände an nunmehr obsoleten Materialien "sunk costs" und reduzieren damit die Rentabilität.

- Lagerbestände können schließlich dazu benutzt werden, *Planungsfehler* zu verdecken (vgl. Abb. 3.9). So wirkt sich das Auftreten von Qualitätsmängeln, Engpässen, Maschinenausfällen, ineffizienten Arbeitsweisen, übermäßigem Abfall und Ausschuss oder auch einer mangelhaften Termineinhaltung weniger gravierend aus, wenn die auf der nächsten Produktionsstufe fehlenden Teile zunächst aus einem Lager entnommen werden können. Erst bei einer sukzessiven Reduktion des Lagerbestands zwischen zwei aufeinander folgenden Produktionsstufen werden derartige Probleme nach und nach offensichtlich. Somit lässt sich durch Lagerbestände der Produktionsfluss zwar kurzfristig aufrechterhalten, langfristig verhindern sie jedoch, dass Fehlerquellen nachhaltig beseitigt werden.

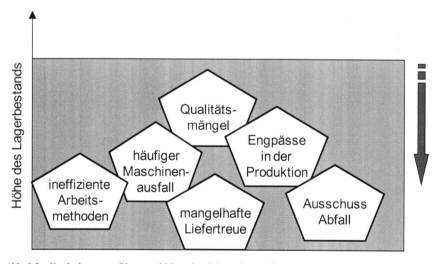

Abb. 3.9 *Verdeckung von Planungsfehlern durch Lagerbestände*

3.7.3 Lagerbestände im Just in Time-Konzept

Als Instrument zur Vermeidung dieser negativen Wirkungen von Beständen wurde das *Just in Time-Konzept* entwickelt, das auf eine weitgehende Synchronisation der Prozesse in einer Wertschöpfungskette abzielt, das Material auf allen Wertschöpfungsstufen genau zu dem Zeitpunkt bereitzustellen, in dem es benötigt wird. Dies würde in letzter Konsequenz die Produktion und Lieferung von Losen der Größe eins und damit die vollständige Vermeidung von Lagerhaltung in den betrieblichen Abläufen bedeuten. Das Just in Time-Konzept tritt in zwei Varianten auf:

- Zwischenbetrieblich wird eine Reduktion des Materialbestands an Rohstoffen und Vorprodukten durch die *Zulieferung auf Abruf* erreicht. Die Just in Time-Zulieferung ist z. B. in der Automobilindustrie weit verbreitet. Häufig wird sie ausgeweitet zu einer Just in Sequence-Anlieferung, bei der die Bauteile durch den Lieferanten bereits in der Reihenfolge, in der sie anschließend beim Automobilhersteller eingebaut werden sollen, vorsortiert angeliefert werden. Durch die Just in Time-Zulieferung lassen sich die Lagerbestände und damit die Lagerhaltungskosten in der gesamten Lieferkette zum Teil erheblich reduzieren. Es hängt von der Marktmacht und dem Verhandlungsgeschick der Partner ab, wie diese Gesamtersparnis auf die Beteiligten verteilt wird. Zuweilen bedeutet die Just in Time-Zulieferung allerdings lediglich eine Verlagerung der Lagerhaltung auf die Lieferanten, da diese die mit einer Lieferunfähigkeit verbundenen Vertragsstrafen vermeiden wollen.

- Die innerbetriebliche Ausprägung des Just in Time-Konzepts ist die *Produktion auf Abruf*, die z. B. durch das in der japanischen Automobilindustrie entwickelte Kanban-Verfahren umgesetzt wird (vgl. Ohno 1993). Die Grundidee von Kanban ist die Holpflicht der einzelnen Produktionsstellen (Pull-Prinzip), die die von ihnen benötigten Teile rechtzeitig bei den im Materialfluss vorgelagerten Stellen anfordern müssen. Die Lieferung erfolgt aus einem Pufferlager, das von der vorgelagerten Stelle bei Erreichen eines Mindestbestands automatisch wieder aufgefüllt wird. Die Produktion auf Abruf erfordert in der Regel umfassende Veränderungen bei der Fertigungsorganisation. Neben einer Erhöhung der Fertigungskapazitäten, durch die die Flexibilität der Produktion, d. h. die Fähigkeit zur Anpassung an eine quantitativ und qualitativ schwankende Kundennachfrage, verbessert werden soll, zählen dazu insbesondere die Reduktion der Rüstzeiten und damit auch der Rüstkosten, durch die kleinere Losgrößen und damit eine geringere Lagerhaltung erst wirtschaftlich werden.

Eine wesentliche Ursache für ablaufbedingte Lagerbestände sind Engpässe im Produktionsfluss. Um diese zu beseitigen und die Leistungsquerschnitte der Anlagen besser aufeinander abzustimmen, sind *Investitionen* in zusätzliche Kapazitäten erforderlich. Diese sollten nicht nur über eine Verkürzung der Rüstzeiten eine Reduktion der Rüstkosten erlauben, sondern auch eine größere Flexibilität aufweisen, um trotz kleiner Losgrößen die Lieferbereitschaft aufrechterhalten zu können. Im Idealfall lassen sich die dafür erforderlichen Investitionen in das Anlagevermögen aus der Reduktion des in Lagerbeständen gebundenen Umlaufvermögens finanzieren, d. h. es kommt zu einer *Substitution* von Umlauf- durch Anlagevermögen.

Das Just-in-Time-Konzept zielt letztlich darauf ab, durch eine vollkommene Synchronisation aller Prozesse in der Wertschöpfungskette die Zwischenlagerbestände bis auf null zu reduzieren. Dieses Ideal einer vollständigen Bestandsreduktion lässt sich jedoch aus verschiedenen Gründen nicht verwirklichen. Zum einen lässt sich zeigen, dass der Substitution von Umlauf- durch Anlagevermögen durchaus ökonomische Grenzen gesetzt sind (vgl. Kistner 1994, S. 125ff.), da den bei der Verringerung des Lagerbestands abnehmenden Grenzkosten der Lagerhaltung zunehmende Grenzkosten der erforderlichen Investitionen gegenüberstehen. Zum anderen übernehmen Lagerbestände – wie oben gezeigt – zum Teil wichtige Aufgaben im Wertschöpfungsprozess, so dass es gilt, die Bestandshöhe nicht zu minimieren, sondern zu optimieren.

3.8 Weiterführende Literatur

Corsten, H., Gössinger, R.: Produktionswirtschaft, Oldenbourg, München/Wien, 13. Aufl. 2012

Fleischmann, B.: Bestandsmanagement zwischen Zero Stock und Inventory Control, in: OR News Nr. 19, 2003, S. 22-27

Koether, R.: Technische Logistik, Hanser, München, 3. Aufl. 2007

Vahrenkamp, R.: Produktions- und Logistikmanagement, Oldenbourg, München/Wien 1994

4 Innerbetriebliche Transportsysteme

Die Fertigungslogistik deckt die Abläufe von der Entnahme von Teilen aus dem Eingangslager bis zur Einlagerung der Endprodukte in das Ausgangslager ab. Sie ist damit zwischen der Beschaffungslogistik und der Distributionslogistik angesiedelt. Dieser Logistikbereich ist prinzipiell gut beherrschbar, da er durch Bestandspuffer sowohl am Wareneingang als auch am Warenausgang gegen Versorgungsstörungen und Nachfrageschwankungen abgeschirmt werden kann. Um den Materialfluss im Fertigungsbereich aufrechtzuerhalten, werden innerbetriebliche Transportsysteme mit unterschiedlichen Ausgestaltungen eingesetzt. Im Vordergrund stehen die Fördermittel, die die Transportvorgänge ausführen. Ergänzend zu den Fördermitteln kommen verschiedene Förderhilfsmittel beim Transportieren des benötigten Einsatzmaterials sowie der Zwischen- und Endprodukte zum Einsatz.

Leitfragen: Wodurch unterscheiden sich flurgebundene und flurfreie Transportsysteme?

Wodurch unterscheiden sich ein stetiger und ein unstetiger Materialfluss?

Was ist der Unterschied zwischen Fördermitteln und Förderhilfsmitteln?

Wie lässt sich eine Palette optimal bepacken?

Welche Ebenen des innerbetrieblichen Materialflusses lassen sich unterscheiden?

4.1 Fördermittel

4.1.1 Arten von Fördermitteln

Die Überbrückung von räumlichen Distanzen durch Transportprozesse ist eine wichtige logistische Leistung (vgl. Gudehus 2000a, S. 217ff.), die sowohl innerhalb als auch außerhalb eines Unternehmens eine große Rolle spielt. *Innerbetriebliche Transportsysteme* werden eingesetzt, um den Materialfluss innerhalb des Unternehmens durchzuführen. Dieser umfasst die folgenden Bereiche:

- Transporte vom Wareneingang zum Lager
- Transporte aus dem Lager in die Fertigung
- Transporte von einer Produktionsstufe zur nächsten

4.1 Fördermittel

- Transporte zwischen Produktionsstufen und Pufferlagern
- Transporte von der Produktion in das Endproduktlager
- Transporte von der Endmontage bzw. dem Endproduktlager zum Warenausgang

Für jede dieser Anforderungen ist das innerbetriebliche Transportsystem adäquat auszugestalten. Dabei kommen in Abhängigkeit von der Art der zu befördernden Güter, vom Transportvolumen, von der Häufigkeit der Transporte und von den zu überbrückenden Entfernungen recht unterschiedliche Fördermittel und Förderhilfsmittel zum Einsatz. Einen Überblick über die für den innerbetrieblichen Transport eingesetzten Fördermittel gibt Abb. 4.1.

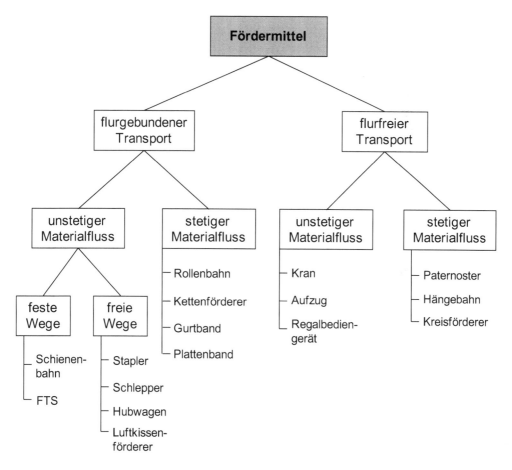

Abb. 4.1 Fördermittel

Flurgebundene Transportsysteme sind auf den Boden beschränkt und ermöglichen lediglich Transporte in der Ebene, *flurfreie Systeme* hingegen nutzen auch die vertikale Dimension aus und können dadurch die Verkehrswege am Boden entlasten. In beiden Kategorien lassen sich Fördermittel mit stetigem bzw. unstetigem Materialfluss unterscheiden.

- *Unstetige Fördermittel* führen jeweils bei Bedarf einen Transport durch und sind damit sehr flexibel einsetzbar. Sie eignen sich vor allem zur Bewältigung von Transportanforderungen, die in Bezug auf die zu transportierenden Mengen, den Transportrhythmus und die zurückzulegenden Wege häufig schwanken.

- *Stetige Fördermittel* sind durch ein kontinuierlich bewegtes Transportmittel gekennzeichnet, das einen festgelegten Weg in regelmäßigen Zeitabständen abfährt. Sie ermöglichen die kontinuierliche Bewältigung eines großen Transportaufkommens, weisen jedoch nur eine geringe Flexibilität bezüglich der Transportmengen auf. Flexibilität im Hinblick auf die Transportwege lässt sich in begrenztem Umfang erreichen, indem Verzweigungen und Weichen in das Wegenetz eingebaut werden. Flexible Transportrhythmen lassen sich erreichen, indem ein Teil der Kapazität des Transportmittels nicht ausgenutzt wird.

Die *flurgebundenen unstetigen Transportsysteme* werden vor allem bei der Einzelfertigung mit ihren häufig wechselnden Produktionsanforderungen eingesetzt. Sie lassen sich nochmals unterscheiden in Transportsysteme mit fest vorgegebenen Wegen und mit freier Wegewahl, die beliebige Wege in der Fertigungshalle oder auf dem Werksgelände zurücklegen können.

- *Vorgegebene Wege* gibt es z. B. bei der je nach Bedarf verkehrenden Schienenbahn oder bei den fahrerlosen Transportsystemen, die auf optisch oder magnetisch gekennzeichneten Fahrwegen verkehren. Feste Wege ermöglichen eine weitgehende Automatisierung der Transportvorgänge und damit erhebliche Personaleinsparungen.

- Fördermittel mit *freier Wegewahl* sind z. B. Stapler, Schlepper, Hubwagen und Luftkissenfahrzeuge. Da sie regelmäßig manuell bedient werden müssen, ist der Personalaufwand deutlich höher als bei den Fördermitteln mit festen Wegen.

Flurgebundene Transportsysteme mit stetigem Materialfluss werden vor allem in der Fließ- und Reihenfertigung, bei der die Produktionsanforderungen über einen längeren Zeitraum weitgehend konstant sind, sowie bei der automatisierten Kommissionierung eingesetzt. Typische Ausprägungen sind z. B. Rollenbahnen, Kettenbahnen, Gurtbänder oder Plattenbänder. Durch die kontinuierliche Bewegung des Fördermittels wird eine Organisation des Materialflusses nach dem Fließprinzip ermöglicht.

Einen *flurfreien Transport mit unstetigem Materialfluss* erlauben z. B. Kräne, Aufzüge und Regalbediengeräte. Materialbewegungen am einzelnen Arbeitsplatz lassen sich mit einem einfachen *Werkstattkran* durchführen. Für weitere Transporte innerhalb einer Fertigungshalle kommen *Portal-* bzw. *Brückenkräne* zum Einsatz, die in Längsrichtung der Halle verfahrbar sind; mittels der senkrecht dazu bewegten Laufkatze können beliebige Punkte in der Halle angesteuert werden. Große Portalkräne werden in der Hafenlogistik zum Be- und Entladen von Containerschiffen eingesetzt. Auch bei der Baustellenfertigung werden Kräne eingesetzt, um Material an den Einsatzort zu verbringen. Diese Fördermittel können in der Regel große

Lasten tragen, erlauben jedoch lediglich eine geringe Transportfrequenz und weisen damit eine niedrige Produktivität auf.

Für den *flurfreien Transport mit stetigem Materialfluss* werden z. B. Paternoster, Hängebahnen oder Kreisförderer eingesetzt, die in regelmäßigen Abständen ein Transportobjekt befördern können. Während der Paternoster lediglich einen vertikalen Transport erlaubt, können die Wege von Hängebahnen oder Kreisförderern sowohl horizontale als auch vertikale Ortsveränderungen vorsehen.

4.1.2 Auswahl von Fördermitteln

Bei der Auswahl eines innerbetrieblichen Transportsystems müssen neben den bereits genannten Aspekten der Flexibilität und der anhand des bewältigten Transportaufkommens gemessenen Produktivität auch die mit der Installation und dem Betrieb verbundenen Kosten berücksichtigt werden. Dabei lassen sich die folgenden *Zielkonflikte* identifizieren:

- Der erste Zielkonflikt besteht zwischen einer hohen Flexibilität als der Fähigkeit, beliebige Punkte im Betrieb anzusteuern, und einer hohen Produktivität als der Fähigkeit, in einem bestimmten Zeitraum große Transportmengen zu bewältigen. Wie der Überblick in Abschnitt 4.1.1 gezeigt hat, lässt sich mit unstetigen Fördermitteln vor allem das Flexibilitätsziel erreichen, während bei stetigen Fördermitteln die Produktivität im Vordergrund steht.

- Ein weiterer Zielkonflikt besteht zwischen den Installationskosten eines Transportsystems und seinen laufenden Betriebskosten, die vor allem durch den erforderlichen Personaleinsatz determiniert werden. Stark automatisierte Fördermittel wie fahrerlose Transportsysteme, automatische Regalbediengeräte oder Fließbänder erfordern hohe Investitionen, sind dafür jedoch anschließend mit geringem Personalaufwand zu betreiben. Sie sollten erst bei einem regelmäßigen und hohen Transportaufkommen installiert werden. Weniger stark automatisierte Fördermittel wie Stapler oder Kräne sind zwar günstiger zu installieren, erfordern aber während des späteren Betriebs einen weitaus höheren Personaleinsatz. Sie sind daher vor allem bei stark schwankenden Transportanforderungen zu empfehlen.

Die wesentlichen Kriterien für die Auswahl von Fördermitteln sind die zu transportierenden Mengen, die zeitliche Verteilung der Transportanforderungen und die zu überbrückenden Entfernungen. In Abhängigkeit von diesen Anforderungen ist eine Entscheidung über die Dimensionierung der erforderlichen Transportkapazität sowie über ihre Verteilung auf die verschiedenen Fördermittel zu treffen. Generell gilt, dass die Kapazität des innerbetrieblichen Transportsystems auf die Spitzenbelastung ausgelegt sein muss, wenn es nicht zu zeitweiligen Stauungen im Materialfluss kommen soll.

Einige ausgewählte Fördermittel werden im Folgenden vorgestellt:

Abgesehen von einfachen manuell bedienten Fördermitteln wie der *Sackkarre* und dem *Hubwagen* ist der *Gabelstapler* das vielseitigste und bei der Anschaffung kostengünstigste Transportmittel. Er wird in sehr vielen Unternehmen zumindest für einen Teil der Transportaufgaben eingesetzt. Sein großer Vorteil ist, dass er grundsätzlich jeden Punkt am Boden erreichen kann. Er kann innerhalb und außerhalb der Maschinenhalle eingesetzt werden und alle Lasten bewegen, die seine Nutzlast nicht überschreiten und sich auf Paletten transportieren lassen. Allerdings ist mit dieser Flexibilität ein hoher Personaleinsatz verbunden, der zu entsprechend hohen laufenden Kosten führt.

Weiterentwicklungen des Gabelstaplers sind der *Schubmaststapler*, der mithilfe eines ausfahrbaren Masts auch größere Höhen erreichen kann, und der *Hochregalstapler*, der die Lasten nicht frontal, sondern seitlich aufnimmt und damit auch mit einer geringeren Gangbreite zurechtkommt. Eine noch bessere Raumausnutzung im Lagerbereich ist mit *Regalbediengeräten* möglich, die vollautomatisch auf Schienen im Regalgang fahren und die Paletten seitlich mit einer Teleskopgabel einschieben. Diese sind allerdings mit erheblichen Investitionen verbunden.

Bei *fahrerlosen Transportsystemen* (FTS) handelt es sich um automatisierte, sehr flexible Fördermittel, die als Alternative zum Gabelstapler eingesetzt werden können. Sie können alle Punkte in der Fabrikhalle erreichen, die in ihrem Wegenetz vorgesehen sind. Ihre Steuerung erfolgt über Funk und sie bewegen sich auf festen Wegen, die sie entweder optisch in Form von gelben oder weißen Linien auf dem Boden oder mittels elektromagnetischer Induktion über im Boden verlegte Gitter identifizieren. Die Energieversorgung erfolgt über aufladbare Batterien. Um die Sicherheit der im Betrieb arbeitenden Personen zu gewährleisten, sind sie mit Sicherheitselementen wie Notstoppbügeln, Lichtschranken, Not-Aus-Schaltern sowie akustischen und optischen Signalen ausgestattet. Zusätzlich verfügen sie über Aktionssignale wie Blinker und Bremslichter, so dass man erkennen kann, welchen Weg ein Fahrzeug nehmen wird. Besonders vorteilhaft sind sie bei kleinen Transportvolumina mit komplizierter Streckenführung und vielen Übergabepunkten, d. h. in Situationen, die sich nicht für den Einsatz von stetigen Fördermitteln eignen.

Die *Vorteile* von fahrerlosen Transportsystemen bestehen in der flexiblen Streckenführung, die Verzweigungen ohne den Einsatz von Weichen erlaubt und sich leicht an ein vorhandenes Fertigungslayout anpassen lässt sowie den geringen Investitionskosten in die Strecken. Dem stehen als *Nachteile* hohe Anforderungen an die Sauberkeit und Ebenheit des Bodens, die begrenzte Ladekapazität der Batterien, ein hoher Wartungsaufwand für die Fahrzeuge und nicht zuletzt hohe Investitionen in die Fahrzeuge entgegen.

4.2 Förderhilfsmittel

Zum Transportsystem gehören neben den Fördermitteln, die den eigentlichen Transport vornehmen, die *Förderhilfsmittel*, die die Lagerung und den Transport von Gütern vereinfachen. Förderhilfsmittel begleiten das Fördergut während der verschiedenen Phasen des Materialflusses (vgl. Koether 2007, S. 98). Sie können mehrere Funktionen erfüllen:

- Im Vordergrund steht die *Erleichterung von Transport, Handling und Lagerung* des Förderguts. Durch Förderhilfsmittel werden die einzelnen Einheiten des Förderguts zu-

4.2 Förderhilfsmittel

sammengehalten, so dass ein gemeinsames Handling möglich ist. Dies vereinfacht die logistischen Vorgänge und spart Zeit und Kosten ein.

- Bei durchgehender Verwendung eines einheitlichen Förderhilfsmittels während der gesamten logistischen Kette lassen sich darüber hinaus *Umladevorgänge* und die damit verbundenen zusätzlichen Kosten und Zeitverzögerungen einsparen.

- Durch die Verwendung standardisierter Förderhilfsmittel wird die *Automatisierung* des Materialflusses unterstützt.

- Weiter hat das Förderhilfsmittel eine *Schutzfunktion*, indem es das Fördergut vor klimatischen Einflüssen, vor Beschädigungen während des Transports sowie gegen Diebstahl sichert.

- Schließlich kann das Förderhilfsmittel als *Informationsträger* dienen. Informationen zur Identifikation des Förderguts können als Barcode oder in Klarschrift auf Etiketten oder in Form von RFID-Chips (vgl. Lehreinheit 13) auf dem Förderhilfsmittel angebracht werden. Zusätzlich zur Identifikationsfunktion können sie weitere Informationen wie die Menge und das Abpackdatum übermitteln.

Bei der Auswahl des für ein Fördergut geeigneten Förderhilfsmittels sind unter anderem die Kriterien Gewicht, Stapelfähigkeit, Flächen- und Raumnutzung, Handhabung und Sicherheit zu berücksichtigen. Eine grobe Unterscheidung nach der Größe des Förderguts führt zu einer Einteilung in Kleinteile, Mittelgut und Großgut, für die in Abb. 4.2 die jeweils geeigneten Förderhilfsmittel angegeben sind.

- *Kleingut* kann als Kleinstückgut oder Kleinschüttgut auftreten. Umschließende Förderhilfsmittel wie Kästen, Boxpaletten und Gitterboxpaletten sind vor allem für die Aufnahme von Kleinteilen wie Schrauben, Muffen oder Steckern geeignet. Standardbehälter für Kleinteile sind Kästen aus Metall oder Kunststoff, die nach der DIN 30820 genormt sind. Sie werden meist mit Grundflächen in den Modulmaßen 300 x 400 *mm* oder 400 x 600 *mm* und in verschiedenen Höhen eingesetzt.

- *Mittelgut* hat deutlich größere Abmessungen als Kleingut. Es kann in den Ausprägungen Blockgut, z. B. ein Karton, Stabgut, z. B. Pfosten für den Straßenbau, Flachgut, z. B. Gipskartonplatten, und Sperrgut auftreten. Für die verschiedenen Ausprägungen von Mittelgut stehen als ebene Förderhilfsmittel insbesondere die unterschiedlichen Varianten der Palette zur Verfügung. Standardbehälter ist hier die Euro-Palette mit einer Grundfläche von 800 x 1200 *mm* oder – seltener – 1000 x 1200 *mm*. Daneben kommen Gitterboxpaletten, Rungenpaletten oder Bügelpaletten zum Einsatz, die über zusätzliche Aufbauten wie Gitter, Eckstäbe oder Bügel verfügen und dadurch ein seitliches Verrutschen des Förderguts verhindern.

- Für *Großgut*, wie Langgut, Tafelgut und Schwergut, werden sonstige, oft individuell konzipierte Förderhilfsmittel eingesetzt. Als Standardbehälter dient hier der Übersee-Container (ISO-Container) mit einer Länge von 20 oder 40 *ft*, einer Breite von 8 *ft* und einer Höhe von 8-9 *ft*, der einen weitgehenden Schutz des Förderguts gewährleistet und sowohl auf LKW als auch auf Eisenbahnwaggons sowie auf Containerschiffen transportiert werden kann.

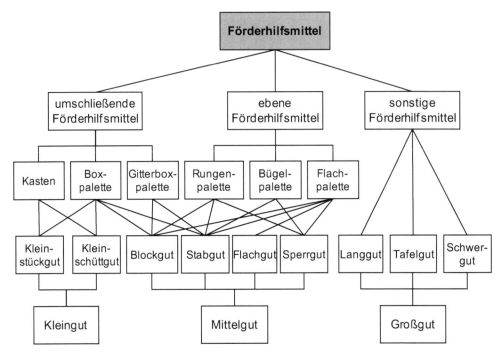

Abb. 4.2 Förderhilfsmittel

Der Vorteil der Abmessungen der für Klein- und Mittelgut häufig verwendeten Standardbehälter besteht darin, dass sich die Grundflächen der Euro-Paletten mit den im Modulmaß konzipierten Kästen genau überdecken lassen, so dass eine maximale Flächenausnutzung möglich ist. Abb. 4.3 zeigt dies für Kästen mit der Abmessung 400 x 600 *mm*.

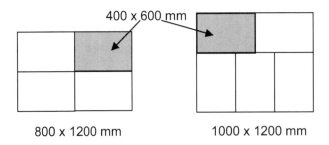

Abb. 4.3 *Ausnutzung der Euro-Palette durch Modulmaße*

Hingegen lassen sich die Grundfläche bzw. der Rauminhalt in einem ISO-Container bei einer Beladung mit Euro-Paletten nicht vollständig ausnutzen, da deren Abmessungen aus zwei unterschiedlichen Standardisierungssystemen stammen, die nicht miteinander kompatibel sind.

4.3 Packprobleme

Die Effizienz und Wirtschaftlichkeit der Nutzung von inner- und außerbetrieblichen Transportsystemen hängt wesentlich von der möglichst vollständigen Ausnutzung der zur Verfügung stehenden Kapazitäten ab. Es gilt daher, sowohl die Ladungsträger wie Paletten, Container und andere Behälter als auch die Transportmittel wie LKW, Bahnwaggons, Frachtflugzeuge und Frachtschiffe so zu beladen, dass vom zur Verfügung stehenden Volumen möglichst wenig ungenutzt bleibt. Dadurch lassen sich die fixen Kosten eines Logistikvorgangs auf eine größere Anzahl von Packstücken verteilen, so dass die anteiligen Kosten des einzelnen Packstücks sinken.

Diese Planungsaufgabe wird auch als *Stauraumplanung* bezeichnet (vgl. Isermann 1998, S. 245ff.). Hierbei lassen sich zwei Ausprägungen unterscheiden:

- Bei *homogenen Packproblemen* gilt es, Packstücke mit identischen Maßen anzuordnen. Diese sind entweder quaderförmig, vor allem in Form von Kisten, oder zylindrisch, d. h. in Form von Dosen, Flaschen oder Fässern. Bei zylindrischen Packstücken lässt sich aufgrund der Geometrie keine vollständige Ausnutzung der Grundfläche erreichen.
- Bei *heterogenen Packproblemen* liegen hingegen Packstücke mit unterschiedlichen Abmessungen oder sogar unterschiedlichen Formen vor. Diese Situation tritt z. B. bei der Kommissionierung auf oder auch bei der Zusammenstellung von unterschiedlichen Aufträgen für einen Transport.

Ein *homogenes Packproblem für Quader* lässt sich mithilfe von sechs Parametern formal beschreiben: Bezeichnet man mit L, B und H die Länge, Breite und Höhe des Ladungsträgers und mit l, b und h die Länge, Breite und Höhe des Packstücks, so wird durch den Ausdruck

$$Q(L, B, H; l, b, h)$$

das zugehörige Packproblem eindeutig charakterisiert. Dementsprechend lässt sich jede potentielle Lösung eines Packproblems mithilfe derartiger Koordinaten beschreiben und auf ihre Zulässigkeit überprüfen. *Zielsetzung* der Planung ist die Unterbringung möglichst vieler Packstücke der Abmessungen $l \times b \times h$ auf bzw. in dem Ladungsträger mit den Maßen $L \times B \times H$.

Am besten untersucht ist die Problemstellung der optimalen Anordnung von Packstücken auf *Paletten*. Die Beladung einer Palette mit quaderförmigen Packstücken ist ein dreidimensionales Problem, da grundsätzlich beliebige Anordnungen und Ausrichtungen der Packstücke zulässig sind. Sollen jedoch, wie in der Praxis üblich, identische Lagen eines in der Ebene erzeugten Packmusters übereinander gestapelt werden, so wird es auf ein *zweidimensionales Packproblem* reduziert. Dabei muss für eine zulässige Lösung neben der für die Erzeugung einer Lage relevanten Länge und Breite der Palette die vorgegebene Packhöhe berücksichtigt werden.

Das Ergebnis einer Stauraumplanung ist der *Stapelplan*. Er gibt an, wie die Packstücke auf der Palette angeordnet werden sollen, und kann entweder grafisch oder mithilfe der oben angegebenen Koordinatennotation dargestellt werden. Abb. 4.4 zeigt zwei unterschiedliche Stapelpläne. Während bei Plan 1 nur zwölf Packstücke auf einer Lage der Palette untergebracht werden können, gelingt es bei Plan 2, durch eine Variation des Packmusters ein Packstück mehr anzuordnen.

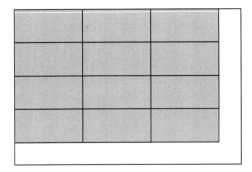
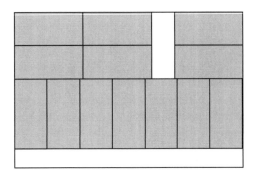

Plan 1: 12 Packstücke   **Plan 2:** 13 Packstücke

Abb. 4.4 Alternative Stapelpläne

Bei der Palettenbeladung sind zusätzlich folgende Restriktionen zu berücksichtigen:

- Die *Höhe* der zulässigen Stapelung ist entweder vorgegeben oder sie ergibt sich aus der Belastbarkeit der Packstücke. Bei besonders schweren Packstücken besteht sonst die Gefahr, dass die unteren Kartons das Gewicht der oberen nicht aushalten und beschädigt werden.
- Die Stapelung soll *stabil* sein, damit die Ladung auch beim Handling der beladenen Palette nicht schwankt oder herunterfällt. Vergleicht man die beiden Pläne in Abb. 4.4, so ist auch unter diesem Kriterium Plan 2 vorzuziehen. Wenn man das Packmuster von Plan 1 in jeder Lage wiederholt, ergeben sich unverbundene Stapeltürme, die beim Handling nur eine geringe Stabilität aufweisen. Das Packmuster von Plan 2 hingegen lässt sich in jeder Lage um 180° drehen, wodurch eine wesentlich stabilere Verbundstapelung entsteht. Der Unterschied von Turmstapelung und Verbundstapelung wird in Abb. 4.5 veranschaulicht.

4.3 Packprobleme

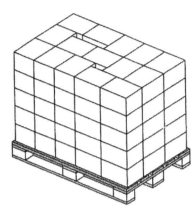
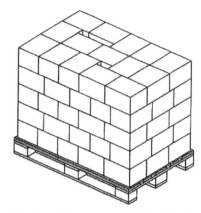

Turmstapelung auf einer Palette   Verbundstapelung auf einer Palette

Abb. 4.5   Turmstapelung versus Verbundstapelung (Quelle: Isermann 2001, S. 247 und 248)

- Schließlich darf der ermittelte Stapelplan nicht zu *komplex* sein, da er anschließend im operativen Tagesgeschäft von den Mitarbeitern umgesetzt werden muss. Theoretisch lassen sich gerade bei kleinen Packstücken äußerst komplexe Pläne generieren, bei denen die Orientierung der Packstücke immer wieder geändert werden muss. In der Praxis sind einfache Pläne wie Plan 2 in Abb. 4.4 vorzuziehen, auch wenn dafür auf die Unterbringung von ein oder zwei Packstücken verzichtet werden muss.

Zur Lösung von Packproblemen kommen unterschiedliche Verfahren in Betracht:

- *optimierende Verfahren*: Grundsätzlich lässt sich ein Packproblem als gemischt-ganzzahliges Planungsmodell formulieren, das die Anordnung der Packstücke mithilfe von Binärvariablen beschreibt. Zur Lösung können graphentheoretische Verfahren oder Baumalgorithmen eingesetzt werden. Vor allem bei kleinen Packstücken ist jedoch der Planungsaufwand recht hoch. Weiter können die erzeugten Pläne zu komplex sein, so dass diese Verfahren für die Praxis nicht relevant sind.

- *heuristische Verfahren*: Eine Möglichkeit zur schnellen Generierung einer zulässigen Lösung besteht darin, die Gesamtfläche – gegebenenfalls rekursiv – in immer kleinere Teilflächen zu unterteilen und diese dann blockweise zu planen. Dadurch wird das aufwändige Gesamtproblem in einfachere Teilprobleme herunter gebrochen. Auch diese Verfahren sind in der Praxis nicht sehr verbreitet.

- *Hilfsmittel der Praxis*: In der Praxis werden vielmehr *Palettierkataloge* verwendet, die durch die Auswertung und Sammlung von Lageplänen für eine vorgegebene Grundfläche und verschiedene Packstückabmessungen entstanden sind. Für jede Klasse von Packproblemen werden die Bereiche dargestellt, innerhalb derer derselbe Lageplan zu verwenden ist. Aus einem Palettierkatalog lässt sich daher ablesen, wie viele Packstücke einer bestimmten Abmessung auf einer gegebenen Grundfläche maximal untergebracht werden können. In Abb. 4.6 ist ein Auszug aus einem Palettierkatalog für eine Europalette dargestellt. Der Punkt zeigt, dass sich von einem Packstück mit der Grundfläche 218 × 148 *mm* 26 Stück in einer Lage packen lassen. Wenn man die Verpackung leicht modifiziert, so dass ihre Länge um 1 mm reduziert wird, so gibt das links von dem Punkt liegende Feld an, dass sich 29 Packstücke der Grundfläche 217 × 148 *mm* in einer Lage unterbringen lassen.

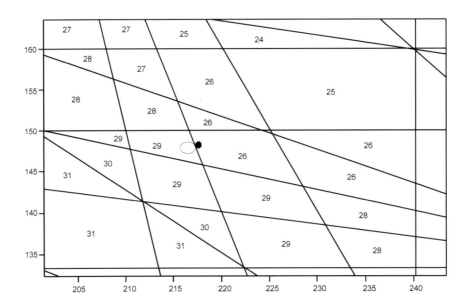

Abb. 4.6 *Auszug aus einem Palettierkatalog (Quelle: Isermann 2001, S. 253)*

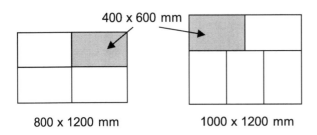

Abb. 4.7 *Modulmaße auf Europaletten*

Wie das Beispiel aus Abb. 4.6 zeigt, hängt die Qualität der bei der Stauraumplanung zu erzielenden Ergebnisse unter anderem von *strategischen Entscheidungen* ab. So lassen sich durch eine geschickte Wahl der Maße von Packstücken oder Behältern erhebliche Rationalisierungseffekte realisieren. Verwendet man z. B. die Modulmaße 400 × 600 *mm* oder 300 × 400 *mm*, so lässt sich, wie in Abb. 4.7 gezeigt, die Grundfläche einer Europalette vollständig ausnutzen. Dies führt zu entsprechenden Kostensenkungen in der Logistikkette.

4.4 Ebenen des Materialflusses

Grundsätzlich lassen sich die in Abb. 4.8 dargestellten *Ebenen des innerbetrieblichen Materialflusses* unterscheiden, die jeweils spezifische Anforderungen an die eingesetzten Transportsysteme stellen (vgl. Koether 2007, S. 16f.).

Materialfluss erster Ordnung: zwischen Werken

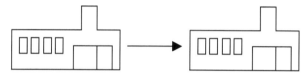

Materialfluss zweiter Ordnung: zwischen Abteilungen

Materialfluss dritter Ordnung: zwischen Arbeitsplätzen

Materialfluss vierter Ordnung: am einzelnen Arbeitsplatz

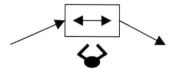

Abb. 4.8 Ebenen des Materialflusses

Tendenziell nimmt mit ansteigender Ordnung des Materialflusses das Transportvolumen, d. h. die Menge der beim einzelnen Transportvorgang zu befördernden Güter, ab und die Häufigkeit der Transportvorgänge zu, so dass dementsprechend andere Fördermittel und Förderhilfsmittel eingesetzt werden.

- Der *Materialfluss erster Ordnung* findet zwischen den verschiedenen Werken eines Unternehmens statt und wird häufig ähnlich wie der außerbetriebliche Materialfluss zwischen verschiedenen Unternehmen ausgestaltet. Hierbei herrscht der Transport von tendenziell großen Transportlosen auf der Straße vor, es werden vorzugsweise LKW eingesetzt.

- Der *Materialfluss zweiter Ordnung* bezieht sich auf Transporte zwischen den im Wertschöpfungsprozess aufeinander folgenden Abteilungen bzw. Funktionsbereichen innerhalb eines Werks. Dabei herrscht die zeitlich diskrete, losweise Weitergabe von Material jeweils im Bedarfsfall vor. Als Transportmittel kommen die verschiedenen in Abschnitt 4.1.1 genannten innerbetrieblichen Transportsysteme zum Einsatz, die je nach Einsatzbereich ausgewählt werden müssen.

- Der *Materialfluss dritter Ordnung* verbindet aufeinander folgende Arbeitsplätze bzw. Arbeitsschritte innerhalb einer Abteilung oder eines Fertigungssystems miteinander. Er wird häufig als kontinuierliche Materialweitergabe z. B. mithilfe eines Fließbands ausgestaltet.

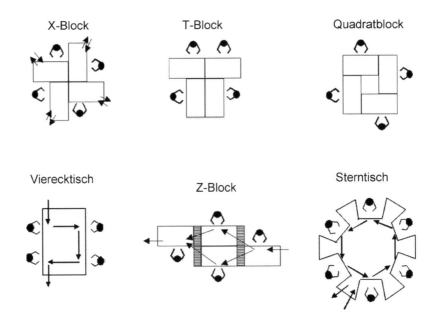

Abb. 4.9 *Anordnungen von Arbeitsplätzen (vgl. Koether 2007, S. 119)*

- Der *Materialfluss vierter Ordnung* schließlich umfasst die Versorgung des einzelnen Arbeitsplatzes mit Material sowie den Abtransport der bearbeiteten Werkstücke. Da hierbei manuelle Verrichtungen vorherrschen, kommt den Anforderungen der Ergonomie besondere Bedeutung zu.

Abb. 4.9 zeigt einige typische Anordnungen von Arbeitsplätzen. Bei einigen, wie dem Vierecktisch, dem Z-Block und dem Sterntisch arbeiten die Mitarbeiter gemeinsam an einem Werkstück. In anderen Fällen wie dem X-Block, dem T-Block und dem Quadratblock werden lediglich gleichartige Arbeitsplätze räumlich zusammengefasst.

4.5 Weiterführende Literatur

Corsten, H., Gössinger, R.: Produktionswirtschaft, Oldenbourg, München/Wien, 13. Aufl. 2012

Exeler, H.: Das homogene Packproblem in der betriebswirtschaftlichen Logistik, Physica, Heidelberg 1988

Isermann, H.: Stauraumplanung, in: Isermann, H. (Hrsg.), Logistik – Gestaltung von Logistiksystemen, Verlag Moderne Industrie, Landberg/Lech, 2. Aufl. 1998, S. 245-286

Koether, R.: Technische Logistik, Hanser, München, 3. Aufl. 2007

5 Fertigungssysteme

Während die Auswahl der Fertigungsanlagen, die Ausgestaltung der auf ihnen durchzuführenden Fertigungsprozesse und die Planung des laufenden Anlageneinsatzes zu den Aufgaben des Produktionsmanagements gehören, ist aus logistischer Sicht vor allem die Abstimmung der Anlagen auf die vom jeweiligen Fertigungstyp abhängigen Produktionsanforderungen von Interesse. Ausgehend von den an Fertigungssysteme gestellten Anforderungen werden flexible Fertigungssysteme dargestellt und zwischen den traditionellen Fertigungstypen der Werkstatt- und der Fließfertigung eingeordnet. Ergänzend wird auf den Materialfluss innerhalb von Fertigungssystemen, die Abstimmung der Fertigung auf Nachfrageschwankungen und die Möglichkeit zur Reaktion auf individuelle Kundenwünsche eingegangen.

Leitfragen: Welche Anforderungen werden an ein Fertigungssystem gestellt?

Welche Unterschiede bestehen zwischen der Werkstattfertigung und der Fließfertigung?

Welche Bedeutung hat die Flexibilität eines Fertigungssystems?

Welche Ausprägungen der flexiblen Fertigung gibt es und wofür werden sie eingesetzt?

Wodurch unterscheiden sich die Fertigung nach dem Push- und dem Pull-Prinzip?

Wo sollte ein Unternehmen seinen Order Penetration Point ansiedeln?

5.1 Anforderungen an Fertigungssysteme

Die Leistungsfähigkeit von Fertigungssystemen wird anhand der folgenden, teilweise konfliktären Zielsetzungen beurteilt:

- Die *Produktivität* ist ein klassisches produktionswirtschaftliches Ziel. Die Produktivität eines Fertigungssystems wird als Produktionsmenge je Zeiteinheit gemessen. Durch eine hohe Produktivität lassen sich die Vorteile der Stückkostendegression ausnutzen, denn je mehr auf einer Maschine produziert wird, desto geringer ist der auf die einzelne produzierte Einheit entfallende Stückkostenanteil.

- Die *Flexibilität* eines Fertigungssystems entspricht seiner Fähigkeit, sich an wechselnde Produktionsanforderungen anzupassen. Sie ist von großer Bedeutung, damit das Unternehmen schnell und effizient auf unterschiedliche Kundenwünsche reagieren kann.

5.1 Anforderungen an Fertigungssysteme

- Ein weiteres wichtiges Kriterium zur Beurteilung von Fertigungssystemen ist die *Störanfälligkeit*. Je weniger ein Fertigungssystem durch lokale Störungen beeinträchtigt wird, desto einfacher lassen sich die Qualität der Produkte und die Servicequalität sicherstellen. Die Störanfälligkeit des Gesamtsystems ergibt sich aus den Störanfälligkeiten der einzelnen Anlagen.

Vor dem Hintergrund der zunehmenden Unsicherheit bezüglich künftiger Marktentwicklungen, des beschleunigten technischen Fortschritts, der Tendenz zu immer weiter sinkenden Losgrößen und des verschärften Konkurrenzdrucks kommt der *Flexibilität* der Produktion eine immer größere Bedeutung zu. Man unterscheidet die Produktflexibilität, die im Eingehen auf unterschiedliche Kundenwünsche durch eine Anpassung der Produkte zum Ausdruck kommt, von der Produktionsflexibilität, die der Anpassungsfähigkeit des Fertigungssystems an wechselnde Anforderungen entspricht.

Bei der *Produktionsflexibilität* lassen sich die in Abb. 5.1 dargestellten Dimensionen unterscheiden (vgl. Wildemann 1987, S. 5f.; Kistner/Steven 2001, S. 244f.):

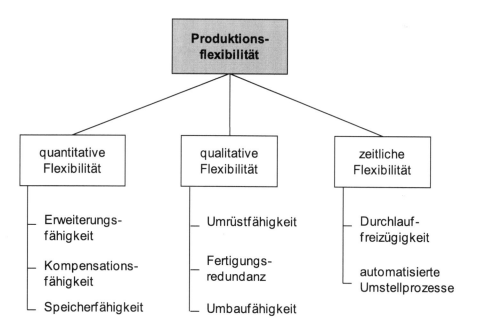

Abb. 5.1 Ausprägungen der Produktionsflexibilität

Die *quantitative Flexibilität* bietet die Möglichkeit, Schwankungen der Produktionsmenge oder Verschiebungen zwischen Produktionsmengen verschiedener Produkte zu kompensieren. Sie umfasst die folgenden Bestandteile:

- Als *Erweiterungsfähigkeit* bezeichnet man die Möglichkeit eines Fertigungssystems, sich an Steigerungen der benötigten Produktionsmenge anzupassen.

- Die *Kompensationsfähigkeit* ist die Möglichkeit, Verschiebungen in den Mengenstrukturen der Produkte zu bewältigen.

- Die *Speicherfähigkeit* eines Fertigungssystems erlaubt es, Werkstücke zum Ausgleich unterschiedlicher Bearbeitungszeiten an den einzelnen Maschinen zwischen zwei Bearbeitungsschritten zwischenzulagern. Sie wird durch Pufferlager realisiert.

Unter der *qualitativen Flexibilität* versteht man die Anpassungsfähigkeit eines Fertigungssystems an neue Produkte oder Werkstoffe. Sie lässt sich mithilfe der folgenden Komponenten realisieren:

- Aufgrund der Vielseitigkeit bzw. *Umrüstfähigkeit* kann ein Fertigungssystem auf die Produktion unterschiedlicher Teile oder Produkte umgestellt werden. Dies erfordert eine Veränderung der Maschineneinstellungen sowie häufig einen Werkzeugwechsel und setzt eine entsprechende Flexibilität des Personals voraus.

- *Fertigungsredundanz* liegt vor, wenn bestimmte Anlagen bzw. deren Funktionen im Fertigungssystem mehrfach vorhanden sind. Dadurch kann die Produktion auch beim Ausfall einzelner Systemteile kurzfristig aufrecht erhalten werden.

- Die *Umbaufähigkeit* hingegen dient zur Sicherstellung der langfristigen Flexibilität. Sie bezeichnet die Möglichkeit, das Fertigungssystem durch den Austausch von Komponenten immer wieder an neue Produktionsaufgaben anzupassen. Voraussetzung dafür ist ein modularer Aufbau des Fertigungssystems.

Die dritte Dimension der Produktionsflexibilität ist die *zeitliche Flexibilität*. Darunter versteht man Mechanismen, die sicherstellen, dass ein Fertigungssystem schnell auf einen Wechsel der Fertigungsaufgaben reagiert. Sie wird konkretisiert durch die folgenden beiden Eigenschaften:

- Die *Durchlauffreizügigkeit* eröffnet Wahlmöglichkeiten bei der Gestaltung des Materialflusses, d. h. ein Werkstück kann unterschiedliche Wege durch die Fertigung nehmen. Dadurch lassen sich nicht nur kurze Durchlaufzeiten realisieren, sondern man kann auch trotz des zeitweisen Stillstands einzelner Anlagen den Betrieb weiterführen

- *Automatisierte Umstellprozesse* ermöglichen kurze Rüstzeiten und damit ebenfalls eine Beschleunigung der Produktion. Sie werden durch eine automatisierte Informationsverarbeitung sowie eine automatische Steuerung und Ausführung der Umrüstvorgänge realisiert.

5.2 Traditionelle Ausprägungen von Fertigungssystemen

5.2.1 Werkstattfertigung

Die *Werkstattfertigung* wird typischerweise bei der Einzel- und Kleinserienfertigung eingesetzt, bei der zahlreiche unterschiedliche Produkte auftragsgetrieben in jeweils geringen Stückzahlen produziert werden. Eine reine Einzelfertigung tritt in der Praxis eher selten auf, sie ist z. B. im Prototypen- und Sondermaschinenbau anzutreffen.

Das wesentliche Kennzeichen der Werkstattfertigung ist die räumliche Zusammenfassung von funktionsgleichen oder -ähnlichen Maschinen in – früher als Werkstätten bezeichneten – Fertigungsbereichen, an deren Anordnung sich der Materialfluss orientieren muss. Die einzelnen Maschinen innerhalb eines Fertigungsbereichs weisen ein recht breites Bearbeitungsspektrum auf, so dass sich ihre Einsatzbereiche teilweise überlappen. Die Aufträge durchlaufen die Fertigungsbereiche jeweils in einer durch ihre spezifischen Anforderungen festgelegten Reihenfolge (Job Shop-Fertigung). Als Fördermittel werden vor allem flexible, flurgebundene, unstetige Transportmittel wie Stapler eingesetzt. Zwischen den einzelnen Bearbeitungen warten die Aufträge in der Regel in einem Zwischenlager auf ihre nächste Bearbeitung.

Abb. 5.2 zeigt den Weg dreier unterschiedlicher Aufträge durch eine Werkstattfertigung mit den Fertigungsbereichen Drehen, Hobeln, Fräsen, Schleifen und Bohren. Auftrag 1 hat die Maschinenfolge Drehen – Fräsen – Hobeln – Schleifen, während Auftrag 2 in der Reihenfolge Drehen – Fräsen – Hobeln – Bohren bearbeitet wird. Auftrag 3 durchläuft die Maschinen in der Reihenfolge Drehen – Bohren – Hobeln – Schleifen.

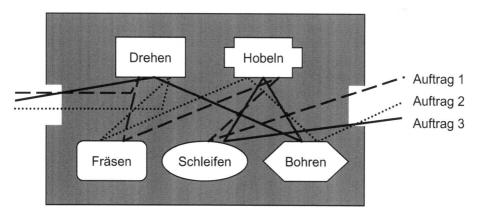

Abb. 5.2 Werkstattfertigung

Die *Vorteile der Werkstattfertigung* bestehen darin, dass sie eine große Flexibilität in Bezug auf Modifikationen des Fertigungsprogramms aufweist und sich einfach an geänderte Fertigungsverfahren oder Ablaufreihenfolgen anpassen lässt. Aufgrund der sich überlappenden Einsatzbereiche der Maschinen innerhalb einer Werkstatt stellen Störungen wie der Ausfall einer Maschine kein großes Problem dar.

Jedoch weist die Werkstattfertigung auch einige gravierende *Nachteile* auf: Ihre Produktivität, gemessen als Produktionsmenge je Zeiteinheit, ist recht gering, da die Bearbeitung unterschiedlich spezifizierter Aufträge jeweils Umrüstungen an den Maschinen erfordert. Weiter führt das Durchlaufen der verschiedenen Fertigungsbereiche aufgrund der damit verbundenen langen Wege und der zugehörigen Transport- und Wartezeiten zu langen und stark schwankenden Durchlaufzeiten der Aufträge. Daraus resultieren hohe Bestände an unfertigen Erzeugnissen, die eine unproduktive Kapitalbindung im Umlaufvermögen bedeuten. Zur Durchführung der meist stark variierenden Bearbeitungen sind teure Facharbeiter mit einer entsprechend hohen Qualifikation erforderlich. Schließlich bringen die Vielfalt der Aufträge und ihre unterschiedlichen Wege durch die Fertigung hohe Anforderungen an die Produktionssteuerung mit sich und führen zu einer unbefriedigenden Transparenz der Abläufe. Insgesamt bedeutet das, dass die Stückkosten der mittels Werkstattfertigung hergestellten Einheiten recht hoch sind.

5.2.2 Fließfertigung

Bei der *Fließfertigung* hingegen erfolgt die Anordnung der Fertigungsanlagen nach dem Objektprinzip. Das bedeutet, dass für die Fertigung eines bestimmten Produkts Spezialmaschinen angeschafft und räumlich und organisatorisch in der Reihenfolge angeordnet werden, die den Bedürfnissen des Produkts entspricht. Der Einsatzbereich der Fließfertigung ist die Massen- und Großserienfertigung, bei der relativ wenige Produkte bzw. Produktvarianten für einen anonymen Markt über einen längeren Zeitraum unverändert produziert werden.

Maschinen, die für mehrere unterschiedliche Produkte benötigt werden, müssen mehrfach angeschafft und in die jeweiligen Fließlinien integriert werden. Bei der Auswahl der Maschinen einer Fließlinie werden deren Leistungsquerschnitte aufeinander abgestimmt, um eine möglichst gute Kapazitätsausnutzung zu erreichen. Die Verbindung der aufeinander folgenden Produktionsstufen einer Fließlinie erfolgt durch stationäre, stetige, automatisierte Fördermittel, die die Werkstücke in einem festen Takt an den Maschinen vorbeiführen und keine Möglichkeit der Zwischenlagerung von Werkstücken aufweisen. Dadurch ist ein kontinuierlicher, reibungsloser Materialfluss möglich.

Abb. 5.3 zeigt das Prinzip der Fließfertigung am Beispiel von drei Produktarten, die die gleichen Bearbeitungen erfordern wie die Aufträge im Beispiel zur Werkstattfertigung (vgl. Abb. 5.2), jedoch jeweils auf spezialisierten Fertigungsanlagen mit einem kontinuierlichen Materialfluss hergestellt werden. Wie man sieht, befinden sich in der Fließlinie von Produkt 1 sogar zwei Drehmaschinen, die entweder völlig unterschiedliche Drehverrichtungen ausführen oder allein nicht in der Lage sind, die erforderliche Anzahl an Drehverrichtungen zu bewältigen.

5.2 Traditionelle Ausprägungen von Fertigungssystemen

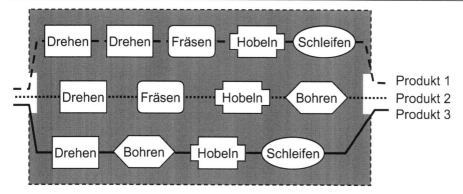

Abb. 5.3 Fließfertigung

Der *Vorteil* der Fließfertigung besteht in erster Linie in einer hohen Produktivität, die sich auf die starke Spezialisierung der Maschinen und Abläufe sowie die gute Kapazitätsauslastung zurückführen lässt. Der kontinuierliche Ablauf der Fertigung führt zu kurzen Durchlaufzeiten der einzelnen Werkstücke, geringen Zwischenlagerbeständen und einer nachhaltigen Stückkostendegression. Weitere Kostenvorteile gegenüber der Werkstattfertigung resultieren daraus, dass die Verrichtungen von gering qualifizierten Arbeitskräften nach einer kurzen Anlernphase durchgeführt werden können. Wie Abb. 5.3 weiter verdeutlicht, sind die Abläufe bei der Fließfertigung gut überschaubar.

Jedoch besteht der wesentliche *Nachteil* der Fließfertigung darin, dass sie nur eine geringe Flexibilität aufweist. Ein Wechsel der Produktart erfordert daher jeweils eine Umorganisation und Neuabstimmung des Fließbands. Da beim Ausfall einer einzelnen Maschine die gesamte Fertigungslinie blockiert wird, ist die Störanfälligkeit der Fließfertigung als hoch anzusehen. Die mehrfache Beschaffung ähnlicher Maschinen für verschiedene Fertigungslinien führt zu Maschinenredundanz und erhöhten Fixkosten.

5.2.3 Beurteilung der traditionellen Fertigungssysteme

Wenn man die Werkstattfertigung und die Fließfertigung anhand der in Abschnitt 5.1 diskutierten Anforderungen an Fertigungssysteme vergleicht, so stellt man fest, dass keines bei sämtlichen Kriterien gut abschneidet. Während die Werkstattfertigung Vorteile in Bezug auf die Flexibilität und die Störanfälligkeit aufweist, ist die Fließfertigung unter dem Aspekt der Produktivität vorzuziehen (vgl. Abb. 5.4).

Offensichtlich besteht ein *Zielkonflikt* vor allem zwischen der Produktivität und der Flexibilität eines Fertigungssystems. Daher versuchen neuere Entwicklungen im Fertigungsbereich, wie die im folgenden Abschnitt dargestellte flexible Fertigung, diesen Zielkonflikt zumindest teilweise aufzulösen.

	Werkstatt-fertigung	Fließ-fertigung
Produktivität	gering	**hoch**
Flexibilität	**hoch**	gering
Störanfälligkeit	**gering**	hoch

Abb. 5.4 *Vergleich der Fertigungssysteme*

5.3 Flexible Fertigung

Die *flexible Fertigung* wurde in den 1970er Jahren in Japan entwickelt und hat sich seit den 1980er Jahren über die USA nach Europa verbreitet. Ihr Einsatz erfolgte zunächst überwiegend in Unternehmen der metallverarbeitenden Industrie, in denen der Fertigungstyp der Sorten- und Kleinserienfertigung vorherrscht. Ansatzpunkte zur Flexibilisierung liegen in der Produktentwicklung, der Gestaltung des Produktionsprozesses durch den Aufbau und die Ausgestaltung der Kapazitäten sowie in der Produktionsplanung und -steuerung, d. h. es ist eine umfassende Sichtweise erforderlich.

Organisatorisch ist die flexible Fertigung zwischen den beiden in Abschnitt 5.2 behandelten Extremtypen der Fertigungsorganisation, der am Verrichtungsprinzip ausgerichteten Werkstattfertigung und der nach dem Objektprinzip konzipierten Fließfertigung, angesiedelt. Daher versucht sie, die Vorteile der Werkstatt- und der Fließfertigung zu kombinieren und somit gleichzeitig hohe Produktivität und Flexibilität bei geringer Störanfälligkeit zu erreichen.

Ausgangspunkte der Entwicklung der flexiblen Fertigung sind neben den Marktanforderungen die Verfügbarkeit von Universalmaschinen mit schnellen Werkzeugwechseln sowie die Möglichkeit zur Automation von Bearbeitungs- und Transportvorgängen. Dies ermöglicht die wirtschaftliche Fertigung immer kleinerer Losgrößen.

Ein wesentliches Kennzeichen der flexiblen Fertigung ist die *elektronische Steuerung* bzw. NC-Programmierung, die sowohl innerhalb der einzelnen Systemkomponenten eingesetzt wird als auch ihre Integration unterstützt. Die NC-Programmierung umfasst die Beschreibung sämtlicher Operationen, die an einem Werkstück auf seinem Weg vom Rohteil zum Fertigteil vorgenommen werden müssen. Dabei sind insbesondere die Bearbeitungsarten und ihre Reihenfolgen, die benötigten Maschinen und Werkzeuge und die erforderlichen Positionier- und Transportvorgänge zu programmieren.

5.3 Flexible Fertigung

Ein flexibles Fertigungssystem ist ein integriertes System aus Hardware und Software, das im Wesentlichen aus drei interdependenten *Komponenten* besteht (vgl. Kistner/Steven 2001, S. 246ff.). Dies ist schematisch in Abb. 5.5 dargestellt.

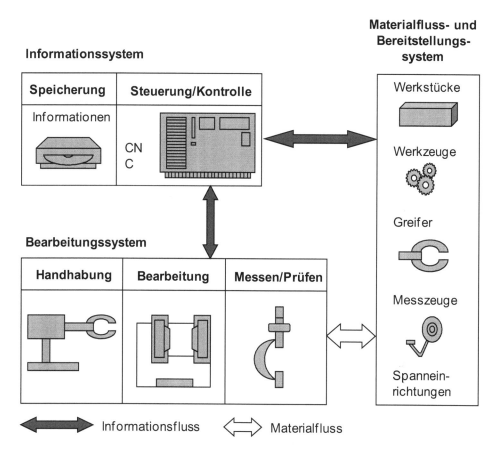

Abb. 5.5 Komponenten der flexiblen Fertigung

- Das *Bearbeitungssystem* umfasst zumindest eine, meist mehrere numerisch gesteuerte Maschinen, die über einen großen Satz verschiedener Werkzeuge verfügen. Diese werden in einem Werkzeugspeicher vorgehalten und können in kurzer Zeit automatisch gewechselt werden. Daher lassen sich innerhalb des Fertigungssystems verschiedene Bearbeitungen an einem Werkstück vornehmen. In der Regel überlappen sich die Bearbeitungsspektren der Maschinen teilweise, so dass diese sich bei Ausfall oder bei Auftreten von Engpässen gegenseitig ersetzen können.

- Zum *Materialflusssystem* zählen sämtliche Einrichtungen, die als Fördermittel oder Förderhilfsmittel zum Lagern, Speichern, Transportieren, Bereitstellen und Handhaben von

Werkstücken, Werkzeugen und Hilfsstoffen erforderlich sind, z. B. Lagereinrichtungen, Fahrzeuge, Verkettungseinrichtungen, Greifvorrichtungen oder auch Paletten. Der Materialfluss wird durch die automatisierte, taktungebundene Verkettung der Fertigungseinrichtungen sichergestellt.

- Das *Informationssystem* hat die Aufgabe, sämtliche für den Fertigungsprozess relevanten Daten zu speichern, zu verwalten und zu verarbeiten. Es besteht aus Hardwarekomponenten wie Zentral- und Arbeitsplatzrechnern, Terminals, Leitungen und den benötigten Programmen als Software.

Mit der Entwicklung elektronisch gesteuerter Fertigungsanlagen für flexible Fertigungssysteme wurde auch eine *Automatisierung der Transportsysteme* erforderlich, um die Maschinen innerhalb eines Fertigungssystems effizient zu verknüpfen. Die Koordination von Bearbeitungs- und Materialflusssystem erfolgt mithilfe von dialogorientierten elektronischen Leitständen, die die Werkstücke in die Fertigung einsteuern, ihnen Transportmittel zuweisen, ihren Auftragsfortschritt verfolgen und jederzeit einen Überblick über den Zustand des Fertigungssystems ermöglichen.

Es lassen sich die folgenden Ausprägungen der flexiblen Fertigung unterscheiden:

- Eine *flexible Fertigungszelle* ist die kleinste Einheit, die die Aufgaben eines flexiblen Fertigungssystems, d. h. die Komplettbearbeitung von wechselnden Werkstücken, übernimmt. Grundlage für ihre numerische Steuerung sind geometrische und technische Daten über Lage und Eigenschaften der Werkstücke. Diese stammen häufig aus Bereichen der C-Techniken, vor allem dem CAD (Computer Aided Design). Bei integrierter Steuerung, wie sie z. B. im Rahmen des Computer Integrated Manufacturing erfolgt, werden die bei der Konstruktion erzeugten Daten direkt an die Fertigung weitergegeben, d. h. zur Programmierung der flexiblen Bearbeitungsmaschinen benutzt (CAM – Computer Aided Manufacturing). Durch die Kopplung von CAD und CAM lässt sich die Produktivität erheblich steigern.

Die flexible Fertigungszelle besteht aus einer Dreh- oder Bearbeitungsmaschine, die in der Lage ist, nach den Anforderungen des NC-Programms das Werkstück zu positionieren und mit *wechselnden Werkzeugen* zu bearbeiten. Durch die Möglichkeit des automatisierten Werkzeugwechsels ist sie in der Lage, verschiedene, mehr oder weniger eng verwandte Produkte herzustellen. Die weitgehende Integration der Bearbeitungsvorgänge an einem Produkt oder Bauteil befreit die Fertigung von den Taktzwängen vor- oder nachgelagerter Stufen. Die Effizienz und damit die mögliche Produktionsmenge einer Fertigungszelle hängen u. a. von der Güte der Steuerung ab. Es findet in der Regel eine automatische Prozessüberwachung statt. Die Anforderungen an die Qualifikation des Personals sind hoch.

Der *Einsatzbereich* flexibler Fertigungszellen liegt im Geräte-, Werkzeug- und Maschinenbau und deren Zulieferindustrien, d. h. in der Einzel- und Kleinserienfertigung, wo eine mittlere Anzahl von ca. 60 bis 250 unterschiedlichen Produkten je Fertigungssystem hergestellt wird. Durch ihre geringe Spezialisierung weisen sie eine sehr hohe Flexibilität

5.3 Flexible Fertigung

auf. Häufig wird die flexible Fertigungszelle als Einstieg in die flexible Fertigung gewählt, da sie relativ kostengünstig realisierbar ist.

- Ein *flexibles Fertigungssystem* besteht aus miteinander verbundenen Fertigungsinseln, Einzelmaschinen und manuellen Verrichtungsplätzen, denen jeweils unterschiedliche, zum Teil auch einander überlappende Fertigungsaufgaben zugeordnet sind. In einem flexiblen Fertigungssystem wird ein Werkstück komplett bearbeitet und dabei zwischen den einzelnen Stufen bzw. Komponenten automatisch weitertransportiert. Der Materialfluss ist in beliebige Richtungen möglich. Neben den eigentlichen Bearbeitungsvorgängen sind auch Lager- und Qualitätskontrollfunktionen in das System integriert.

Die *Steuerung der Abläufe* erfolgt auf zwei Ebenen: Die einzelnen NC-Maschinen und flexiblen Fertigungszellen arbeiten die ihnen zugeordneten Programme ab; der Anstoß hierzu und die Auswahl der relevanten Programme sowie die Versorgung mit Daten und die Koordination erfolgen durch einen übergeordneten Leitrechner. Dadurch kann eine schnelle und exakte Umstellung auf die jeweiligen Charakteristika der unterschiedlichen Werkstücke vorgenommen werden.

Eine flexible Reaktion auf Betriebsstörungen, z. B. Werkzeugausfälle oder die Blockierung von Transportwegen, wird in flexiblen Fertigungssystemen durch ein gewisses Ausmaß an Redundanz bei den Maschinen erreicht, d. h. dass jeweils Ausweichmaschinen zur Verfügung stehen, die mit der ausgefallenen Maschine zwar nicht identisch sind, deren Bearbeitungsspektren jedoch soweit überlappen, dass sie durch einen einfachen Funktionswechsel die gleichen Operationen vornehmen können. Der Einsatzbereich der flexiblen Fertigungssysteme liegt bei ca. 15 bis 60 unterschiedlichen Erzeugnisarten.

Für ein flexibles Fertigungssystem sind hohe Investitionen erforderlich, so dass sich ein erhebliches Auslastungsrisiko ergibt. Die Anforderungen an das Personal sowie an die Fertigungssteuerung sind hoch.

- Mit der Entwicklung *flexibler Fertigungslinien* wird eine Flexibilisierung der Fließfertigung angestrebt. Eine flexible Fertigungslinie besteht aus einer Gruppe von gleichen oder unterschiedlichen, numerisch gesteuerten Werkzeugmaschinen, die sich hinsichtlich ihrer Fertigungsverfahren ergänzen, so dass insgesamt ein großes Spektrum von Bearbeitungsvorgängen abgedeckt werden kann. Die Bearbeitung der Werkstücke erfolgt auf mehreren Produktionsstufen; dazu sind die Maschinen untereinander verkettet. Es findet ein automatischer, programmierbarer und taktgebundener Teiletransport mit begrenzt wahlfreiem Materialfluss statt. Das gemeinsame Werkstücktransportsystem besteht üblicherweise aus schienengebundenen oder auf andere Weise automatisch gesteuerten Fahrzeugen. Dadurch ergibt sich ein sehr übersichtlicher Materialfluss.

Der Unterschied zur konventionellen Fließfertigung besteht in der Einrichtung von *Pufferlagern* zwischen den Bearbeitungsstationen, durch die kurzfristige Störungen der Arbeitsabläufe überbrückt werden können, sowie in der Möglichkeit, einzelne Stationen beim Transport zu überspringen, so dass das zu bearbeitende Werkstückspektrum erweitert wird. Durch die räumliche, zeitliche und produktgruppenorientierte Zusammenfassung von Bearbeitungsoperationen werden die Durchlaufzeiten niedrig gehalten. Aus der organisatorischen Nähe zur Fließfertigung resultiert eine hohe Produktivität.

Angewendet werden flexible Fertigungslinien vor allem für die automatisierte Komplettbearbeitung von Werkstücken bei der *Mittel- und Großserienfertigung*, je Linie können zwischen 3 und 15 Produktvarianten bearbeitet werden. Die Flexibilität ist bei einer flexiblen Fertigungslinie erheblich geringer als bei einer flexiblen Fertigungszelle oder einem flexiblen Fertigungssystem, jedoch höher als bei der traditionellen Fließfertigung. Je stärker sich die zu bearbeitenden Werkstücke ähneln, desto höher sind die Produktivität und die Kapazitätsausnutzung bei der flexiblen Fertigungslinie.

In Abb. 5.6 werden die Einsatzbereiche und Eigenschaften der verschiedenen Ausprägungen der flexiblen Fertigung nochmals übersichtlich zusammengestellt.

flexible Fertigungszelle	flexibles Fertigungssystem	flexible Fertigungslinie
Einzelmaschine ohne Verkettung	mehrere automatisierte Fertigungseinrichtungen mit Außenverkettung	mehrere automatisierte Fertigungseinrichtungen mit Innenverkettung
einstufige Bearbeitung	einstufige oder mehrstufige Bearbeitung	mehrstufige Bearbeitung
Maschinenbeschickung • Werkzeugmaschinen mit einem Pufferplatz • Werkzeugmaschinen mit Werkstückspeicherung • automatisierter Werkzeugwechsel	ungetakteter Transport automatisierter, ungerichteter Materialfluss für begrenztes Teilespektrum kein manuelles Rüsten erforderlich	getakteter Transport automatisierter, gerichteter Materialfluss Rüstung für begrenztes Teilespektrum im Systemstillstand möglich
mittlere Anzahl unterschiedlicher Erzeugnisse (60 – 250 Stück)	niedrige Anzahl unterschiedlicher Erzeugnisse (15 – 60 Stück)	sehr niedrige Anzahl unterschiedlicher Erzeugnisse (3 – 15 Stück)

Abb. 5.6 Ausprägungen der flexiblen Fertigung

Abb. 5.7 zeigt den Einsatzbereich der zuvor dargestellten Alternativen zur Fertigungsorganisation in Abhängigkeit von der Anzahl der vom Unternehmen angebotenen Produktvarianten sowie von der je Variante zu produzierenden Stückzahl. Dabei wird deutlich, dass es kein Fertigungssystem gibt, das sich für sämtliche Anforderungen eignet, sondern dass für jede Kombination der Kriterien die geeignete Organisationsform auszuwählen ist. Je geringer die Anzahl der Produktvarianten und je größer die Produktionsmenge je Variante ist, desto eher werden Fertigungssysteme mit hoher Produktivität wie flexible Fertigungslinien oder die

Fließfertigung eingesetzt. Bei vielen Produktvarianten mit jeweils geringer Stückzahl wird hingegen eher eine flexible Fertigungszelle oder die Werkstattfertigung gewählt.

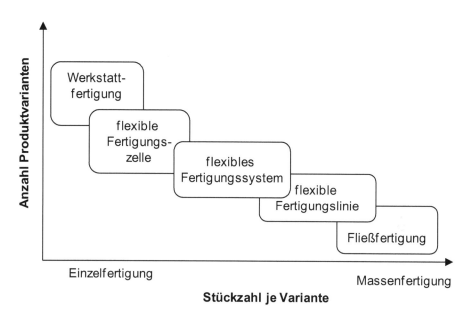

Abb. 5.7 Einsatzbereiche von Fertigungssystemen

5.4 Gestaltung des Materialflusses

Aus logistischer Sicht ist insbesondere die organisatorische Gestaltung des *Materialflusses* innerhalb des Fertigungsbereichs von Bedeutung, der mithilfe der in Lehreinheit 4 dargestellten innerbetrieblichen Transportsysteme realisiert wird. In Bezug auf ein bestimmtes Fertigungssystem unterscheidet man die Innenverkettung und die Außenverkettung, die weitgehend unabhängig voneinander organisiert werden können:

- Als *Innenverkettung* bezeichnet man die innerhalb eines Fertigungssystems stattfindenden Transportvorgänge. Dies sind zum einen die vor, während und nach der Bearbeitung erforderlichen Transporte der Werkstücke zu, innerhalb und weg von den Maschinen, zum anderen die bei der Versorgung der Maschinen mit den benötigten Werkzeugen anfallenden Transportvorgänge.

- Die *Außenverkettung* hingegen umfasst die Werkstücktransporte zwischen verschiedenen Fertigungssystemen. Während bei der Innenverkettung in der Regel einzelne Werkstücke transportiert werden, finden bei der Außenverkettung vorwiegend losweise Transporte statt. Dabei kann der Umfang des Transportloses durchaus vom Umfang des entsprechenden Fertigungsloses abweichen.

Bei einer mehrstufigen Montagefertigung umfasst der Materialfluss die folgenden Stufen (vgl. Abb. 5.8): Zunächst erfolgt die *Teilefertigung*, bei der aus von außen bezogenen Vorprodukten (Bau-)Teile hergestellt werden. Ein Beispiel für die Teilefertigung in der Automobilindustrie ist das Stanzen von Karosserieteilen aus Stahlblech. Die vorgefertigten Teile, die teilweise auch von Zulieferern fremdbezogen werden können, werden anschließend in der Vor- und der Endmontage weiterverarbeitet.

- Innerhalb der *Vormontage* werden die in der Teilefertigung hergestellten Teile auf den beiden anschließenden Fertigungsstufen, der Komponentenfertigung und der Baugruppenfertigung, jeweils zu größeren und komplexeren Funktionseinheiten zusammengesetzt. Ein Beispiel ist das Schweißen der Karosserie aus den zuvor gestanzten Teilen.

- Bei der *Endmontage* werden die Baugruppen zu noch umfassenderen Systemen und schließlich zum Endprodukt zusammengeführt. Auf dem Montageband eines Automobilwerks wird die vormontierte Karosserie mit anderen selbst erstellten oder zugekauften Baugruppen wie dem Motorblock, der Sitzgruppe, den Kabelbäumen usw. verbunden.

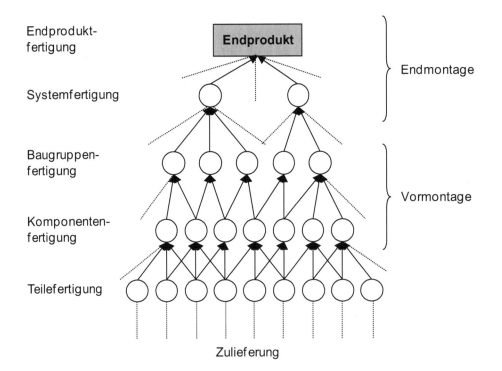

Abb. 5.8 *Materialfluss im Fertigungsbereich*

Auch wenn der Materialfluss einer solchen *Montagefertigung* im Wesentlichen eine konvergierende Struktur aufweist, sind vor allem auf den frühen Produktionsstufen, auf denen die

Ausrichtung der Teile auf das Endprodukt noch nicht so spezifisch ist, auch andere Materialflussbeziehungen möglich (zu Materialflussbeziehungen vgl. Steven 2013, S. 22f.). Auf sämtlichen Fertigungsstufen werden nicht nur innerbetrieblich erzeugte Teile, Komponenten und Baugruppen verarbeitet, sondern bei Bedarf auch weitere Vorprodukte fremdbezogen. Die Entscheidung darüber, welche Teile der Fertigung selbst durchgeführt und welche auf Lieferanten verlagert werden sollen, ist als Outsourcing-Entscheidung auf der strategischen Planungsebene zu treffen (vgl. zu Sourcing-Entscheidungen Steven 2013, S. 34ff.).

Durch die Nutzung eines modular aufgebauten *Baukastenprinzips* mit stark standardisierten Teilen ist es möglich, weitgehend individuelle Endprodukte herzustellen, obwohl auf den vorgelagerten Fertigungsstufen eine hochproduktive Massenfertigung betrieben wird. Die bekannteste Umsetzung des Baukastenprinzips ist sicherlich die Plattform- und Gleichteilestrategie in der Automobilindustrie. So werden auf der A-Plattform der Volkswagen-Gruppe so unterschiedliche Modelle wie der VW Golf, Vento, Beetle, der Audi, A3, TT, TTS, der Seat Cordoba und Toledo sowie der Skoda Oktavia aufgebaut. Tabelle 5.1 zeigt, wie viele Endproduktvarianten sich bei einigen Herstellern durch die Kombination von verschiedenen Karosserie-, Antriebs-, Farbvarianten und zusätzlichen Optionen erzeugen lassen.

Tab. 5.1 *Varianten in der Automobilindustrie*

Modell	Karosserie	Antriebsstränge	Farben	Optionen	.....	Varianten
Fiat Punto	2	5	51	8		39.364
Renault Clio	2	10	57	9		81.588
Ford Fiesta	2	5	57	13		1.190.784
Opel Astra	4	11	83	14		27.088.176
Ford Focus	4	11	64	19		366.901.933
BMW 3er Reihe	3	18	280	45		$6{,}41 \cdot 10^{16}$

5.5 Push- und Pull-Strategien

Unter dem Aspekt der Ausrichtung der Produktion auf die Nachfrage unterscheidet man grundsätzlich die am anonymen Markt orientierte und durch Nachfrageprognosen angetriebene *Vorratsproduktion* (make to stock) und die kundenorientierte, auf konkrete Aufträge ausgerichtete *Auftragsproduktion* (make to order).

- Da bei der Vorratsproduktion die Produktionsplanung zentral erfolgt und diese Produktionsvorgaben sowie die Bestände von Fertigungsstufe zu Fertigungsstufe und schließlich an den Markt weitergegeben werden, wird die ihr zugrunde liegende Logik auch als *Push-Prinzip* bezeichnet. Mithilfe der Vorratsproduktion lässt sich eine weitgehende Entkopplung der eigenen Produktion von Nachfrageschwankungen erreichen, so dass die Fertigung von wirtschaftlichen Losgrößen und damit eine Materialbestandsoptimierung bzw. eine optimale Kapazitätsauslastung ohne große Schwankungen der Produktionsrate möglich ist. Die Vorratsproduktion unterstützt somit eine Emanzipation der Produktion von der Nachfrage. Ihr Nachteil besteht darin, dass sie nicht gut auf Veränderungen der aktuellen Marktanforderungen reagieren kann. Abb. 5.9 zeigt den Verlauf von Produktion und Nachfrage bei der Vorratsproduktion.

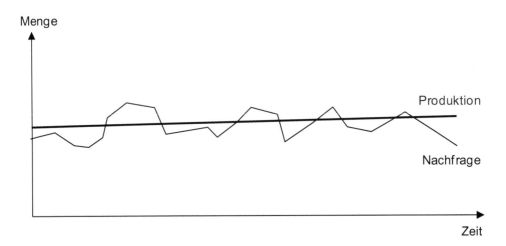

Abb. 5.9 Push-Prinzip

- Bei der Auftragsproduktion hingegen geht der Anstoß zur Fertigung eines bestimmten Produkts vom Kunden bzw. vom Markt aus, so dass sich individuellere Kundenwünsche befriedigen lassen. Die dadurch ausgelösten Bedarfsmengen werden nach dem *Pull-Prinzip* über die einzelnen Fertigungsstufen weitergegeben und lösen dort jeweils eine entsprechende Produktion aus. Da die Fertigung auf allen Fertigungsstufen in Abhängigkeit von der Marktnachfrage stark schwanken kann, wird dieses Vorgehen auch als Synchronisation von Produktion und Absatz bezeichnet. Anstelle der Materialbestandsoptimierung wird beim Pull-Prinzip die Strategie der Materialflussoptimierung verfolgt, die sich durch eine nach dem Just in Time-Prinzip organisierte *Produktion auf Abruf* realisieren lässt.

Dieses Fertigungsprinzip ist, wie auch Abb. 5.10 zeigt, mit einer schlechteren, da ungleichmäßigen Kapazitätsauslastung verbunden. In Zeiten hoher Nachfrage sind die Kapazitäten der Anlagen ausgelastet oder sogar überlastet, in Zeiten mit geringer Nachfrage können sie nicht ausgelastet werden. Daher ist eine höhere Flexibilität der Kapazitäten erforderlich, die z. B. für die Mitarbeiter in Form von Arbeitszeitkonten realisiert werden kann. Da Überstunden nur bis zu einem gewissen Ausmaß zulässig sind, besteht dennoch die Gefahr einer längeren Lieferzeit, denn es kann nicht auf Lagerbestände zurückgegriffen werden. Verglichen mit der Fertigung nach dem Push-Prinzip fallen beim Pull-Prinzip geringere Lagerhaltungskosten und höhere Fertigungskosten an. Dem stehen zusätzliche Erlöse entgegen, wenn die Kunden bereit sind, für die erhöhte Lieferflexibilität entsprechende Zahlungen zu leisten.

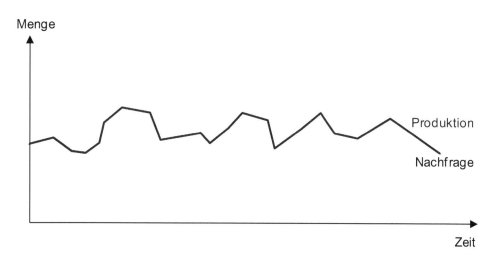

Abb. 5.10 Pull-Prinzip

In Abb. 5.11 sind die wesentlichen Charakteristika der Push-Strategie und der Pull-Strategie einander gegenübergestellt. Die Push-Strategie stellt das Produktivitätsziel und die Kostenreduktion in den Vordergrund. Die wesentliche Herausforderung besteht in der Bewältigung des Produktionsvolumens, so dass ein Wettbewerbsvorteil nur über die Massenproduktion erzielt werden kann. Bei der Push-Strategie dominiert das Ziel einer flexiblen Anpassung an Kundenwünsche. Wird die daraus resultierende Komplexität in der Fertigung bewältigt, so lässt sich ein Wettbewerbsvorteil in Form von kundenindividuellen Produkten realisieren.

	Push-Strategie	**Pull-Strategie**
Zielsetzung	Produktivität	Flexibilität
Fokus	Kosten	Kunden
Herausforderung	Volumen	Komplexität
Wettbewerbsvorteil	Masse	Individualität

Abb. 5.11 Vergleich von Push- und Pull-Strategie

5.6 Order Penetration Point

Eine ähnliche Überlegung liegt der Entscheidung über die Positionierung des *Order Penetration Point* zugrunde. Im Zuge der als mass customization bezeichneten Tendenz zur Herstellung von weitgehend kundenindividuellen Produkten unter gleichzeitiger Ausnutzung der Skaleneffekte der Massenproduktion ist eine Vielzahl von Zwischenformen zwischen diesen beiden Produktionstypen entwickelt worden, die sich in erster Linie hinsichtlich des Zeitpunkts der Herausbildung eines kundenindividuellen Produkts unterscheiden (vgl. Abb. 5.12). Diesen Punkt im Produktionsablauf, an dem die Produktkomponenten nicht mehr beliebig verwendbar sind, sondern einem bestimmten Kundenauftrag zugeordnet werden, bezeichnet man als den *Order Penetration Point*.

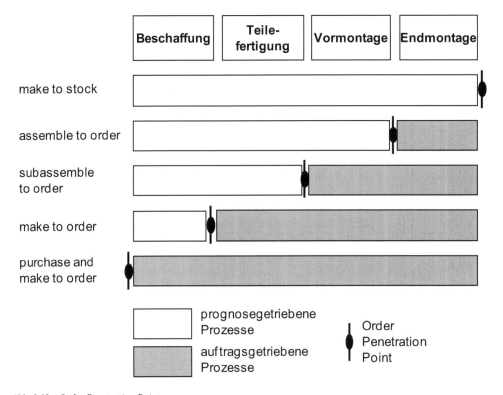

Abb. 5.12 Order Penetration Point

- Bei der *make to stock-Produktion* wird die gesamte Wertschöpfungskette durch Prognosen angetrieben. Die Produktion erfolgt anhand von Nachfrageprognosen auf ein Endproduktlager, aus dem die später eingehenden Kundenaufträge befriedigt werden können. Dieser Produktionstyp sollte nur bei standardisierten Produkten, die voraussichtlich noch längere Zeit am Markt nachgefragt werden, eingesetzt werden, da andernfalls das Obsoleszenzrisiko, dass vorhandene Lagerbestände eventuell nicht mehr absetzbar sind, zu groß wird.

- Bei der Ausprägung *assemble to order* geht man so vor, dass lediglich die Endmontage auftragsbezogen erfolgt, sämtliche ihr vorgelagerten Prozesse hingegen nach wie vor prognosegesteuert sind. Das bedeutet, dass die Endmontage auf standardisierte Komponenten und Baugruppen zugreifen kann, aus denen dann kundenindividuelle Endprodukte hergestellt werden.

- Noch einen Schritt weiter geht die Strategie *subassemble to order*, da hierbei auch die Vormontage erst nach Auftragseingang erfolgt. Sie greift dabei auf Lagerbestände vorgefertigter, standardisierter Bauteile zu, die in der nach wie vor prognosegetriebenen Teilefertigung hergestellt werden.

- Mit *make to order* bezeichnet man die klassische Auftragsfertigung, bei der sämtliche innerhalb des eigenen Unternehmens ablaufenden Fertigungsschritte auftragsbezogen durchgeführt werden. Lediglich die Beschaffung der von den Zulieferern bezogenen Zukaufteile erfolgt prognosegetrieben. Durch die zugehörigen Lagerbestände erfolgt eine Entkopplung der eigenen Wertschöpfungskette von denen der Zulieferer.

- Der Grundgedanke der auftragsgetriebenen Fertigung lässt sich sogar über das eigene Unternehmen hinaus ausdehnen, indem zusätzlich die Bestellungen der Zukaufteile erst nach Auftragseingang erfolgen. Dieses Vorgehen wird auch als *purchase and make to order* bezeichnet und erlaubt ein noch besseres Eingehen auf individuelle Kundenwünsche. Es setzt allerdings eine intensive Kooperation und schnelle Kommunikationsmöglichkeiten zwischen den beteiligten Wertschöpfungspartnern voraus, wie sie z. B. im Rahmen des Supply Chain Managements (vgl. Lehreinheit 12) realisiert werden.

Je mehr Produktionsstufen auftragsbezogen durchgeführt werden, desto besser ist ein Eingehen auf individuelle Kundenwünsche möglich und desto geringer kann der auf den verschiedenen Wertschöpfungsstufen gehaltene Lagerbestand sein. Jedoch verlängert sich die Lieferzeit tendenziell in dem Maße, wie Fertigungsschritte erst nach Auftragseingang durchgeführt werden können. Die Ausdehnung der auftragsbezogenen Produktion kann daher nicht grundsätzlich empfohlen werden, sondern sollte nur soweit erfolgen, wie es als wirtschaftlich sinnvoll erscheint.

5.7 Weiterführende Literatur

Corsten, H., Gössinger, R.: Produktionswirtschaft, Oldenbourg, München/Wien, 13. Aufl. 2012

Kistner, K.-P., Steven, M.: Produktionsplanung, Physica, Heidelberg, 3. Aufl. 2001

6 Layoutplanung

Als Layoutplanung bezeichnet man die innerbetriebliche Standortplanung. Ihre Problemstellung besteht in der Anordnung von Fertigungsbereichen auf einem Werksgelände, von einzelnen Fertigungsanlagen innerhalb einer gegebenen Fabrikhalle sowie in der Konzeption der diese verbindenden Verkehrswege. Es handelt sich somit um eine Aufgabe mit mittel- bis langfristigen Auswirkungen, die im Bereich der Aufbauorganisation angesiedelt ist und bei sämtlichen Ausprägungen der Fertigungsorganisation – bei der Fließfertigung ebenso wie bei der Werkstattfertigung – auftritt. Ausgehend von den Aufgaben und Zielen der Layoutplanung werden in dieser Lehreinheit optimierende und heuristische Verfahren der Layoutplanung dargestellt. Weiter werden Beispiele für Fertigungslayouts angegeben.

Leitfragen: Welche Aufgaben hat die Layoutplanung?

Anhand welcher Kriterien lässt sich ein Fertigungslayout beurteilen?

Wie lässt sich die Layoutplanung als quadratisches Assignment-Problem abbilden?

Welche Logik liegt dem Zweieraustauschverfahren zugrunde?

Was ist der Unterschied zwischen einem Grob- und einem Feinlayout?

6.1 Problemstellung der Layoutplanung

6.1.1 Aufgaben der Layoutplanung

Die *Ausgangssituation* der Layoutplanung lässt sich wie folgt beschreiben (vgl. Günther/Tempelmeier 2005, S. 84ff.): Auf einer vorgegebenen Fläche soll eine bestimmte Menge von Anordnungsobjekten, z. B. Maschinen oder Zwischenlagerstandorten, platziert werden. Die zwischen den einzelnen Anordnungsobjekten bestehenden Materialflussbeziehungen, d. h. wer liefert an wen, sowie die jeweiligen Transportmengen sind bekannt.

Eine vollständige Layoutplanung ist immer dann erforderlich, wenn ein Produktionsstandort oder eine Fertigungshalle neu errichtet werden soll. Diese Situation, in der die Planung nur wenige Restriktionen zu berücksichtigen und daher eine große Zahl von Freiheitsgraden hat, wird auch als *greenfield planning* bezeichnet. Im Gegensatz dazu wird beim *brownfield planning* lediglich eine Veränderung bei einem bereits angelegten Fertigungslayout vorgenommen. Dieser Fall liegt vor, wenn die Fertigung z. B. wegen eines Wechsels im Produkti-

6.1 Problemstellung der Layoutplanung

onsprogramm umorganisiert werden soll oder wenn zusätzliche Anlagen in das vorhandene Fertigungslayout eingegliedert werden müssen.

Man unterscheidet zwei Ebenen der Layoutplanung: Wenn es um die Anordnung von Fertigungsbereichen, z. B. Warenein- und -ausgang, Werkstätten, Montagehallen oder Lagern auf dem Werksgelände geht, spricht man von der *Groblayoutplanung*. Die *Feinlayoutplanung* hingegen befasst sich mit der Anordnung der Anlagen innerhalb eines Fertigungsbereichs, z. B. der Maschinen in einer Fabrikhalle.

Nachfolgend steht die Planung des Feinlayouts im Vordergrund. Dabei sind die in Abb. 6.1 dargestellten Einflussfaktoren zu berücksichtigen.

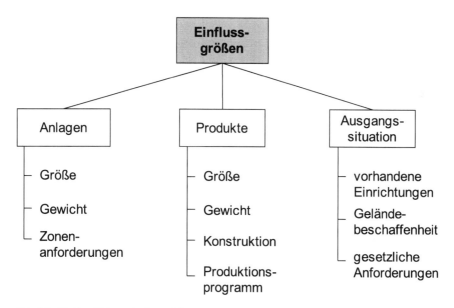

Abb. 6.1 *Einflussfaktoren der Layoutplanung*

- Die Größe der einzuplanenden *Anlagen* stellt Anforderungen an die erforderliche Fläche und die Raumhöhe, das Gewicht muss bei der Planung in Bezug auf die Tragfähigkeit des Hallenbodens berücksichtigt werden. Weiter können für bestimmte Anlagen zusätzliche Zonenanforderungen vorliegen, z. B. bezüglich der Umgebungstemperatur, der Helligkeit, des Lärms oder in Form von Reinluftanforderungen.
- Auch die Größe und das Gewicht der auf einer Anlage zu fertigenden *Produkte* spielen eine Rolle bei der Layoutplanung, vor allem hinsichtlich der für das Handling erforderlichen Flächen um die Anlage herum, aber auch für die Auswahl von Transport- und Lagermitteln. Der Einfluss der Konstruktion der Produkte resultiert aus den Anforderungen der Fertigungsverfahren auf die Maschinenanordnung und den Fertigungsfluss. Das Produktionsprogramm wirkt sich über die Anzahl und Ausgestaltung der Produkte, die erfor-

derlichen Kapazitäten und die Anforderungen an die Flexibilität der Anlagen auf die Layoutplanung aus.

- Schließlich ist die vorhandene *Ausgangssituation* eine wichtige Einflussgröße: Dabei spielen nicht nur die bei der Planung zu berücksichtigenden, bereits vorhandenen Anlagen eine große Rolle, sondern auch die Gegebenheiten des vorhandenen Geländes. So kann man z. B. ein Gefälle bei der Gestaltung von Transportsystemen ausnutzen. Auch die am Standort geltenden gesetzlichen Anforderungen zählen zu dieser Kategorie.

6.1.2 Ziele der Layoutplanung

Das *Oberziel* bei der Layoutplanung besteht darin, die Voraussetzungen dafür zu schaffen, dass die Abläufe bei der späteren Ausführung der Fertigungsvorgänge möglichst einfach, schnell und kostengünstig durchgeführt werden können. Dazu tragen als Unterziele neben einer effizienten Gestaltung des Material- bzw. Fertigungsflusses und einer guten Ausnutzung der zur Verfügung stehenden Flächen bzw. des Raums auch eine hohe Flexibilität der Bauten, Anlagen, Einrichtungen usw. bei. Diese Ziele werden durch die folgenden *Gestaltungsprinzipien* unterstützt:

- Der *Materialfluss* sollte sich an der Richtung der Wertschöpfung orientieren und möglichst geradlinig, d. h. kreuzungs- und rückflussfrei, sein.

- Die *Anordnung der Anlagen* sollte so übersichtlich wie möglich erfolgen, damit Störungen im Betriebsgeschehen leicht erkannt werden können.

- Die Anordnung der Fertigungsanlagen und der Wege sollte darauf ausgerichtet werden, dass eventuelle Ausfälle die Funktionsfähigkeit des Gesamtbetriebs nur wenig beeinträchtigen, d. h. es ist auf eine geringe *Störanfälligkeit* zu achten.

- Schließlich sind bei der Layoutplanung auch die Belange der *Arbeitssicherheit* zu berücksichtigen, damit die Mitarbeiter an ihrem Arbeitsplatz möglichst wenig vermeidbaren Gefahren ausgesetzt sind.

Als konkrete, quantifizierbare *Zielsetzung* der Layoutplanung bietet es sich an, den aus einer bestimmten Anordnung resultierenden *Transportaufwand* zu minimieren. Dieser wird entweder nicht-monetär als Entfernung, d. h. als Produkt der zwischen jeweils zwei Anordnungsobjekten zu transportierenden Menge mit der zugehörigen Transportstrecke, gemessen oder monetär durch eine zusätzliche Bewertung der Transportstrecken mit ihren Transportkosten erfasst. Beide Zielsetzungen unterstützen tendenziell die Verkürzung der Transportzeiten und damit auch der Durchlaufzeiten des Materials durch die Fertigung, d. h. sie tragen zum Zeitziel der Logistik bei und verbessern gleichzeitig den Lieferservice (vgl. Abschnitt 1.2.2).

Falls verschiedene Transportstrecken mit unterschiedlichen Transportkostensätzen verbunden sind, können diese beiden Zielsetzungen zu voneinander abweichenden optimalen Lösungen führen. Dies wird in Abb. 6.2 anhand eines einfachen Beispiels veranschaulicht.

6.1 Problemstellung der Layoutplanung

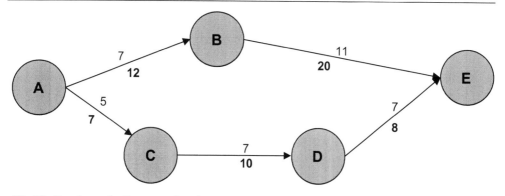

Abb. 6.2 *Berechnung des Transportaufwands*

Ein Transport von A nach E ist auf den beiden Wegen A – B – E oder A – C – D – E möglich. Beurteilt man diese beiden Alternativen anhand der jeweils oberhalb der Pfeile angegebenen Entfernungen, so ist die Strecke A – B – E vorteilhaft, denn sie beträgt 7 + 11 = 18 Einheiten und ist damit kürzer als die Strecke A – C – D – E mit 5 + 7 + 7 = 19 Einheiten. Stellt man bei der Entscheidung auf die unterhalb der Pfeile angegebenen Transportkosten ab, so ist hingegen die Strecke A – C – D – E mit Kosten in Höhe von 7 + 10 + 8 = 25 günstiger als die Strecke A – B – E mit Kosten von 12 + 20 = 32.

Zusätzlich können bei der Anordnungsentscheidung bei Bedarf folgende weitere Kriterien herangezogen werden:

- Zeitaufwand
- Umweltwirkungen
- Umladevorgänge
- Anzahl Grenzübertritte
- Ungewissheit

Im einfachsten Fall sind die möglichen Standorte der Anordnungsobjekte auf der Fläche sämtlich gleich groß. Sie können z. B. in Form eines Rasters von Planquadraten gegeben sein, zwischen denen die Verkehrswege vorgesehen sind. Je nachdem, auf welche Weise die Distanzen zwischen zwei Planquadraten überwunden werden sollen, kommen zur Bestimmung der Entfernung zwischen zwei Standorten unterschiedliche Messverfahren bzw. *Metriken* zum Einsatz (vgl. Abb. 6.3, in Anlehnung an Günther/Tempelmeier 2005, S. 86):

- Findet der Transport mit flurgebundenen Fördermitteln auf dem Hallenboden statt, so werden die Entfernungen *rechtwinklig* gemessen (Cityblock- oder Manhattan-Metrik), da die zwischen den Standorten bestehenden Fahrstraßen zu benutzen sind. Die Distanz zwischen zwei Punkten a und b wird als Summe der Absolutbeträge der Differenzen ihrer Koordinaten in den beiden Flächendimensionen berechnet:

$$dist(a,b) = \sum_{i=1}^{2} |a_i - b_i|$$

In Abb. 6.3 haben die beiden Punkte, die durch die rechtwinklige Linie verbunden sind, in der Breite einen Abstand von 1 und in der Breite einen Abstand von 2, so dass die Gesamtentfernung 3 beträgt.

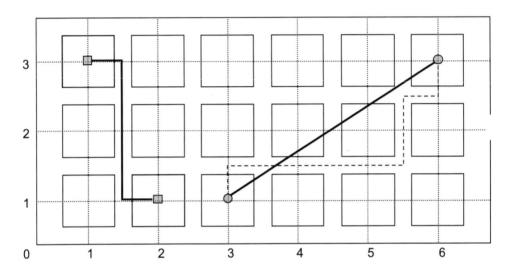

▭――▭ rechtwinklige Entfernung (Cityblock-Metrik)

◯――◯ Luftlinienentfernung (Euklidische Metrik)

Abb. 6.3 *Entfernungsmessung bei Planquadraten*

- Beim Einsatz von flurungebundenen Fördermitteln, z. B. Hängeförderern, kann die Entfernung zwischen zwei Standorten hingegen in direkter Linie überbrückt werden, sie wird daher als *Luftlinienentfernung* mithilfe der Euklidischen Metrik gemessen:

$$dist(a,b) = \sqrt{\sum_{i=1}^{2} (a_i - b_i)^2}$$

In den meisten Fällen sind die direkten Entfernungen kürzer als die Cityblock-Entfernungen. In Abb. 6.3 beträgt der euklidische Abstand zwischen den beiden direkt verbundenen Punkten 3,6, während sich hier nach der Cityblock-Metrik ein Abstand von 5 ergibt.

Im theoretischen Fall kann zwar jedes beliebige Anordnungsobjekt auf jeden beliebigen Standort gesetzt werden. Jedoch sind in der Realität häufig zusätzliche Restriktionen bezüglich der zulässigen Standorte, z. B. in Form von Materialfluss- oder Reihenfolgebedingungen, Nachbarschaftsbeziehungen oder auch als zwingende Zuordnung eines Anordnungsobjekts zu einem bestimmten Bereich, zu berücksichtigen.

6.2 Optimierendes Verfahren: Quadratisches Zuordnungsproblem

Die Problemstellung der Layoutplanung lässt sich mithilfe der ganzzahligen Programmierung als ein *quadratisches Assignment Problem* formulieren. Dabei wird aus Vereinfachungsgründen von zusätzlichen Restriktionen und variierenden Transportkostensätzen für unterschiedliche Wege abgesehen.

Es seien:

$i, j = 1,...,I$ – Anzahl der Anordnungsobjekte

$k, l = 1,...,J$ – Anzahl der möglichen Standorte, $J \geq I$

m_{ij} – Transportmenge von Anordnungsobjekt i nach Anordnungsobjekt j

d_{kl} – Entfernung zwischen Standort k und Standort l

c – einheitlicher Transportkostensatz je Mengen- und Entfernungseinheit

c_{ij} – entfernungsabhängiger Transportkostensatz zwischen Anordnungsobjekt i und Anordnungsobjekt j

$u_{ik} = \begin{cases} 1 & \text{falls Anordnungsobjekt } i \text{ am Standort } k \text{ platziert wird} \\ 0 & \text{sonst} \end{cases}$

Die *Zielfunktion* des Optimierungsproblems ist so formuliert, dass die Summe der variablen Transportkosten zwischen den Anordnungsobjekten minimiert wird. Dabei wird der variable Transportkostensatz c_{ij} zwischen Anordnungsobjekt i, das dem Standort k zugewiesen wird, und Anordnungsobjekt j, das den Standort l erhält, ermittelt, indem der einheitliche Transportkostensatz c mit der Entfernung d_{kl} zwischen den beiden Standorten multipliziert wird.

$$\min K = \sum_{i=1}^{I} \sum_{j=1}^{J} c_{ij} \cdot m_{ij} \qquad \text{mit:} \qquad c_{ij} = c \cdot d_{kl} \cdot u_{ik} \cdot u_{jl}$$

$$= \sum_{i=1}^{I} \sum_{\substack{j=1 \\ j \neq i}}^{I} \sum_{k=1}^{J} \sum_{\substack{l=1 \\ l \neq k}}^{J} c \cdot d_{kl} \cdot u_{ik} \cdot u_{jl} \cdot m_{ij}$$

Der entsprechende Term geht genau dann in die Summe in der Zielfunktion ein, wenn die beiden zu dieser Zuordnung gehörigen Binärvariablen u_{ik} und u_{jl} den Wert eins annehmen.

Die *Restriktionen* des Assignment Problems stellen sicher, dass eine zulässige Lösung ermittelt wird, d. h. dass jedes Anordnungsobjekt nur einmal platziert und jeder Standort genau bzw. höchstens einmal belegt wird. Die Problemvariablen u_{ik} sind Binärvariablen, d. h. sie können nur die Werte null oder eins annehmen.

$$\sum_{i=1}^{I} u_{ik} = 1 \qquad k = 1,\ldots,J$$

(bzw. $\sum_{i=1}^{I} u_{ik} \leq 1 \qquad k = 1,\ldots,J \qquad$ für $J > I$)

$$\sum_{k=1}^{J} u_{ik} = 1 \qquad i = 1,\ldots,I$$

$$u_{ik} \in \{0;1\} \qquad i = 1,\ldots,I;\ j = 1,\ldots,J$$

Die Bezeichnung als *quadratisches* Assignment Problem kommt daher, dass in der Zielfunktion zwei Entscheidungsvariablen multiplikativ miteinander verknüpft sind. Die vorliegende Problemformulierung erfasst die Grundstruktur des Problems der Layoutplanung in eleganter Form und gibt damit einen guten Einblick in die prinzipielle Funktionsweise eines derartigen Optimierungsmodells. Auf die Berechnung einer konkreten Problemstellung wird verzichtet, da das Verfahren in der Praxis nicht in dieser Form eingesetzt wird.

Obwohl das vorgestellte Modell von praktisch relevanten, zusätzlichen Restriktionen abstrahiert, ist eine exakte Lösung für realistische Größenordnungen aus Gründen der Problemkomplexität oft nicht möglich. Daher wird bei der Lösung derartiger Probleme in der Regel auf *Heuristiken* ausgewichen. Dies können entweder heuristische Verfahren zur Lösung des quadratischen Zuordnungsproblems – z. B. Schnittebenenverfahren oder Verfahren der begrenzten Enumeration – sein oder spezielle Heuristiken für die Layoutplanung, die systematisch zulässige Zuordnungen von Anordnungsobjekten zu Standorten entwickeln und nach endlich vielen Iterationen zu einer halbwegs kostengünstigen Lösung gelangen. Eine solche Heuristik wird im folgenden Abschnitt vorgestellt.

6.3 Heuristische Lösung: Zweieraustauschverfahren

Eine spezielle Heuristik für die Layoutplanung ist das *Zweieraustauschverfahren*. Es geht von einer zulässigen Ausgangslösung aus und untersucht in jeder Iteration sämtliche möglichen Vertauschungen der Standorte von jeweils zwei Anordnungsobjekten auf ihr Kosten-

6.3 Heuristische Lösung: Zweieraustauschverfahren

senkungspotential. Die günstigste Vertauschung wird durchgeführt und das Verfahren so lange fortgeführt, bis keine weitere Verbesserung der Lösung möglich ist.

Da bei diesem Verfahren bei Vorliegen von I Anordnungsobjekten in jeder Iteration

$$\frac{I(I-1)}{2}$$

Vertauschungen bewertet werden müssen, fällt zwar auch hier ein hoher Rechenaufwand an, jedoch ist die Komplexität der auszuführenden Rechenoperationen gering. Zur Durchführung der Berechnungen bietet sich der Einsatz von Tabellenkalkulationsprogrammen an.

Der *Algorithmus* des Zweieraustauschverfahrens lässt sich wie folgt darstellen:

Schritt 0: Bestimmung einer zulässigen Ausgangslösung und der zugehörigen Kosten

Schritt 1: Berechnung der sich durch die Vertauschung der Standorte von Anordnungsobjekt i und Anordnungsobjekt j ergebenden Kostendifferenz $\Delta K(i,j)$ für alle Paare (i,j)

Schritt 2: Bestimmung des Austauschs, der zur größten Kostensenkung führt

$$(i^*, j^*) = (i,j) \mid [\min\{\Delta K(i,j) \mid \Delta K(i,j) < 0\}]$$

kein solches (i,j) gefunden $\rightarrow$ Stopp

sonst: Vertauschung der Standorte der Anordnungsobjekte i^* und j^*
weiter mit Schritt 1

Die Vorgehensweise des Zweieraustauschverfahrens wird anhand eines *Beispiels* veranschaulicht, bei dem vier Anordnungsobjekte möglichst kostengünstig auf vier Standorten anzuordnen sind. Die *Entfernungsmatrix*, die in der Praxis teilweise auch als Von-Nach-Matrix bezeichnet wird, ist in Tab. 6.1 angegeben. Sie enthält die zwischen jeweils zwei Standorten zurückzulegenden Entfernungen. Da diese Entfernungen unabhängig von der Richtung des Transports sind, handelt es sich um eine symmetrische Matrix mit Nullen auf der Hauptdiagonalen.

Eine andere Abbildung ist erforderlich, wenn topologische Besonderheiten vorliegen, z. B. aus Platz- oder Sicherheitsgründen bestimmte Strecken nur in einer Richtung befahren werden dürfen, so dass der direkte Rückweg nicht zulässig ist.

Tab. 6.1 *Entfernungsmatrix*

von nach	Ort 1	Ort 2	Ort 3	Ort 4
Ort 1	0	40	60	80
Ort 2	40	0	50	100
Ort 3	60	50	0	10
Ort 4	80	100	10	0

Tab. 6.2 zeigt die zugehörige *Transportmengenmatrix*. Sie gibt an, welche Materialflussbeziehungen zwischen jeweils zwei Anordnungsobjekten bestehen. Da die zwischen zwei Anordnungsobjekten zu transportierenden Mengen durchaus von der Richtung des Transports abhängen, ist dies im Regelfall keine symmetrische Matrix. Die Nullen auf der Hauptdiagonalen resultieren daraus, dass kein Transport von einem Anordnungsobjekt zu sich selbst stattfindet.

Tab. 6.2 Transportmengenmatrix

von nach	AO 1	AO 2	AO 3	AO 4
AO 1	0	5	5	10
AO 2	6	0	10	0
AO 3	2	20	0	1
AO 4	4	1	0	0

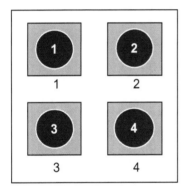

Abb. 6.4 Startlösung des Zweieraustauschverfahrens

Als *Startlösung* des Zweieraustauschverfahrens wird die in Abb. 6.4 dargestellte triviale Zuordnung gewählt, bei der Anordnungsobjekt 1 dem Standort 1 zugeordnet wird, Anordnungsobjekt 2 dem Standort 2 usw. Bei einem konstanten Transportkostensatz je Stück und Entfernungseinheit in Höhe von $c = 2$ führt diese Startlösung zu Kosten in Höhe von 7.180 €. Die Kosten werden berechnet, indem man die Transportmengenmatrix mit der Entfernungsmatrix und das Ergebnis mit dem Transportkostensatz je Mengen- und Entfernungseinheit multipliziert.

Nun ist zu prüfen, welche Vertauschung von jeweils zwei Anordnungsobjekten zu der größten Kostensenkung führt. Das ist ein kombinatorisches Problem, es sind $I(I-1)/2 = 6$ Berechnungen durchzuführen. In Tab. 6.3 sind die sich dabei ergebenden Kostenveränderungen zusammengestellt.

6.3 Heuristische Lösung: Zweieraustauschverfahren

Tab. 6.3 *Kostenveränderungen der 1. Iteration*

k	l	Kostenveränderung
1	2	980
1	3	-2.200
1	4	600
2	3	160
2	4	**-2.560**
3	4	2.620

Wie man sieht, sind vier der möglichen Vertauschungen sogar mit einem Kostenanstieg verbunden und zwei führen zu einer Kostensenkung. Die größte Kostensenkung in Höhe von 2.560 € ergibt sich beim Austausch der Anordnungsobjekte 2 und 4. Die in Abb. 6.5 dargestellte Zuordnung nach der ersten Iteration lautet somit:

Anordnungsobjekt 1 auf Standort 1
Anordnungsobjekt 2 auf Standort 4
Anordnungsobjekt 3 auf Standort 3
Anordnungsobjekt 4 auf Standort 2

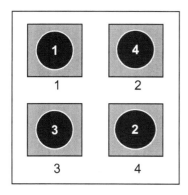

Abb. 6.5 *Lösung nach der ersten Iteration*

Die zugehörigen Kosten betragen 4.620 €. In der zweiten Iteration werden nun wiederum die mit sämtlichen möglichen Vertauschungen jeweils zweier Anordnungsobjekte verbundenen Kostenveränderungen bestimmt. Diese sind in Tab. 6.4 angegeben.

Tab. 6.4 Kostenveränderungen der 2. Iteration

k	l	Kostenveränderung
1	2	280
1	3	2.920
1	4	3.860
2	3	5.500
2	4	2.560
3	4	-160

Wenn man die in der ersten Iteration vorgenommene Vertauschung der Anordnungsobjekte 2 und 4 rückgängig macht, steigen die Kosten wieder um die vorherige Einsparung von 2.560 € an. Auch die Vertauschungen in den ersten vier Zeilen von Tab. 6.4 führen zu Kostenerhöhungen, lediglich die Vertauschung der Anordnungsobjekte 3 und 4 bewirkt eine Kostensenkung in Höhe von 160 €. Daher wird in der zweiten Iteration diese Vertauschung vorgenommen und die Gesamtkosten werden auf 4.460 € gesenkt. Das Ergebnis der zweiten Iteration ist in Abb. 6.6 dargestellt und lautet:

Anordnungsobjekt 1 auf Standort 1
Anordnungsobjekt 2 auf Standort 3
Anordnungsobjekt 3 auf Standort 4
Anordnungsobjekt 4 auf Standort 2

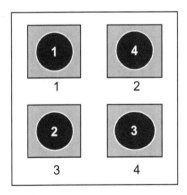

Abb. 6.6 Lösung nach der zweiten Iteration

Wie die Berechnung der Kostenveränderungen in der dritten Iteration in Tab. 6.5 zeigt, sind nunmehr sämtliche möglichen Vertauschungen von jeweils zwei Anordnungsobjekten mit einem Kostenanstieg verbunden. Die bei der zweiten Iteration ermittelte Lösung mit Kosten von 4.460 € ist somit die beste, die sich aus der angenommenen Startlösung mit dem Zweieraustauschverfahren ermitteln lässt. Allerdings ist keine Aussage darüber möglich, ob diese Lösung optimal ist und wie weit sie gegebenenfalls vom Optimum entfernt ist.

Tab. 6.5 *Kostenveränderungen der 3. Iteration*

k	l	Kostenveränderung
1	2	40
1	3	3.480
1	4	3.460
2	3	5.340
2	4	2.880
3	4	160

Bei der überschaubaren Problemstellung des vorliegenden Beispiels lässt sich die Qualität der mit der Heuristik ermittelten Lösung überprüfen, indem sämtliche möglichen Reihenfolgen ermittelt und deren Kosten berechnet werden. Diese *vollständige Enumeration* der $I! = 24$ Anordnungsalternativen ergibt, dass die zuvor gefundene Lösung gleichzeitig die optimale Lösung ist. Allerdings ist die vollständige Enumeration keine sinnvolle Methode zur Bestimmung der optimalen Lösung, da die Komplexität des Problems und damit die Anzahl der zu untersuchenden Anordnungsalternativen mit der Problemgröße exponentiell ansteigt. Bereits bei einem Problem mit fünf Anordnungsobjekten wären 120 und bei sechs Anordnungsobjekten sogar 720 Anordnungsalternativen zu generieren und zu untersuchen.

Die Kosten der verschiedenen Anordnungsalternativen liegen zwischen 4.460 € und 9.800 €. Während die Heuristik bei kleinen Problemen durchaus zufällig eine optimale Lösung finden kann, wird sie bei deutlich größeren Problemen in der Regel nur suboptimale Lösungen ermitteln, da sie lediglich die Auswirkungen der direkten Vertauschung von jeweils zwei Anordnungsobjekten untersucht und somit mögliche Kostensenkungen bei umfangreicheren Vertauschungen außer Acht lässt.

6.4 Beispiel eines Fertigungslayouts

Abb. 6.7 zeigt ein Beispiel für das in einem *Automobilwerk* auf der Ebene der Fertigungsbereiche realisierte Fertigungslayout. Innerhalb der einzelnen Bereiche sind weitere Entscheidungen über die jeweilige Anordnung der Fertigungsanlagen und -einrichtungen zu treffen.

Der Materialfluss der Fahrzeuge durchläuft die Fertigungsbereiche Karosseriefertigung, Lackierung und Montage. Auf dem Montageband werden in die vormontierten und lackierten Karosserien zunächst der Antrieb, dann die Türen und Sitze und schließlich das Cockpit eingebaut. Das Montageband ist so in der Fertigungshalle angeordnet, dass die einzelnen Montagebereiche gut mit Teilen beliefert werden können und trotzdem insgesamt nur ein geringer Platzbedarf entsteht. In der Mitte des vom Montageband eingenommenen Areals ist ein Bereich zur Qualitätskontrolle und eventuellen Nacharbeit von als fehlerhaft erkannten Fahrzeugen eingerichtet, so dass jeder Montagebereich auf kurzem Weg erreicht werden kann. Die fertigen und qualitativ einwandfreien Fahrzeuge werden über einen Fahrzeugpuffer an den Vertrieb ausgeliefert und von dort den Kunden übergeben. Die von externen Lieferanten beschafften Materialien und Bauteile werden nur teilweise auf Lager genommen und von dort in die Fertigung eingesteuert, zum größten Teil werden sie jedoch Just in Time direkt in die entsprechenden Fertigungsbereiche geliefert.

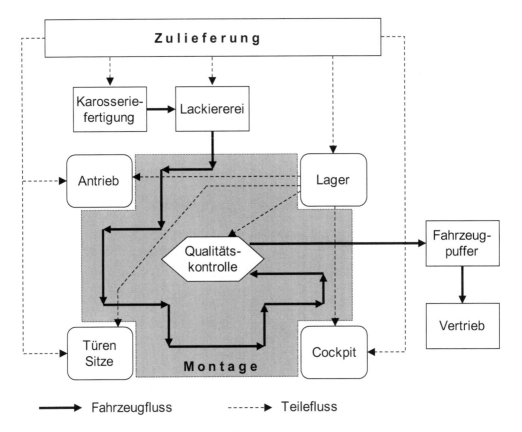

Abb. 6.7 *Fertigungslayout in einem Automobilwerk*

6.5 Weiterführende Literatur

Corsten, H., Gössinger, R.: Produktionswirtschaft, Oldenbourg, München/Wien, 13. Aufl. 2012

Domschke, W., Drexl, A.: Logistik: Standorte, Oldenbourg, München/Wien, 4. Aufl. 1996

7 Lieferketten und Verkehrssysteme

Im Anschluss an die Fertigungslogistik stehen die Aufgaben der Distributionslogistik, die in den folgenden Lehreinheiten behandelt wird, im Vordergrund. Die Distributionslogistik stellt die Verbindung zwischen der Fertigung und den Absatzmärkten her. Sie umfasst sämtliche Abläufe, die zur Auslieferung der Produkte an die Kunden erforderlich sind. Dazu zählen insbesondere die auf der Distributionsseite angesiedelten Lager- und Transportvorgänge sowie die zugehörigen Informations-, Steuerungs- und Kontrolltätigkeiten. Das Ziel der Distributionslogistik besteht in einer reaktionsschnellen, sicheren, bestandsarmen und kostengünstigen Versorgung der Absatzmärkte mit den Produkten des Unternehmens und damit in einer Verbesserung des Lieferservice. Insbesondere die Gestaltung von Lieferketten und Verkehrssystemen hat einen großen Einfluss auf die Organisation und die Abwicklung der physischen Warenströme sowie auf die sie begleitenden Informationsflüsse in den Dimensionen Zeit und Raum.

Leitfragen: Welche Arten von Lieferketten gibt es?

Wie lassen sich Logistiknetzwerke abbilden?

Welche Vorteile bietet ein Hub and Spoke-System?

Aus welchen Phasen setzt sich der Distributionsprozess zusammen?

Welche Verkehrssysteme lassen sich für die Distribution nutzen?

7.1 Lieferketten

Als *Liefer*kette bzw. *Transportkette* bezeichnet man nach DIN 30780 eine Folge von technisch und organisatorisch miteinander verknüpften Vorgängen, bei denen Personen oder Güter von einer Quelle zu einem Ziel bewegt werden. In der Distributionslogistik stehen die Gütertransporte zwischen einem Unternehmen und seinen Kunden im Vordergrund.

Entsprechend dem Idealbild der Flussorientierung in der Logistik ist grundsätzlich der *direkte Güterfluss* zwischen dem Ausgangspunkt und dem Empfangspunkt als Idealfall anzusehen. Da die direkte Belieferung jedes einzelnen Kunden jedoch in der Regel nicht wirtschaftlich ist, wird in der Distributionslogistik häufig eine Bündelung von Liefervorgängen vorgenommen. Dabei haben sich verschiedene Strukturen von *Lieferketten* herausgebildet, aus denen im Einzelfall die vorteilhafteste auszuwählen ist (vgl. Abb. 7.1).

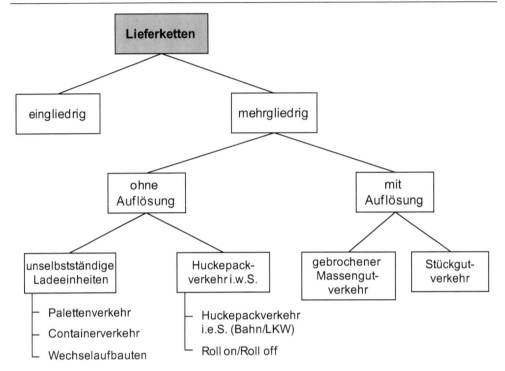

Abb. 7.1 Lieferketten (in Anlehnung an Ihde 2001, S. 204)

Bei einer *eingliedrigen Lieferkette* bzw. dem unimodalen Verkehr werden in der Regel mehrere Transportaufträge zu einer Tour zusammengefasst. Ihr Kennzeichen ist, dass lediglich ein einziges Verkehrsmittel eingesetzt wird, so dass keine Umschlagvorgänge erforderlich sind. Als Gestaltungsaufgaben fallen hierbei die Auswahl des einzusetzenden Verkehrsmittels (vgl. Abschnitt 7.5) sowie die Bestimmung der Belieferungsreihenfolge im Rahmen der Tourenplanung (vgl. Abschnitt 8.2) an.

Bei *mehrgliedrigen Lieferketten* bzw. dem multimodalen Verkehr werden zur Ausführung des Liefervorgangs mehrere gleichartige oder unterschiedliche Verkehrsmittel eingesetzt. Beim Wechsel des Verkehrsmittels werden jeweils zusätzliche Umschlagvorgänge durchgeführt. Man unterscheidet Lieferketten ohne Auflösung, bei denen während des gesamten, über mehrere Stationen erfolgenden Transportvorgangs keine Separation der Ladeeinheiten vorgenommen wird, von Lieferketten mit Auflösung, bei denen Teillieferungen oder auch einzelne Liefereinheiten separat umgeschlagen werden.

- Eine *Lieferkette ohne Auflösung* kann so organisiert sein, dass eine nicht selbstständig bewegliche Ladeeinheit – z. B. eine Palette, ein Container oder der Wechselaufbau eines LKW – umgeschlagen wird. Alternativ kann der LKW selbst verladen werden. Beim so genannten Huckepackverkehr erfolgt eine Kombination mehrerer Verkehrsträger in der Weise, dass ein beladener LKW auf einen Güterwaggon verladen wird (Huckepackverkehr im engeren Sinne als Kombination von Straßen- und Schienenverkehr) oder aus eigener Kraft auf das andere Verkehrsmittel fährt (Roll on/Roll off-Verkehr, vor allem bei der Kombination von Straßen- und Schiffsverkehr).

- Eine *Lieferkette mit Auflösung* liegt einerseits beim gebrochenen Massenverkehr vor, wenn größere Ladeeinheiten z. B. für verschiedene Empfänger bestimmt sind und daher ab einem bestimmten Punkt aufgelöst werden müssen. Andererseits zählt hierzu der klassische Stückgutverkehr, bei dem ein einzelnes Packstück über mehrere Stationen befördert wird.

7.2 Logistiknetzwerke

Lieferketten lassen sich – entsprechend der flussorientierten Logistikauffassung – mithilfe der Graphentheorie in Form von *Logistiknetzwerken* abbilden. Dabei bilden die Lieferpunkte bzw. die Absender eines Materialflusses die Quellen und die Empfangspunkte sind die Senken im Netzwerk. Die Transportziehungen entsprechen den Kanten des Netzwerks, d. h. den Relationen, mit denen Quellen und Senken verbunden werden.

In Abhängigkeit von der bei der Planung verfolgten *Zielsetzung* erfolgt die Bewertung der Kanten mit den Entfernungen zwischen den verbundenen Knoten, mit der Transportdauer oder mit den Transportkosten. Die Planung eines Logistiknetzwerks mithilfe graphentheoretischer Methoden kann zur simultanen Planung unterschiedlicher Warenströme, zur Optimierung der Auslastung von Transportmitteln, zur Verkürzung von Lieferzeiten oder zur effizienten Nutzung einer gegebenen Verkehrsinfrastruktur erfolgen. Je nachdem, wie viele Verbindungen in einem Netzwerk vorgesehen sind, kann dieses völlig unterschiedliche Strukturen annehmen.

7.2.1 Direktbelieferung

Die Direktbelieferung führt zu der einfachsten Struktur eines Logistiknetzwerks: Bei Bedarf erfolgt jeweils eine Lieferung direkt vom Lieferanten zum Kunden. Dabei werden ausschließlich eingliedrige Logistikketten genutzt. Abb. 7.2 zeigt das Netzwerk einer *Direktbelieferung*. Die Knoten A, B und C stellen die Lieferanten dar und die Knoten D, E, F und G die Kunden.

Da grundsätzlich von jedem Lieferanten zu jedem Kunden eine Lieferung erfolgen kann, sind bei n Lieferorten und m Empfangsorten für die Direktbelieferung insgesamt $n \cdot m$ Relationen vorzuhalten, auf denen jeweils nur geringe Gütermengen transportiert werden. Die Planung in einem Netzwerk mit Direktbelieferung ist relativ einfach, da kaum Abstimmungen zwischen den Aufträgen erforderlich sind. Allerdings sind die Fahrzeuge schlecht ausgelastet, so dass hohe Fahrzeugkosten anfallen. Daher wird die Direktbelieferung allenfalls bei Lieferungen über kurze bis mittlere Strecken genutzt.

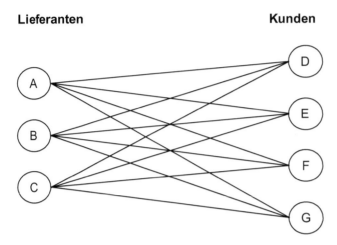

Abb. 7.2 Direktbelieferung

7.2.2 Hub and Spoke-Systeme

Das andere Extrem eines Logistiknetzwerks liegt dann vor, wenn extrem wenige Lieferbeziehungen existieren. Dies ist bei dem in Abb. 7.3 dargestellten *Hub and Spoke-System* der Fall. Die Transporte von den Lieferanten zu den Kunden werden mithilfe eines oder mehrerer als Hub bezeichneter Umschlagknoten gebündelt. Dadurch ergibt sich ein radiales Transportnetzwerk. Beispiele für Hubs sind Güterverteilzentren, Warenumschlagplätze, Durchgangslager oder auch Flughäfen. Auch die Brief- und Paketverteilung bei der Post oder bei Kurier-, Express- und Paketdiensten erfolgt über in der Regel mehrere Hubs.

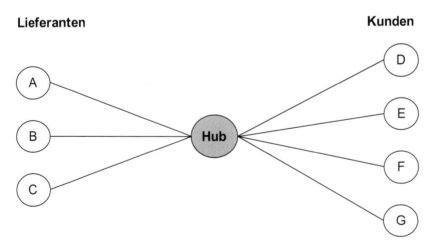

Abb. 7.3 Hub and Spoke-System

7.2 Logistiknetzwerke

Der Hub dient als *Clearingstelle* im Logistiknetzwerk und nimmt eine Umverteilung der Güter vor, indem die von den Lieferanten eingehenden Warenströme aufgelöst und für die Kunden bzw. Bedarfsstellen neu zusammengestellt werden. Dadurch hat jeder Lieferant nur noch eine Fahrt hin zum Hub durchzuführen und jeder Kunde erhält lediglich eine Lieferung direkt aus dem Hub, die die bei sämtlichen beteiligten Lieferanten bestellten Waren enthält. In einem reinen Hub and Spoke-System gibt es keine direkten Verbindungen zwischen Lieferanten und Kunden mehr. In der Praxis sind allerdings Mischformen üblich, bei denen Hub and Spoke-Strukturen mit Direktverkehrsnetzen kombiniert werden.

Die Standorte der Clearingstellen sollten so gewählt werden, dass die im System anfallenden Transportleistungen möglichst weit reduziert werden können, ohne den Lieferservice zu stark zu beeinträchtigen. Der Betrieb einer Clearingstelle erfolgt bei unternehmensinternen Hub and Spoke-Systemen in der Regel durch das Unternehmen selbst. Es ist jedoch auch die gelegentliche oder regelmäßige Nutzung von Warenumschlagplätzen, die von einem Logistikdienstleister betrieben werden, gegen ein entsprechendes Entgelt möglich.

Bei n Lieferorten und m Empfangsorten sind im Hub and Spoke-System $n+m$ Relationen erforderlich. Im Vergleich mit der Direktbelieferung gilt:

$$n + m \leq n \cdot m \qquad \text{für } n, m \geq 2$$

Dieser Vorteil wirkt sich umso stärker aus, je größer die Zahl der mit einem Hub verbundenen Lieferanten und Kunden ist. Er führt zu geringeren Fahrstrecken, reduzierten Transportkosten und einer besseren Auslastung der Transportkapazitäten sowohl auf der Lieferanten- als auch auf der Empfängerseite des Hubs. Auf der anderen Seite verlängern sich in der Regel die Transportzeiten, da das Umverteilen der Waren Zeit in Anspruch nimmt und es meist auch zu Wartezeiten im Hub kommt. In jedem Fall ist zusätzlich eine Wirtschaftlichkeitsbetrachtung erforderlich, die die potentiellen Einsparungen den Kosten für die Einrichtung und Unterhaltung des Hubs und für die zusätzlichen Umschlagvorgänge gegenüberstellt.

Grundsätzlich gelten bei der Entscheidung zwischen der Direktbelieferung und einem Hub and Spoke-System folgende Kriterien:

- *Transportaufkommen*: Sind auf (fast) allen Relationen große Mengen zu befördern, dann ist die Direktbelieferung vorteilhaft. Bei geringen Transportvolumina eignet sich eher das Hub and Spoke-System.

- *Zeitfenster*: Wenn für die Belieferung meist nur enge Zeitfenster (gemessen als Differenz aus dem Liefertermin und der voraussichtlichen Dauer der Transportvorgänge) zur Verfügung stehen, muss die Direktbelieferung gewählt werden. Je größer die Zeitreserven im Logistikprozess sind, desto eher kommt das Hub and Spoke-System in Betracht.

Abb. 7.4 zeigt einige häufig verwendete Typen von Hub and Spoke-Systemen (vgl. Vahrenkamp/Mattfeld 2007, S. 193ff.).

- Als *Single Hub-System* oder Zentralhubsystem bezeichnet man eine Struktur, bei der sämtliche Verkehrsströme über einen einzigen, zentral gelegenen Hub abgewickelt werden, der gleichzeitig die gesamte Sortierleistung erbringt. Dieses System ist teilweise in der Luftfracht vorzufinden.

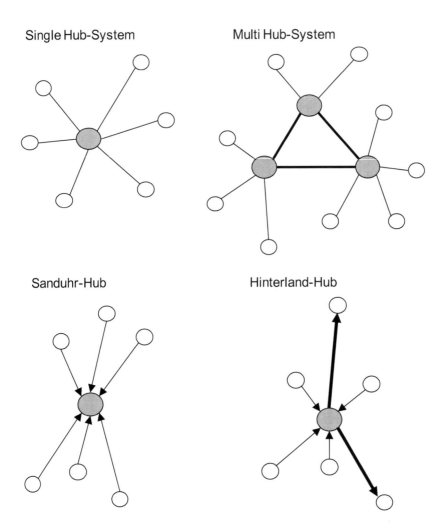

Abb. 7.4 Typen von Hub and Spoke-Systemen

- Ein *Multi Hub-System* setzt sich aus mehreren aufeinander abgestimmten Single Hub-Systemen zusammen. Dabei bestehen zwischen den Hubs Direktlieferungsbeziehungen und jedem Hub sind bestimmte Liefer- bzw. Empfangsorte zugeordnet. Durch diese Struktur wird das Gesamtsystem flexibler und kann einen größeren geografischen Raum abdecken. Auf den Transporten zwischen den Hubs lassen sich kostengünstige große Fahrzeuge einsetzen, die Transporte zu und von den Hubs erfolgen mit kleineren Fahrzeugen. Ein Nachteil von Multi Hub-Systemen, ist allerdings, dass bei zahlreichen Relationen zwei Umladevorgänge erforderlich sind, die die Transportzeiten weiter verlängern. Beispiele für Multi Hub-Systeme sind Postdienste oder die strategischen Allianzen in der Passagier-Luftfahrt.

- Von einem *Sanduhr-Hub* spricht man, wenn die über den Hub abgewickelten Güterströme eine dominierende geografische Orientierung aufweisen, z. B. einen Nord-Süd- oder Ost-West-Verkehr. Die Güter werden in der einen Richtung gebündelt und in die andere Richtung umverteilt. So werden Flüge aus Europa nach Südostasien und Australien häufig über den Hub in Singapur geleitet, Flüge nach Südamerika über Madrid.

- Bei einem *Hinterland-Hub* werden regionale Lieferungen im Hub gesammelt und von dort in weiter entfernte Regionen transportiert bzw. umgekehrt vom Hub aus in der Region verteilt. Zum Beispiel fungieren Übersee-Häfen als Hinterland-Hubs.

Sowohl Sanduhr-Hubs als auch Hinterland-Hubs können als Single oder als Multi Hub-Systeme ausgestaltet werden.

Ein *Beispiel* für die Nutzung von Hubs bei einer innovativen Form des kombinierten Verkehrs ist das Logistik-Konzept „Skybridge" von DB Schenker. Über Hubs in Dubai, Vancouver, Los Angeles und Hongkong werden Seefracht und Luftfracht so kombiniert, dass sich gegenüber der reinen Luftfracht Kosteneinsparungen von ca. 50 % ergeben, während im Vergleich mit der reinen Seefracht die Transportzeit ungefähr halbiert werden kann. Über die Skybridge werden asiatische Textilien nach Europa transportiert und europäische Produkte nach Afrika, Asien und in die Golfregion gebracht. Eine zusätzliche Beschleunigung der Transporte erfolgt durch die frühzeitige und vollständige Planung sämtliche TUL-Prozesse, durch die Möglichkeit zur exakten Verfolgung der Ware im Informationssystem und durch die bevorzugte Abfertigung der Skybridge-Container in den Terminals.

7.3 Phasen der Distribution

Wenn die Distribution über eine mehrgliedrige Lieferkette erfolgt, dann besteht diese typischerweise aus drei Phasen, die in Abb. 7.5 dargestellt sind.

- Als *Vorlauf* bezeichnet man die Bereitstellung der Transportgüter für den eigentlichen Transport. Es handelt sich dabei häufig um einen Flächenverkehr, bei dem Waren von verschiedenen Ausgangspunkten in einer Region an einem Sammelpunkt zusammengeführt werden.

- Der *Hauptlauf* dient der Überbrückung einer großen Distanz zwischen dem Sammelpunkt und einem in einer anderen Region gelegenen Verteilpunkt. Dies wird auch als Streckenverkehr bezeichnet.

- Der *Nachlauf* schließlich nimmt spiegelbildlich zum Vorlauf die Auslieferung der Transportgüter zu den in der Nähe des Verteilpunkts gelegenen Kunden bzw. Empfangspunkten vor, er ist ebenfalls als Flächenverkehr organisiert.

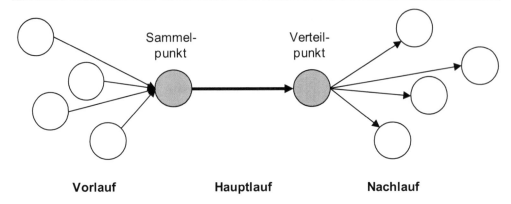

Abb. 7.5 Phasen des Transports

Während der Vor- und der Nachlauf wegen der erforderlichen Flächenabdeckung in der Regel mithilfe von LKW durchgeführt werden, finden für den Hauptlauf vielfach auch andere Verkehrsträger wie Güterzüge, Schiffe oder Flugzeuge Verwendung (vgl. Abschnitt 7.5). Häufig findet sich auch die Kombination, dass Vorlauf und Nachlauf mit kleinen Fahrzeugen und der Hauptlauf mit voll ausgelasteten Sattelzügen durchgeführt werden.

7.4 Distributionskonzepte

Das Prinzip der Kostensenkung durch die Bündelung bzw. *Konsolidierung* von Warenströmen wird bei den folgenden Distributionskonzepten ausgenutzt:

7.4.1 Gebietsspediteure

Durch den Einsatz eines Gebietsspediteurs lassen sich der Nah- und der Fernverkehr in einer Lieferkette weitgehend entkoppeln. Man unterscheidet lieferantenorientierte und abnehmerorientierte Gebietsspediteure, die als Dienstleister für die beteiligten Unternehmen tätig sind.

Ein *lieferantenorientierter Gebietsspediteur* sammelt bei den in einer Region ansässigen Lieferanten eines bestimmten Kunden die bestellten Waren ein und führt dann für die Gesamtlieferung den Transport über eine größere Entfernung durch. Dies ist in Abb. 7.6 dargestellt. Dadurch können bei den Sammelfahrten im Vorlauf kleinere Fahrzeuge eingesetzt werden und das große Fahrzeug für den Hauptlauf kann besser ausgelastet werden. Aus Sicht des Abnehmers hat dieses Konzept den Vorteil, dass bei ihm anstelle vieler Lieferanten mit geringen Liefermengen lediglich ein großer LKW abgefertigt werden muss.

Das lieferantenorientierte Gebietsspediteurkonzept wird bereits seit Jahren in der Automobilindustrie als Bindeglied zwischen Lieferanten und Automobilherstellen erfolgreich eingesetzt. Dabei übernimmt ein Logistikdienstleister die bedarfs- und termingerechte Belieferung

7.4 Distributionskonzepte

der Werke mit den von den Lieferanten aus einem bestimmten Gebiet zugekauften Fahrzeugteilen.

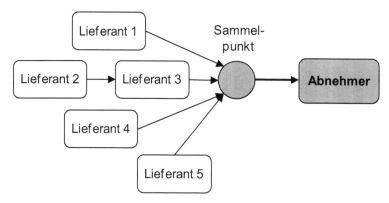

Abb. 7.6 *Lieferantenorientierter Gebietsspediteur*

Umgekehrt nimmt ein *abnehmerorientierter Gebietsspediteur* zunächst als Hauptlauf mit großen Fahrzeugen den Transport einer großen Warenmenge eines bestimmten Lieferanten in eine Zielregion vor und führt anschließend im Nachlauf mit kleineren Fahrzeugen die Verteilung an verschiedene Abnehmer durch (vgl. Abb. 7.7).

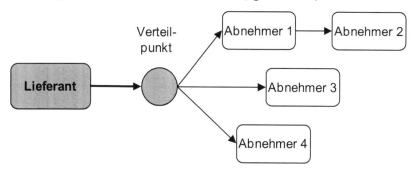

Abb. 7.7 *Abnehmerorientierter Gebietsspediteur*

Insgesamt lassen sich durch den Einsatz von Gebietsspediteuren die zu fahrenden Strecken und damit auch die Kosten im Gesamtsystem erheblich senken. Durch die Einschaltung des Logistikdienstleisters vereinfachen sich zahlreiche Vorgänge in der Lieferkette. Allerdings fallen Zahlungen für die Leistungen des Dienstleisters an. Weiter ist zu berücksichtigen, dass zunächst ein organisatorischer Aufwand für die Konzeption eines solchen Systems zu leisten ist.

7.4.2 Cross Docking

Als *Cross Docking* bezeichnet man eine vor allem im Handel verbreitete Methode zur Auflösung, Umgruppierung und anschließend erneuten Bündelung von Warenströmen. Die Handelsketten bestellen bei ihren Lieferanten den Gesamtbedarf der benötigten Artikel in großen Losen. In einem Transit- bzw. Cross Docking-Terminal werden die dort direkt von den Lieferanten angelieferten Paletten aufgelöst und die Waren entsprechend den von den einzelnen Filialen eingegangenen Bestellungen umgruppiert (vgl. Abb. 7.8). Dadurch wird eine bedarfsgerechte, zügige und kostengünstige Belieferung der Filialen mit einem breiten Sortiment von Artikeln sichergestellt.

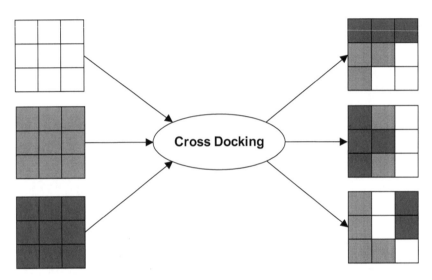

Abb. 7.8 Cross Docking

Durch Cross Docking wird es wirtschaftlich, die Filialen täglich mit den bestellten Artikeln zu beliefern. Dies erlaubt eine erhebliche Reduktion der in den Filialen gehaltenen Lagerbestände. Durch Cross Docking lassen sich gleichzeitig das Flussprinzip und das Just in Time-Prinzip umsetzen. Dadurch sind sowohl optimale Bestellmengen auf der Lieferantenseite als auch niedrige Lagerbestände auf der Filialseite möglich.

7.5 Außerbetriebliche Verkehrssysteme

Zur Durchführung von Distributionsvorgängen ist die Nutzung von Fahrzeugen und Verkehrssystemen erforderlich. Während die Bereitstellung der in Lehreinheit 4 behandelten innerbetrieblichen Transportsysteme zur Abwicklung von Transportvorgängen auf dem eigenen Werksgelände in die Verantwortung des einzelnen Unternehmens fällt, gehört die Sorge für die zur Makrologistik (vgl. Abschnitt 1.6) zählenden *außerbetrieblichen Verkehrssysteme* größtenteils zu den Aufgaben des Staates.

Für die Distributionslogistik ist die Kenntnis der zur Verfügung stehenden Verkehrswege, ihrer Kapazitäten und ihrer Kosten von Bedeutung, um die Auslieferung der Fertigerzeugnisse an die Kunden zu den vereinbarten Lieferterminen möglichst wirtschaftlich planen zu können. Zwar ist die Auswahl der für eine Transportaufgabe geeigneten Verkehrsmittel auch auf der Beschaffungsseite relevant, jedoch gehört diese Problemstellung eher zur Distributionslogistik des Lieferanten und muss daher nicht separat betrachtet werden.

7.5.1 Kennzahlen der Makrologistik

Von großer Bedeutung für den außerbetrieblichen Verkehr ist die durch makrologistische Entscheidungen geschaffene *Verkehrsinfrastruktur*. Darunter versteht man die in einer bestimmten Region vorhandenen Verkehrseinrichtungen und deren Verknüpfungen, aus denen sich die raum-zeitliche Erreichbarkeit der einzelnen Standorte ableiten lassen (vgl. Ihde 2001, S. 58f., S. 113f.). Die Verkehrsinfrastruktur einer Region lässt sich insbesondere durch die folgenden Kennzahlen charakterisieren:

- Die *Dichte* eines Verkehrsnetzes beschreibt das Ausmaß der verkehrlichen Erschließung der jeweiligen Region. Sie ist definiert als Quotient aus der Länge der im Verkehrsnetz vorhandenen Strecken und der zugehörigen Fläche. Diese Kennzahl ist umso höher, je mehr Verkehrswege in der betrachteten Region vorhanden sind.

$$\text{Dichte} = \frac{\text{Wege } [km]}{\text{Fläche } [km^2]}$$

- Als *Erschließung* einer Region bezeichnet man den Quotienten aus der effektiven, d. h. der tatsächlich zurückzulegenden Entfernung zwischen zwei Standorten und der Luftlinienentfernung. Je geringer dieser Quotient ausfällt, desto weniger Umwege sind erforderlich, d. h. desto besser ist die Region durch Verkehrswege erschlossen. Für Mitteleuropa liegt die Erschließung im Mittel bei Werten kleiner als 1,2. In dünn besiedelten Gebieten oder in Entwicklungsländern fällt der Wert deutlich höher aus.

$$\text{Erschließung} = \frac{\text{effektive Entfernung}}{\text{Luftlinienentfernung}}$$

- Die *Transportelastizität* η dient dazu, die Veränderung des Transportaufkommens T ins Verhältnis zur Veränderung des Bruttoinlandsprodukts *BIP* zu setzen.

$$\eta = \frac{\Delta T}{\Delta BIP} \cdot \frac{BIP}{T}$$

Nimmt die Transportelastizität einen Wert größer als eins an, so wächst das Transportaufkommen schneller als die Gesamtwirtschaft und umgekehrt. Grundsätzlich geht das Wirtschaftswachstum bei fortschreitender Entwicklung einer Volkswirtschaft mit einer immer geringeren Zunahme des Transportaufkommens und somit mit einer abnehmenden Transportelastizität einher. Während in den industrialisierten Staaten im 20. Jahrhundert tatsächlich über einen langen Zeitraum fallende Transportelastizitäten zu beobachten waren, nimmt sie in den letzten Jahren aufgrund der stärkeren logistischen Verflechtungen, die z. B. auf dem aus der Globalisierung resultierenden höheren Grad an internationaler Arbeitsteilung beruhen, wieder zu.

7.5.2 Strukturen von Verkehrsnetzen

Sowohl aus Sicht der Betreiber als auch der Nutzer von Verkehrssystemen ist die *Struktur eines Verkehrsnetzes* von großem Interesse, da von ihr sowohl die Transportkosten als auch die mit der Durchführung eines Transports verbundenen Wege und Zeiten abhängen. Abb. 7.9 zeigt zwei alternative Möglichkeiten zur Verknüpfung von drei gleich weit voneinander entfernten Standorten A, B und C durch Verkehrswege.

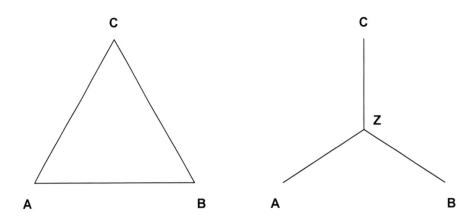

Abb. 7.9 Alternative Netzstrukturen

Bei der links dargestellten Alternative ist jeder der drei gleich weit voneinander entfernten Standorte A, B, C mit jedem anderen durch eine *direkte Strecke* verbunden. Wenn man die Entfernung zwischen jeweils zwei Standorten auf eins normiert, beträgt die gesamte Streckenlänge im Verkehrsnetz drei. Diese Struktur ist aufgrund der großen Streckenlänge mit hohen Einrichtungskosten, jedoch nur mit geringen Unterhaltungskosten verbunden. Sie führt aus Sicht der Nutzer zu kurzen Wegen und Transportzeiten, aufgrund der geringeren Verkehrsdichte kommt es seltener zu Stauungen (vgl. auch Ihde 2001, S. 114). Ein weiterer Vorteil ist, dass bei Störungen im Netz jeweils Ausweichrouten zur Verfügung stehen. Ist z. B. die Strecke A – B durch Bauarbeiten oder einen Stau blockiert, so kann der Transport von A nach B notfalls über C durchgeführt werden. Ein Beispiel für ein solches Verkehrsnetz sind die Autobahnverbindungen im Ruhrgebiet. Hier sind viele Städte direkt miteinander durch Autobahnen verbunden und für zahlreiche Verbindungen gibt es Ausweichstrecken.

Bei der rechts dargestellten Alternative hingegen ist jeder Standort mit einem zentralen, in der Mitte liegenden *Knotenpunkt Z* verbunden. Die gesamte Streckenlänge im Verkehrsnetz beträgt nunmehr nur noch $\sqrt{3} < 3$, für einen Transport zwischen jeweils zwei Standorten ist hier jedoch eine Strecke von $2/3 \cdot \sqrt{3} > 1$ zurückzulegen, d. h. auch die Transportzeiten verlängern sich entsprechend. Wegen der kürzeren Gesamtstrecke ist diese Struktur für den Netzbetreiber mit geringeren Einrichtungskosten verbunden, aufgrund der größeren Nutzungsintensität der Strecken stehen dem jedoch höhere Unterhaltungskosten gegenüber. Weiter kommt es bei gleichem Transportaufkommen wie im linken Bild zu einer höheren Verkehrsdichte auf den Relationen und damit auch zu einer größeren Störanfälligkeit des Netzes. Eine Tendenz zu einer solchen Zentralisierung weist z. B. das Autobahnnetz in Frankreich auf, bei dem zahlreiche Autobahnen in Knotenpunkte wie Paris oder Lyon führen.

7.5.3 Ausgestaltung von Verkehrssystemen

Der *außerbetriebliche Transport* kann grundsätzlich als Landverkehr auf dem Boden, in der Luft oder auf dem Wasser durchgeführt werden (vgl. Pfohl 2010, S. 167ff.). Abb. 7.10 gibt einen Überblick über die zu diesen Verkehrssystemen gehörenden Verkehrsträger und Verkehrsmittel.

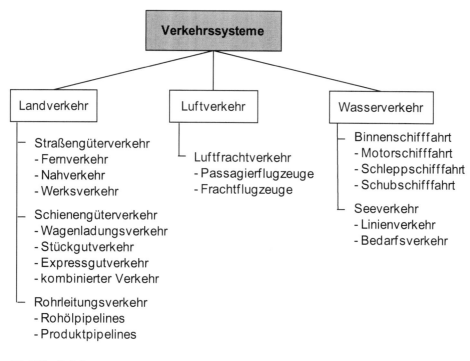

Abb. 7.10 *Verkehrssysteme*

Für den *Landverkehr* kommen als Transportwege Straßen, Schienen und Rohrleitungen in Betracht.

- Beim *Straßengüterverkehr* unterscheidet man in erster Linie zwischen dem Fernverkehr und dem Nahverkehr. Der Fernverkehr überbrückt in der Regel die Distanz zwischen der Ursprungs- und der Bedarfsregion einer Ware, während der Nahverkehr die Belieferung der Kunden in einem bestimmten, regional abgegrenzten Bereich übernimmt. Der Werksverkehr findet ausschließlich auf dem Betriebsgelände statt und zählt damit streng genommen zum innerbetrieblichen Transport.

  Die Vorteile des Straßengüterverkehrs sind das dicht geknüpfte Straßennetz, auf dem sich praktisch jeder Zielort erreichen lässt, sowie die große Flexibilität bei der Wahl der Routen und der Durchführung der Transporte. Da kein Wechsel des Verkehrsmittels stattfinden muss, werden nur geringe Anforderungen an die Produktverpackung gestellt. Aufgrund der Konkurrenzsituation stehen die Frachtraten im Nah- und Fernverkehr bereits seit Jahren unter starkem Druck, so dass die Kosten für den Versender gering sind. Als Nachteile des Straßengüterverkehrs sind die geringen Transportmengen je Tour, die Begrenzung der Größe der Transportgüter, die hohe Personalintensität, die beschränkte Reichweite von LKW und die relativ hohen Umweltbelastungen zu nennen.

  Derzeit sind in Deutschland ca. 2,6 Mio. LKW zugelassen. Man unterscheidet zwischen Kleinlastern mit einem zulässigen Gesamtgewicht bis 3,6 t, leichten LKW bis 7,5 t, mittelschweren LKW bis 12 t und schweren LKW bis 40 t. In anderen Staaten sind auch größere LKW mit bis zu 60 t Gesamtgewicht (Euroliner) zulässig, in Deutschland finden aktuell Modellversuche hierzu statt. Aus gesamtwirtschaftlicher und ökologischer Sicht ist zu berücksichtigen, dass durch große Fahrzeuge zwar Einzelfahrten eingespart werden, jedoch die Straßen und Brücken überproportional stark abgenutzt werden. Seit 2002 wird in Deutschland die Nutzung von Autobahnen durch LKW mit mindestens 12 t Gesamtgewicht durch eine fahrzeug- und streckenabhängige Maut belastet.

- Beim *Schienengüterverkehr* findet entweder der Transport ganzer Wagenladungen bzw. Container statt oder einzelne Packeinheiten werden im Stückgutverkehr bzw. bei eiligen Gütern im Expressgutverkehr transportiert. Der kombinierte Verkehr ist eine Spezialform des Schienengüterverkehrs, bei der der sich über eine große Distanz erstreckende Hauptlauf mit der Bahn erfolgt und der in der Ursprungsregion stattfindende Vorlauf und der in der Zielregion stattfindende Nachlauf mittels LKW durchgeführt werden.

  Die Stärken des Schienenverkehrs liegen in der zügigen und kostengünstigen Bewältigung großer Transportmengen über weite Distanzen. Aufgrund der zentralen Energieerzeugung in Kraftwerken mit guten Emissionsrückhaltemöglichkeiten und einer hohen Energieeffizienz ist die Umweltbilanz der Bahn im Vergleich zum LKW recht gut. Wegen der Bindung an Fahrpläne und der oft unzureichenden Flächenabdeckung wird auf kurzen Strecken allerdings meist der LKW als überlegen angesehen. Auch die aufgrund der erforderlichen Umladevorgänge höheren Anforderungen an die Verpackung der Transportgüter stellen einen Nachteil des Schienenverkehrs dar. Bei grenzüberschreitenden Verkehren ist gegebenenfalls aufgrund unterschiedlicher Spurweiten eine Umladung

7.5 Außerbetriebliche Verkehrssysteme

erforderlich. Für interkontinentale Transporte ist der Schienenverkehr auf den eurasischen Bereich beschränkt.

- Über- oder unterirdisch verlaufende *Rohrleitungen* werden häufig als Rohöl- oder Erdgaspipelines zur Sicherstellung der Energieversorgung eingesetzt. Seltener sind Produktpipelines, in denen andere Flüssigkeiten oder Gase kontinuierlich transportiert werden. Ein Beispiel für eine außerbetriebliche Produktpipeline ist die im Bau befindliche Pipeline für Propylen, ein farbloses, brennbares Gas, das bei der Erdölverarbeitung anfällt. Durch diese Pipeline soll die Chemieindustrie im Ruhrgebiet von Antwerpen bzw. Rotterdam aus mit ihrem wichtigsten Grundstoff versorgt werden. Im Vergleich zum Straßen- und Schienenverkehr hat der Rohrleitungsverkehr dennoch nur eine untergeordnete Bedeutung.

Der *Luftverkehr* wird als Luftfrachtverkehr abgewickelt. Warentransporte mittels Flugzeug werden entweder im Transportraum von Passagierflugzeugen oder mit speziellen Frachtflugzeugen durchgeführt. Die Anforderungen an die Produktverpackung sind gering. Der Luftverkehr ist allen anderen Verkehrsträgern hinsichtlich der Transportgeschwindigkeit überlegen und kommt vor allem dann zum Einsatz, wenn Transporte über große Entfernungen mit kurzer Lieferzeit abgewickelt werden sollen. Dies ist insbesondere bei interkontinentalen Lieferungen von großer Bedeutung. Da die Kosten der Luftfracht sehr hoch sind, ist dieser Transportweg in der Regel nur für hochwertige Güter mit geringem Gewicht bzw. Volumen wirtschaftlich. Ein weiterer Nachteil des Luftverkehrs ist in der oft ungünstigen Lage der Flughäfen in der Ursprungs- und Zielregion zu sehen, da die Transportzeiten durch den erforderlichen Vor- und Nachlauf per LKW wieder ansteigen. Aufgrund des hohen Treibstoffverbrauchs je transportierter Einheit ist die Umweltbilanz des Luftverkehrs schlecht. Für den Transport großer Gewichte bzw. Volumina über weite Strecken ist das Konzept des Cargolifters, einer Weiterentwicklung des mit Heliumgas gefüllten Zeppelins, entwickelt worden, das sich allerdings nicht wirtschaftlich realisieren ließ.

Beim *Wasserverkehr* unterscheidet man die auf Flüssen und Kanälen stattfindende Binnenschifffahrt und den Seeverkehr.

- Die *Binnenschifffahrt* ist auf das zusammenhängende Wasserstraßennetz einer bestimmten geografischen Region – d. h. die Flüsse mit ausreichender Wassertiefe und die Kanäle als künstliche Wasserstraßen – beschränkt. Sie kann als Motorschifffahrt, als Schleppschifffahrt oder als Schubschifffahrt durchgeführt werden.

- Beim *Seeverkehr*, der küstennah oder auch interkontinental durchgeführt werden kann, besteht die Wahl zwischen dem Linienverkehr, bei dem die Güter auf ein regelmäßig verkehrendes Schiff verladen werden, und dem Bedarfsverkehr, bei dem ein Teil des Frachtraums oder ein ganzes Schiff gechartert wird.

Die Vorteile der Schifffahrt bestehen darin, dass sie auf einer Tour große Mengen bzw. Volumina zu geringen Kosten befördern und auf hoher See auch interkontinentale Transporte zu geringen Kosten und mit geringen Umweltbelastungen durchführen kann. Dem stehen als Nachteile die aufgrund der geringen Transportgeschwindigkeiten sehr lange Transportdauer, die schlechte räumliche Verteilung insbesondere von Seehäfen und die hohen Anforderungen an die Produktverpackung in Bezug auf Stoßfestigkeit und Wasserdichtigkeit gegenüber. Weiter kann es jahreszeitlich bedingt zur Sperrung der Wasserwege aufgrund von Niedrigwasser oder Vereisung kommen. Der Wasserverkehr ist – wie auch die Bahn und das Flugzeug – meist auf einen Vor- und Nachlauf per LKW angewiesen. Die grundsätzlich gute Umweltbilanz der Schifffahrt wird dadurch relativiert, dass die auf Schiffen eingesetzten Treibstoffe ein Gemisch auf Schwerölen und Diesel sind und zu erheblichen Emissionen führen.

Ein zunehmend wichtiges Kriterium bei der Auswahl von Verkehrsträgern ist deren *Auswirkung auf den Treibhauseffekt*. Angesichts der drohenden globalen Klimaerwärmung durch den Ausstoß von Treibhausgasen, die vor allem bei der Verbrennung fossiler Kraftstoffe ausgestoßen werden, ist in den letzten Jahren der Ausstoß von Kohlenstoffdioxid (CO_2) als relevante Kennzahl in den Vordergrund gerückt. Die Hersteller von Beförderungsmitteln versuchen, insbesondere durch effizientere Motoren den Wirkungsgrad zu erhöhen und damit den CO_2-Ausstoß zu reduzieren. Dieser hängt weiter von der verwendeten Treibstoffart und der Fahrweise ab. Tab. 7.1 zeigt, welchen CO_2-Ausstoß, gemessen in Gramm je Tonnenkilometer, die zuvor betrachteten Verkehrsträger durchschnittlich aufweisen und wie sich dieser in den letzten Jahren entwickelt hat.

Tab. 7.1 *CO_2-Ausstoß der Verkehrsträger (g/tkm) (in Anlehnung an: DB Schenker 2014, S. 31)*

	2006	2009	2011	2013
LKW	106,0	100,3	103,9	103,1
Bahn	24,3	22,6	23,7	22,1
Seefracht	17,6	15,4	11,5	9,9
Luftfracht	586,1	617,7	643,0	641,9

Während die CO_2-Emissionen je Tonnenkilometer von Seefracht und Bahn im Jahr 2006 vergleichbar niedrige Werte aufweisen, liegen sie im Jahr 2013 bei der Bahn doppelt so hoch wie bei der Seefracht. Dies liegt unter anderem daran, dass immer größere Containerschiffe zum Einsatz kommen. Der Transport per LKW ist im Vergleich mit diesen beiden Verkehrsträgern mit ca. fünfmal so hohen Emissionen je Tonnenkilometer verbunden. Die CO_2-Emissionen je Tonnenkilometer bei der Luftfracht betragen nochmals ungefähr das Sechsfache dieses Werts. Aufgrund von intensiven Bemühungen zur Energieeinsparung vonseiten der Hersteller und Betreiber von Verkehrsmitteln sind die spezifischen Emissionen bei den meisten Verkehrsträgern in den letzten Jahren deutlich gesunken, lediglich bei der Luftfracht sind sie in dem betrachteten Zeitraum tendenziell angestiegen.

Wie die vorhergehenden Ausführungen gezeigt haben, unterscheiden sich die genannten Transportalternativen erheblich hinsichtlich der Kosten je Transporteinheit, der möglichen Transportmengen bzw. -volumina, der Transportdauer und -geschwindigkeit, der Flächenabdeckung, der Anforderungen an die Verpackung der Transportgüter und der Umweltwirkungen. Da keine der Alternativen sich bei sämtlichen Kriterien als vorteilhaft erweist, ist im Einzelfall unter Berücksichtigung der jeweiligen Beförderungssituation eine Auswahl vorzu-

7.5 Außerbetriebliche Verkehrssysteme

nehmen. In Tab. 7.2 sind die Kriterien zur Beurteilung der Transportmittel nochmals zusammengestellt.

Tab. 7.2 *Beurteilung verschiedener Transportmittel*

	LKW	**Bahn**	**Flugzeug**	**Schiff**
Transportkosten	mittel	gering / mittel	hoch	gering
Transportvolumen	gering	groß	mittel	sehr groß
Transportdauer	mittel	mittel	kurz	lang
Transportgeschwindigkeit	mittel	mittel	hoch	gering
Flächenabdeckung	sehr gut	gut	schlecht	schlecht
Verpackungsanforderungen	gering	mittel	gering	hoch
Umweltwirkungen	mittel	gut	schlecht	gut

In der Praxis werden die verschiedenen Transportmittel häufig kombiniert eingesetzt. Zum einen muss der Vor- und Nachlauf zu bzw. von Bahnhöfen, Flughäfen oder Häfen in der Regel mit LKW durchgeführt werden, es sei denn, ein Unternehmen verfügt über einen eigenen Gleisanschluss, Flughafen oder See- bzw. Binnenhafen. Zum anderen hat sich eine Reihe von Systemen entwickelt, die verschiedene Transportmittel explizit miteinander kombinieren, um die Effizienz der Transporte zu verbessern. Neben dem kombinierten Verkehr Schiene/Straße, bei dem die Transportgüter bzw. die Container im Bahnhof umgeladen werden müssen, wird von den Eisenbahnen der Huckepackverkehr angeboten, bei dem der gesamte LKW per Bahn befördert wird. Bei Einsatz von ISO-Containern lässt sich auch die Schifffahrt mit der Schiene oder der Straße kombinieren.

Tab. 7.3 zeigt, wie sich der *Modal Split*, d. h. die Verteilung des Transportaufkommens auf die verschiedenen Verkehrsträger, in Deutschland im Laufe der Zeit verändert hat.

Tab. 7.3 *Modal Split im Güterverkehr nach Tonnenkilometern (in Anlehnung an: BGL 2014)*

	LKW	**Bahn**	**Binnenschiff**	**Pipeline**	**Flugzeug**
1950	20,3 %	56,0 %	23,7 %	0,0 %	0,0 %
1960	32,0 %	37,4 %	28,5 %	2,1 %	0,0 %
1970	36,2 %	33,2 %	22,7 %	7,8 %	0,0 %
1980	48,9 %	25,3 %	20,1 %	5,6 %	0,1 %
1990	56,6 %	20,6 %	18,2 %	4,4 %	0,1 %
2000	67,7 %	16,2 %	13,0 %	2,9 %	0,2 %
2010	70,2 %	17,1 %	9,9 %	2,6 %	0,2 %

Da in Deutschland keine Transporte auf hoher See durchgeführt werden, tritt hier das Binnenschiff an die Stelle des Seeverkehrs. Zusätzlich wird der Transport in Pipelines berücksichtigt, da er einen durchaus relevanten Anteil hat. Das Gesamttransportaufkommen ist im betrachteten Zeitraum von 688,6 *t* in 1950 auf 3.791,9 *t* in 2010 angestiegen (vgl. BGL 2014).

Während 1950 noch mehr als die Hälfte der Gütertransporte in Deutschland mithilfe der Bahn abgewickelt wurden und der Straßenverkehr lediglich einen Anteil von gut 20 % hatte, hat sich dieses Verhältnis unter anderem wegen des Ausbaus des Straßennetzes im Laufe der Zeit umgekehrt. Anfang der 1980er Jahre betrug der Anteil des Straßenverkehrs erstmals mehr als 50 % und im Jahr 2010 lag er bereits bei 70 %, während der Anteil der Bahn auf nur noch 17 % zurückgegangen ist. Sowohl die Binnenschifffahrt als auch der Rohrleitungsverkehr weisen zunächst steigende und dann fallende Anteile auf, die 2010 nur noch ca. ein Drittel des maximalen Wertes in 1960 bzw. 1970 betragen. Bei diesen prozentualen Werten ist allerdings zu berücksichtigen, dass angesichts des gestiegenen Gesamtverkehrsaufkommens damit immer noch ein erheblicher Anstieg des Transportvolumens bei diesen beiden Verkehrsträgern verbunden ist, z. B. bei beim Binnenschiff von 40,4 Mrd. Tonnenkilometern in 1960 auf 62,3 Mrd. Tonnenkilometer in 2010 (vgl. BGL 2014). Der Anteil der Luftfracht ist sowohl absolut als auch prozentual ausgesprochen gering, 2010 wurden in Deutschland lediglich 1,4 Mrd. Tonnenkilometer bzw. 0,2 % des Gesamtaufkommens per Flugzeug transportiert.

Im Zuge der Globalisierung der Weltwirtschaft werden neue Transportrelationen geschaffen bzw. alte wiederbelebt, um die wichtigsten Wirtschaftsräume miteinander zu verknüpfen. Ein Beispiel dafür ist die „*neue Seidenstraße*": Im Zuge der wirtschaftlichen Öffnung Chinas nach Westen soll ein asiatisches Fernstreckennetz geschaffen werden, das vor allem die im Inland gelegenen Wirtschaftszentren, für die bei Nutzung der Seefracht zunächst ein erheblicher Vorlauf zu Lande erforderlich ist, mit Europa verbindet. Vorbild ist die historische Seidenstraße, ein verzweigtes Netz von Handelswegen von China über Indien und den Iran nach Europa, auf der seit der Antike vor allem Seide, aber auch andere asiatische Luxusartikel nach Europa gebracht wurden. Mit dem Aufkommen der Seeschifffahrt in der Neuzeit wurden diese Routen weitgehend aufgegeben, da die Seefracht damals schneller und sicherer war.

Aktuell stehen auf dieser Strecke vor allem Bahnverbindungen im Zentrum des Interesses: Bereits seit 2012 verkehrt ein regelmäßiger Güterzug zwischen Chonqing und Duisburg. Der 650 *m* lange Zug besteht aus bis zu 51 plombierten 40-Fuß-Containern und benötigt für die 10.300 *km* lange Strecke über Kasachstan, Russland, Weißrussland und Polen 16 Tage. Auf einigen Teilstrecken ist Geleitschutz erforderlich, um ihn gegen Überfälle zu schützen. Es werden mehrere sehr unterschiedliche Klimazonen durchquert. Dies führt dazu, dass im Winter z. B. keine Elektronikteile befördert werden dürfen, denn diese dürfen keinen Temperaturen unter -20° C ausgesetzt werden. Obwohl die Container wegen unterschiedlicher Spurbreiten in einigen der Transitländer mehrfach umgesetzt werden müssen und die diversen Grenzübertritte jedes Mal Zeit kosten, wird die Fahrzeit gegenüber dem Seetransport um über die Hälfte verkürzt. Darüber hinaus wird auch an einem Fernstraßennetz gebaut, das China enger mit Europa verbinden soll.

7.6 Weiterführende Literatur

Corsten, H., Gössinger, R.: Produktionswirtschaft, Oldenbourg, München/Wien, 13. Aufl. 2012

Ihde, G. B.: Transport, Verkehr, Logistik, Vahlen, München, 3. Aufl. 2001

Isermann, H.: Gestaltung von Logistiksystemen, Verlag moderne Industrie, Landsberg am Lech, 2. Aufl. 1998

Schulte, C.: Logistikmanagement, Vahlen, München, 6. Aufl. 2012

Vahrenkamp, R., Mattfeld, D. C.: Logistiknetzwerke, Gabler, Wiesbaden 2007

8 Transport- und Tourenplanung

Ein wichtiger Bereich der Distributionslogistik ist die Planung der Transportprozesse. Da die Abwicklung von Transporten mit erheblichen Kostenwirkungen verbunden ist, kommen zur optimalen Gestaltung dieser Prozesse vielfach Entscheidungsmodelle aus dem *Operations Research* zum Einsatz. Stellvertretend für zahlreiche andere Modelle werden in dieser Lehreinheit Transportmodelle und Tourenplanungsmodelle behandelt. Während sich Transportmodelle mit der Versorgung von regionalen Auslieferungslagern aus mehreren Produktionsstandorten befassen, steht bei der Tourenplanung die Auslieferung der Produkte an die einzelnen Abnehmer im Vordergrund. Für jeden Bereich wird ein exaktes Modell angegeben und eine Lösungsheuristik vorgestellt.

Leitfragen: Welche Zielsetzung verfolgt das klassische Transportmodell?

Wodurch unterscheidet sich die Arbeitsweise der Nordwest-Ecken-Regel und der Stepping Stone-Methode?

Welche Beschränkungen sind bei der Zusammenstellung einer Auslieferungstour zu berücksichtigen?

Wie geht das Savings-Verfahren bei der Tourenplanung vor?

Auf welche Problemstellungen lässt sich das Travelling Salesman Problem anwenden?

8.1 Transportmodelle

Der *Transportplanung* liegt die folgende Problemstellung zugrunde: An mehreren Produktionsstätten (Quellen) werden bestimmte Mengen eines Produkts bereitgestellt, die an mehreren Bedarfsorten (Senken) benötigt werden. Es gilt nun, in Abhängigkeit von der vorliegenden Angebots- und Bedarfssituation die Produktionsmengen so auf die Bedarfsorte zu verteilen, dass die dabei anfallenden Transportleistungen bzw. die Transportkosten möglichst gering sind.

Abb. 8.1 zeigt ein Beispiel für eine solche Situation. Ein Hersteller von Erfrischungsgetränken hat für den norddeutschen Raum Produktionsstätten in Bremen, Berlin und Bochum, die die in der Abbildung angegebenen Mengen (gemessen in Paletten) herstellen. Diese sollen die Auslieferungslager in Hamburg, Hildesheim, Herne und Halle, deren Bedarfsmengen ebenfalls angegeben sind, versorgen. Prinzipiell kann jeder Bedarfsort von jeder Produktionsstätte aus beliefert werden.

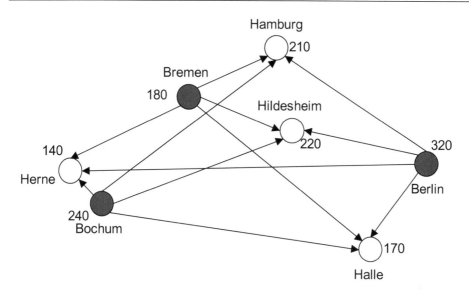

Abb. 8.1 Beispiel zum Transportmodell

8.1.1   Klassisches Transportmodell

Das *klassische Transportmodell* lässt sich mithilfe der linearen Programmierung wie folgt formulieren:

$i = 1,...,I$ – Produktionsstätten

$j = 1,...,J$ – Bedarfsorte

x_{ij} – Transportmenge von Produktionsstätte i nach Bedarfsort j

c_{ij} – Transportkosten je Einheit von Produktionsstätte i nach Bedarfsort j

a_i – Produktionsmenge in Produktionsstätte i

b_j – Bedarfsmenge an Bedarfsort j

Die *Zielfunktion* dient der Minimierung der im System anfallenden Transportkosten, die davon abhängen, welche Mengen von welcher Produktionsstätte zu welchem Bedarfsort transportiert werden:

$$\min Z = \sum_{i=1}^{I} \sum_{j=1}^{J} c_{ij} \cdot x_{ij}$$

Die *Restriktionen* stellen sicher, dass zum einen die in den Bedarfsorten auftretende Nachfrage vollständig befriedigt wird und zum anderen die in den Produktionsstätten hergestellten

Mengen vollständig verteilt werden. Sämtliche Transportmengen x_{ij} müssen die Nichtnegativitätsbedingung erfüllen.

u.d.N.: $\sum_{i=1}^{I} x_{ij} = b_j \qquad j = 1,...,J$

$\sum_{j=1}^{J} x_{ij} = a_i \qquad i = 1,...,I$

$x_{ij} \geq 0 \qquad i = 1,...,I; j = 1,...,J$

Weiter muss in der Grundversion des Transportmodells die in den Produktionsstätten hergestellte Menge vollständig auf die Bedarfsorte verteilt werden, da keine Lagerhaltung vorgesehen ist.

$$\sum_{i=1}^{I} a_i = \sum_{j=1}^{J} b_j$$

Ist diese Bedingung bei einer realen Problemstellung nicht erfüllt, so kann man für das Modell zusätzlich eine fiktive Quelle oder Senke einführen, die gerade die überschüssige Bedarfsmenge liefert bzw. die überschüssige Produktionsmenge aufnimmt.

Dieses lineare Programm lässt sich entweder mithilfe des Simplex-Verfahrens oder mit speziell für das Transportproblem entwickelten *Heuristiken* lösen. Da keine ganzzahligen Variablen auftreten und die Zahl der Variablen in der Regel auch bei umfangreichen Problemstellungen überschaubar gering ist, ist eine exakte Berechnung der optimalen Lösung mit dem Simplex-Verfahren bei kurzer Rechenzeit möglich. Dennoch werden vielfach Heuristiken zur Lösung von Transportproblemen eingesetzt, da diese einen besseren Einblick in die Problemstruktur bieten.

8.1.2 Heuristik für das Transportmodell

Im Folgenden wird eine Lösungsheuristik für das Transportmodell dargestellt, die aus einem Eröffnungsverfahren, das zur Generierung einer zulässigen Ausgangslösung dient, und einem iterativen Verbesserungsverfahren besteht, das diese Ausgangslösung solange modifiziert, bis sich keine weiteren Kostensenkungspotentiale mehr finden lassen (vgl. Kistner 2003, S. 208ff.).

In Tab. 8.1 sind die Transportentfernungen (in *km*) zwischen den verschiedenen Produktionsstätten und Auslieferungslagern für das Beispiel in Abb. 8.1 angegeben.

8.1 Transportmodelle

Tab. 8.1 *Entfernungen im Transportmodell*

von \ nach	Hamburg	Hildesheim	Herne	Halle
Bremen	120	150	240	340
Berlin	280	290	510	170
Bochum	350	270	10	460

Als Eröffnungsverfahren kommt die *Nordwest-Ecken-Regel* zur Anwendung, die schnell und einfach eine zulässige Ausgangslösung bestimmt. Dabei wird das in Tab. 8.2 angegebene Ausgangstableau sukzessiv gefüllt, indem jeder Relation – ausgehend von der oberen linken (d. h. nordwestlichen) Zelle – die maximal mögliche Transportmenge zugewiesen wird. Besteht anschließend ein Überschuss an Produktionsmenge, so verteilt man diesen in derselben Zeile, bei einem Nachfrageüberschuss deckt man diesen aus derselben Spalte ab. Offensichtlich hängt es von der zufälligen Anordnung der Zeilen und Spalten ab, welche Ausgangslösung generiert wird.

Bei der ersten Zelle liegt in Bremen eine Produktionsmenge von 180 Paletten vor, während in Hamburg 210 Paletten benötigt werden. Daher wird die Produktion aus Bremen vollständig nach Hamburg geliefert und die fehlenden 30 Paletten müssen aus Berlin nach Hamburg transportiert werden. Die Pfeile in Tab. 8.2 zeigen die Vorgehensweise der Nordwest-Ecken-Regel an.

Tab. 8.2 *Ausgangstableau des Transportmodells*

von \ nach	Hamburg	Hildesheim	Herne	Halle	Σ Angebot
Bremen	180	0	0	0	180
Berlin	30	220	70	0	320
Bochum	0	0	70	170	240
Σ Bedarf	210	220	140	170	740

Somit werden die 180 in Bremen hergestellten Paletten vollständig nach Hamburg geliefert und die 320 Paletten aus Berlin werden auf die Bedarfsorte Hamburg (30 Paletten), Hildesheim (220 Paletten) und Herne (70 Paletten) aufgeteilt. Von den 240 in Bochum hergestellten Paletten werden 70 Paletten nach Herne und 170 Paletten nach Halle geliefert. Damit sind die insgesamt 740 hergestellten Paletten auf die Bedarfsorte verteilt.

Die mit dem Eröffnungsverfahren gefundene Lösung ist zwar zulässig, jedoch in der Regel nicht kostenminimal. Um die bei einer vorliegenden Lösung anfallenden Kosten zu bestimmen, muss man die geplanten Transportmengen mit den zugehörigen Transportkosten multiplizieren. Nimmt man der Einfachheit halber an, dass jeder Entfernungskilometer Kosten in

Höhe von 1 € verursacht, so entspricht die Kostenmatrix der Entfernungsmatrix in Tab. 8.1 und die Ausgangslösung führt zu Kosten in Höhe von 208.400 €.

Als Verbesserungsverfahren kommt die *Stepping Stone-Methode* zum Einsatz. Diese berechnet in jeder Iteration die Opportunitätskosten der in der jeweils aktuellen Lösung nicht genutzten Relationen, die eine Transportmenge von null aufweisen.

Dazu wird – ausgehend von der betrachteten Relation – ein möglichst kleiner Zyklus konstruiert, der mit einer Horizontalbewegung beginnt, ausschließlich Relationen mit positiven Transportmengen berührt und wieder in der betrachteten Relation endet. Zur Bestimmung der Kostenwirkungen, die der Transport einer Mengeneinheit auf dieser Relation auslöst, werden die Kosten der nach einer Horizontalbewegung erreichten Relationen mit positivem Vorzeichen und die Kosten der nach einer Vertikalbewegung erreichten Relationen mit negativem Vorzeichen aufaddiert.

Anschließend wird die Relation bestimmt, die das größte Kostensenkungspotential bietet. Die maximale Menge, die sich auf dieser Relation transportieren lässt, ergibt sich als das Minimum der nach einer horizontalen Bewegung berührten Relationen. Um diese Menge auf der Relation transportieren zu können, müssen die auf den anderen Relationen transportierten Mengen entsprechend reduziert werden.

In der Ausgangslösung gibt es sechs nicht genutzte Relationen. Die zugehörigen Kostensenkungspotentiale belaufen sich auf:

Bremen → Hildesheim: $120 - 280 + 290 - 150 = -20$ €
Bremen → Herne: $120 - 280 + 510 - 240 = 110$ €
Bremen → Halle: $120 - 280 + 510 - 10 + 460 - 340 = 460$ €
Berlin → Halle: $510 - 10 + 460 - 170 = 790$ €
Bochum → Hamburg: $10 - 510 + 280 - 350 = -570$ €
Bochum → Hildesheim: $10 - 510 + 290 - 270 = -480$ €

Das größte Kostensenkungspotential in Höhe von 790 € je Mengeneinheit bietet die bislang nicht genutzte Relation von Berlin nach Halle. Die maximale Menge, die auf dieser Relation transportiert werden kann, sind die 70 Mengeneinheiten, die bislang von Berlin nach Herne transportiert wurden. Diese nunmehr in Herne fehlende Menge wird stattdessen aus Bochum geliefert, wo sie von der ursprünglich nach Halle gelieferten Menge abgezogen wird.

Das Kostensenkungspotential von 790 € ergibt sich, weil jede von Berlin nach Herne gelieferte Mengeneinheit Kosten in Höhe von 510 € und jede von Bochum nach Halle gelieferte Mengeneinheit Kosten in Höhe von 460 €, also insgesamt 970 €, verursacht, die nun eingespart werden. Dem stehen zusätzliche Kosten in Höhe von 170 € bei der Lieferung einer Einheit von Berlin nach Halle und 10 € bei Lieferung einer Einheit von Bochum nach Herne gegenüber.

Tab. 8.3 zeigt das Tableau, das sich nach Durchführung der ersten Iteration ergibt. Die Gesamtkosten sinken beim Übergang zur neuen Lösung um $70 \cdot 790 = 55.300$ € auf 153.100 €.

8.1 Transportmodelle

Tab. 8.3 *Tableau nach der ersten Iteration*

von \ nach	Hamburg	Hildesheim	Herne	Halle	Σ Angebot
Bremen	180	0	0	0	180
Berlin	30	220	0	70	320
Bochum	0	0	140	100	240
Σ Bedarf	210	220	140	170	740

Auch bei dieser Lösung gibt es wieder sechs nicht genutzte Relationen, die folgende Kostensenkungspotentiale aufweisen:

Bremen → Hildesheim: $120 - 280 + 290 - 150 = -20$ €
Bremen → Herne: $120 - 280 + 170 - 460 + 10 - 240 = -680$ €
Bremen → Halle: $120 - 280 + 170 - 340 = -330$ €
Berlin → Herne: $170 - 460 + 10 - 510 = -790$ €
Bochum → Hamburg: $460 - 170 + 280 - 350 = 220$ €
Bochum → Hildesheim: $460 - 170 + 290 - 270 = 310$ €

Das größte Kostensenkungspotential in Höhe von 310 € je Mengeneinheit besteht bei Nutzung der Relation von Bochum nach Hildesheim, auf der sich maximal 100 Mengeneinheiten transportieren lassen. Diese 100 Mengeneinheiten werden bei der Lieferung von Bochum nach Halle abgezogen und stattdessen aus Berlin nach Halle geliefert. Die Lieferung von Berlin nach Hildesheim wird entsprechend reduziert. Durch diese Veränderung sinken die Gesamtkosten in der zweiten Iteration um weitere $100 \cdot 310 = 31.000$ € auf 122.100 €. Tab. 8.4 zeigt das Tableau nach Durchführung der zweiten Iteration.

Tab. 8.4 *Tableau nach der zweiten Iteration*

von \ nach	Hamburg	Hildesheim	Herne	Halle	Σ Angebot
Bremen	180	0	0	0	180
Berlin	30	120	0	170	320
Bochum	0	100	140	0	240
Σ Bedarf	210	220	140	170	740

Eine erneute Berechnung der Kostensenkungspotentiale der sechs nunmehr nicht genutzten Relationen ergibt folgende Werte:

Bremen → Hildesheim: $120 - 280 + 290 - 150 = -20$ €
Bremen → Herne: $120 - 280 + 290 - 270 + 10 - 240 = -370$ €

Bremen → Halle: 120 − 280 + 170 − 340 = −330 €
Berlin → Herne: 290 − 270 + 10 − 510 = −480 €
Bochum → Hamburg: 270 − 290 + 170 − 460 = −310 €
Bochum → Halle: 270 − 290 + 170 − 460 = −310 €

Da sämtliche Kostensenkungspotentiale negativ sind, ist die nach der zweiten Iteration gefundene Lösung die beste, die sich mit dem vorliegenden Verfahren erreichen lässt. Die Kosten konnten gegenüber der Ausgangslösung um fast 42 % gesenkt werden. Ein Vergleich mit der mithilfe des Simplex-Verfahrens ermittelten exakten Lösung zeigt, dass es sich bei dieser Lösung sogar um ein Optimum handelt.

Auch wenn die intuitiv anschauliche Heuristik in dem vorliegenden Fall in der Lage ist, eine optimale Lösung zu generieren, darf dieses Ergebnis jedoch nicht verallgemeinert werden. Vor allem bei komplexeren Problemstellungen ist zu erwarten, dass die Heuristik bereits bei einer suboptimalen Lösung abbricht, da sich durch einfache Verschiebungen von Transportmengen keine Kostensenkungspotentiale mehr erzielen lassen.

8.2 Tourenplanung

8.2.1 Problemstellung der Tourenplanung

Die *Tourenplanung* dient der Zusammenfassung von Lieferaufträgen zu Touren, die mit einem Auslieferungsfahrzeug abgefahren werden. Ein *Lieferauftrag* umfasst den Transport bestimmter Güter von einem Ausgangsort, in der Regel dem Güterhersteller, zu einem Zielort, der in der Regel beim Kunden liegt. Unter einer *Tour* versteht man die Zusammenfassung von Lieferaufträgen zu einer gemeinsamen Auslieferungsfahrt.

Bei der Tourenplanung wird als Zielsetzung *Ziel* die Minimierung der zur Abwicklung der vorliegenden Aufträge gefahrenen Wege bzw. der zugehörigen Transportkosten verfolgt. Diese beiden Ziele sind nur dann äquivalent, wenn eine proportionale Beziehung zwischen der Fahrstrecke und den Transportkosten besteht.

In der Regel sind bei der Tourenplanung zusätzlich verschiedene *Restriktionen* zu berücksichtigen, z. B. Gewichts- oder Volumenbeschränkungen aufgrund der Eigenschaften der genutzten Fahrzeuge, Zeitbeschränkungen bezüglich der möglichen Dauer einer Tour, die z. B. aus der zulässigen Lenkzeit der Fahrer resultieren, sowie Zeitfenster, innerhalb derer die Belieferung einzelner Kunden erfolgen soll. Der Planungshorizont der Tourenplanung ist sehr kurz, häufig werden in Abhängigkeit von der Auftragslage täglich neue Touren zusammengestellt.

Grundsätzlich bestehen folgende Möglichkeiten, eine vorgegebene Menge an Aufträgen abzuarbeiten (vgl. Günther/Tempelmeier 2005, S. 273f.):

- *Einzelbelieferung*: Jeder Auftrag wird separat zu seinem Bestimmungsort transportiert. Da diese Vorgehensweise mit sehr hohen Kosten verbunden ist, lohnt sie sich nur bei ausreichender Beladung des Fahrzeugs oder bei sehr eiligen Aufträgen (vgl. auch Abschnitt 7.1.1). Die Einzelbelieferung ist in Abb. 8.2 dargestellt

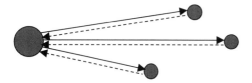

Abb. 8.2 Einzelbelieferung

- *Gruppenbelieferung*: Die Aufträge mehrerer Abnehmer werden zu einer Auslieferungsfahrt zusammengefasst. Dadurch lässt sich im Vergleich zur Einzelbelieferung sowohl eine bessere Auslastung des Fahrzeugs als auch eine Reduktion der zu fahrenden Strecken erreichen. Allerdings tritt das Problem auf, dass die Aufträge auf der Tour in eine möglichst sinnvolle Reihenfolge gebracht werden müssen. Nach der Belieferung des letzten Kunden fährt das Fahrzeug leer zurück. Die der Gruppenbelieferung zugrunde liegende Problemstellung, die in Abb. 8.3 dargestellt ist, wird als Travelling Salesman Problem bezeichnet und in Abschnitt 8.2.4 behandelt.

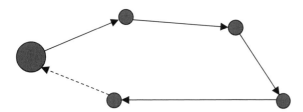

Abb. 8.3 Gruppenbelieferung

- *Tourenplanung*: Wenn das Auftragsvolumen größer ist als die Menge, die sich mit einem Fahrzeug bewältigen lässt, sind die Aufträge zu sinnvollen Touren zusammenzufassen und es ist wie bei der Gruppenbelieferung eine Reihenfolgeplanung für jede einzelne Tour vorzunehmen. Diese beiden Teilprobleme sind interdependent, denn einerseits kann die optimale Reihenfolge auf einer Tour erst bestimmt werden, wenn die Zuordnung von Aufträgen zu Touren erfolgt ist, andererseits hängt die Zuordnung der Aufträge von der sonstigen Zusammensetzung und der Reihenfolge der Tour ab. Dennoch wird in der Praxis häufig zuerst die Tourenplanung vorgenommen und anschließend das Travelling Salesman Problem gelöst.

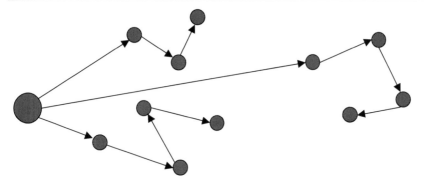

Abb. 8.4 *Tourenplanung*

8.2.2 Savings-Verfahren

Eine einfache Heuristik zur Tourenplanung, die häufig in der Praxis eingesetzt wird und auch in zahlreichen Softwarepaketen für die Logistik enthalten ist, ist das *Savings-Verfahren*, das gleichzeitig die Zusammenstellung von Aufträgen zu Touren und die Reihenfolgen innerhalb der Touren bestimmt. Bei diesem Verfahren werden – ausgehend von einer Einzelbelieferung jedes Kunden – sukzessiv nach dem Kriterium der größten Kosten- bzw. Streckenersparnis Aufträge zu Touren zusammengefasst. Dabei müssen die Kapazitätsrestriktionen der Fahrzeuge berücksichtigt werden. Das Verfahren endet, wenn sämtliche Aufträge einer Tour zugeordnet sind und sich keine weiteren Einsparungspotentiale identifizieren lassen (vgl. hierzu Zimmermann 2005, S. 291ff.).

Das Vorgehen des Savings-Verfahrens wird an folgendem *Beispiel* veranschaulicht: Der Getränkehersteller aus dem beim Transportmodell verwendeten Beispiel versorgt Getränkemärkte in zehn Städten des Ruhrgebiets von seinem Auslieferungslager in Herne aus. Da täglich Bestellungen vorliegen, erfolgt die Tourenplanung tageweise. Es stehen maximal vier Fahrzeuge mit einer Ladungskapazität von jeweils 30 t zur Verfügung. Abb. 8.5 zeigt die Verteilung der Empfangsorte im Zielgebiet.

Tab. 8.5 gibt die Entfernungen zwischen den einzelnen Orten an. Es handelt sich um eine symmetrische Matrix mit Nullen auf der Hauptdiagonalen. In Tab. 8.6 sind die Auftragsdaten eines Tages zusammengestellt. Die Getränkemärkte dürfen die Ware lediglich palettenweise bestellen. Auf einer Palette befinden sich jeweils $3 \cdot 3 \cdot 2 = 18$ Getränkekisten, eine beladene Palette weist ein Gesamtgewicht von 250 kg auf. Das Ziel der Tourenplanung besteht in der Minimierung der zur Abarbeitung der Aufträge zu fahrenden Strecken.

8.2 Tourenplanung

Abb. 8.5 Empfangsorte im Ruhrgebiet

Tab. 8.5 Entfernungsmatrix

	BO	DO	DU	E	GE	HAM	HER	HRT	MH	WES	WIT
Bochum		23	40	18	20	67	8	22	27	65	12
Dortmund	23		60	38	34	41	24	36	47	79	19
Duisburg	40	60		25	39	99	44	47	14	46	54
Essen	18	38	25		16	77	24	26	13	45	32
Gelsenkirchen	20	34	39	16		66	18	11	37	44	34
Hamm	67	41	99	77	66		55	62	88	105	58
Herne	8	24	44	24	18	55		14	32	58	18
Herten	22	36	47	26	11	62	14		38	52	30
Mühlheim	27	47	14	13	37	88	32	38		39	42
Wesel	65	79	46	45	44	105	58	52	39		74
Witten	12	19	54	32	34	58	18	30	42	74	

Tab. 8.6 *Aufträge für die Tourenplanung*

Auftrag	Umfang	Gewicht	Zielort
1	54 Paletten	13.500 kg	Essen
2	45 Paletten	11.250 kg	Hamm
3	55 Paletten	13.750 kg	Dortmund
4	25 Paletten	6.250 kg	Mülheim
5	30 Paletten	7.500 kg	Bochum
6	40 Paletten	10.000 kg	Gelsenkirchen
7	35 Paletten	8.750 kg	Herten
8	15 Paletten	3.750 kg	Witten
9	35 Paletten	8.750 kg	Duisburg
10	20 Paletten	5.000 kg	Wesel

Da der vorliegende Auftragsbestand ein Gesamtgewicht von 88.500 *kg* aufweist, ist in jedem Fall der Einsatz von mindestens drei Fahrzeugen erforderlich. Es gilt nun, die Bedarfsorte zu möglichst kostengünstigen Touren zusammenzufassen. Dabei wird angenommen, dass die Kosten proportional mit der Fahrstrecke ansteigen. Die *Ausgangslösung* beim Savings-Verfahren besteht darin, jeden Auftrag als Einzellieferung durchzuführen. Das würde im vorliegenden Beispiel zu einer Fahrstrecke von insgesamt 590 *km* führen, da jeweils eine Fahrt von Herne zum Zielort und zurück erforderlich ist. Diese Ausgangslösung ist in Tab. 8.7 dargestellt.

Tab. 8.7 *Ausgangslösung beim Savings-Verfahren*

Tour	Strecke	Liefermenge
Herne – Bochum – Herne	16	7.500
Herne – Dortmund – Herne	48	13.750
Herne – Duisburg – Herne	88	8.750
Herne – Essen – Herne	48	13.500
Herne – Gelsenkirchen – Herne	36	10.000
Herne – Hamm – Herne	110	11.250
Herne – Herten – Herne	28	8.750
Herne – Mülheim – Herne	64	6.250
Herne – Wesel – Herne	116	5.000
Herne – Witten – Herne	36	3.750

Anschließend wird versucht, diese Ausgangslösung sukzessiv zu verbessern, indem in jedem Schritt zwei Lieferfahrten zu einer Tour zusammengelegt werden bzw. eine bereits einge-

8.2 Tourenplanung

richtete Tour um einen zusätzlichen Ort erweitert wird. Durch eine solche Zusammenfassung lassen sich jeweils eine Hinfahrt und eine Rückfahrt vom bzw. zum Zentrallager Z einsparen, jedoch ist zusätzlich eine direkte Fahrt zwischen den jeweiligen Orten erforderlich. Die durch die Zusammenfassung der Orte i und j erzielbare Fahrstreckenreduktion beträgt somit:

$$K(Z,i) + K(Z,j) - K(i,j)$$

Zunächst werden sämtliche Einsparungspotentiale (Savings), die sich durch die Zusammenfassung jeweils zweier Lieferfahrten ergeben, berechnet. Dies erfordert bei n Lieferorten $n \cdot (n-1)/2$, im vorliegenden Fall also 45 Berechnungen. Die entsprechenden Werte für das Beispiel finden sich in Tab. 8.8.

Tab. 8.8 *Einsparungspotentiale beim Savings-Verfahren*

	BO	DO	DU	E	GE	HA	HRT	MH	WS	WIT
BO	–	9	12	14	6	-4	0	13	1	14
DO		–	8	10	8	38	2	9	3	23
DU			–	43	23	0	11	62	56	8
E				–	26	2	12	43	37	10
GE					–	7	21	13	32	2
HA						–	7	-1	8	15
HRT							–	8	20	2
MH								–	51	8
WES									–	2
WIT										–

Anschließend werden diese Einsparungspotentiale nach abnehmenden Werten sortiert, um das weitere Vorgehen zu erleichtern. Falls mehrere Zusammenfassungen zu derselben Einsparung führen, befinden sie sich auf demselben Rangplatz und es wird eine Zufallsauswahl vorgenommen. Tab. 8.9 zeigt die sortierten Savings für das Beispiel. Dabei wurden nur die 41 Werte mit positiven Savings in die Tabelle aufgenommen.

Ausgehend von der Einzelbelieferung, d. h. jeder Bedarfsort wird mit einer separaten Fahrt versorgt, wird nun in jedem Iterationsschritt die Relation in eine Tour aufgenommen, die zu der größten Streckenreduktion führt. Dabei ist zu beachten, dass nur solche Orte in eine Tour aufgenommen werden können, die ihr noch nicht zugeordnet wurden und die nicht bereits innerer Punkt einer anderen Tour sind. Die Touren können nur so lange vergrößert werden, bis ihre Transportkapazität ausgeschöpft ist. Dadurch, dass die zusätzlichen Orte an einer bestimmten Stelle in die Tour eingeplant werden, wird beim Savings-Verfahren die Reihenfolge innerhalb einer Tour implizit mitbestimmt.

Im vorliegenden Beispiel ergibt sich die größte Streckenreduktion von 62 *km* durch Zusammenfassen der Lieferungen zu den Orten Duisburg und Mülheim zu einer Tour. Die Beladung des Fahrzeugs beträgt danach 15.000 *kg*, so dass noch weitere 15.000 *kg* Ladung zu dieser Tour hinzugefügt werden könnten. Die Gesamtfahrstrecke reduziert sich um 62 *km* auf 528 *km*. Tab. 8.10 zeigt die zugehörige Lösung.

Tab. 8.9 Reihenfolge der Savings

Rang	Relation	Savings	Rang	Relation	Savings
1	Duisburg – Mülheim	62	22	Dortmund – Essen	10
2	Duisburg – Wesel	56	22	Essen – Witten	10
3	Mülheim – Wesel	51	24	Bochum – Dortmund	9
4	Essen – Mülheim	43	24	Dortmund – Mülheim	9
4	Duisburg – Essen	43	26	Dortmund – Duisburg	8
6	Dortmund – Hamm	38	26	Dortmund – Gelsenkirchen	8
7	Essen – Wesel	37	26	Duisburg – Witten	8
8	Gelsenkirchen – Wesel	32	26	Hamm – Wesel	8
9	Essen – Gelsenkirchen	26	26	Herten – Mülheim	8
10	Duisburg – Gelsenkirchen	23	26	Mülheim – Witten	8
10	Dortmund – Witten	23	32	Gelsenkirchen – Hamm	7
12	Gelsenkirchen – Herten	21	32	Hamm – Herten	7
13	Herten – Wesel	20	34	Bochum – Gelsenkirchen	6
14	Hamm – Witten	15	35	Dortmund – Wesel	3
15	Bochum – Essen	14	36	Dortmund – Herten	2
15	Bochum – Witten	14	36	Essen – Hamm	2
17	Bochum – Mülheim	13	36	Gelsenkirchen – Witten	2
17	Gelsenkirchen – Mülheim	13	36	Herten – Witten	2
19	Bochum – Duisburg	12	36	Wesel – Witten	2
19	Essen – Herten	12	41	Bochum – Wesel	1
21	Duisburg – Herten	11			

Tab. 8.10 Lösung nach der ersten Iteration

Tour	Strecke	Liefermenge
Herne – Bochum – Herne	16	7.500
Herne – Dortmund – Herne	48	13.750
Herne – Duisburg – Mülheim – Herne	90	15.000
Herne – Essen – Herne	48	13.500
Herne – Gelsenkirchen – Herne	36	10.000
Herne – Hamm – Herne	110	11.250
Herne – Herten – Herne	28	8.750
Herne – Wesel – Herne	116	5.000
Herne – Witten – Herne	36	3.750

8.2 Tourenplanung

Das größte Einsparungspotential unter den verbliebenen Strecken weist die Verbindung Duisburg – Wesel mit 56 *km* auf. Da das zusätzliche Gewicht von 5.000 *kg* noch auf die im ersten Schritt begonnene Tour passt, wird Wesel vor Duisburg in die Tour eingefügt. Das Fahrzeug verfügt damit immer noch über eine Restkapazität von 10.000 *kg*. Die neue Gesamtfahrstrecke beträgt 472 *km*. Tab. 8.11 zeigt den Tourenplan nach der zweiten Iteration.

Tab. 8.11 Lösung nach der zweiten Iteration

Tour	Strecke	Liefermenge
Herne – Bochum – Herne	16	7.500
Herne – Dortmund – Herne	48	13.750
Herne – Wesel – Duisburg – Mülheim – Herne	150	20.000
Herne – Essen – Herne	48	13.500
Herne – Gelsenkirchen – Herne	36	10.000
Herne – Hamm – Herne	110	11.250
Herne – Herten – Herne	28	8.750
Herne – Witten – Herne	36	3.750

Die Strecke Mülheim – Wesel mit dem drittgrößten Einsparungspotential kommt nicht mehr in Betracht, da beide Orte sich bereits auf der angelegten Tour befinden. Die beiden in Tab. 8.9 nachfolgenden Strecken, Duisburg – Essen und Mülheim – Essen, können nicht zu dieser Tour hinzugefügt werden, da mit der Liefermenge nach Essen von 13.500 *kg* die Beladungsgrenze des LKW überschritten würde. Daher wird in der dritten Iteration eine weitere Tour eröffnet, die die Lieferungen nach Dortmund und Hamm zusammenfasst und die Gesamtfahrstrecke um weitere 38 *km* auf 434 *km* reduziert. Das Fahrzeug weist noch eine Restkapazität von 5.000 *kg* auf. Tab. 8.12 zeigt das Ergebnis der dritten Iteration.

Tab. 8.12 Lösung nach der dritten Iteration

Tour	Strecke	Liefermenge
Herne – Bochum – Herne	16	7.500
Herne – Dortmund – Hamm – Herne	120	25.000
Herne – Wesel – Duisburg – Mülheim – Herne	150	20.000
Herne – Essen – Herne	48	13.500
Herne – Gelsenkirchen – Herne	36	10.000
Herne – Herten – Herne	28	8.750
Herne – Witten – Herne	36	3.750

Bei der vierten Iteration wird die Fahrt nach Gelsenkirchen, die das nunmehr größte Einsparungspotential aufweist, vor Wesel in die zuerst begonnene Tour eingefügt. Damit ist der zugehörige LKW vollständig ausgelastet. Dies reduziert die Gesamtstrecke um weitere 32 *km* auf 402 *km*. Tab. 8.13 zeigt das Ergebnis der vierten Iteration.

Tab. 8.13 Lösung nach der vierten Iteration

Tour	Strecke	Liefermenge
Herne – Bochum – Herne	16	7.500
Herne – Dortmund – Hamm – Herne	120	25.000
Herne – Gelsenkirchen – Wesel – Duisburg – Mülheim – Herne	154	30.000
Herne – Essen – Herne	48	13.500
Herne – Herten – Herne	28	8.750
Herne – Witten – Herne	36	3.750

Da die Orte Duisburg und Gelsenkirchen beide bereits einer Tour zugeordnet sind, wird in der fünften Iteration die zweite Tour um Witten, das vor Dortmund angefahren wird, erweitert. Damit lassen sich weitere 23 *km* einsparen. Die Beladung des LKW erhöht sich auf 28.750 *kg*, so dass für diese Tour keiner der weiteren Aufträge mehr in Betracht kommt. Die Gesamtstrecke beträgt noch 379 *km*. Tab. 8.14 zeigt das Ergebnis der fünften Iteration.

Tab. 8.14 Lösung nach der fünften Iteration

Tour	Strecke	Liefermenge
Herne – Bochum – Herne	16	7.500
Herne – Witten – Dortmund – Hamm – Herne	133	28.750
Herne – Gelsenkirchen – Wesel – Duisburg – Mülheim – Herne	154	30.000
Herne – Essen – Herne	48	13.500
Herne – Herten – Herne	28	8.750

In der sechsten Iteration werden die Fahrten nach Bochum und Essen mit einem Gesamtgewicht von 21.000 *kg* zu einer Tour zusammengefasst, wodurch weitere 14 *km* Strecke eingespart werden. In der siebten Iteration wird dieser Tour noch die Fahrt nach Herten mit einem Gewicht von 8.750 *kg* und einem Einsparpotential von 12 *km* hinzugefügt. Damit ist das Fahrzeug dieser dritten Tour mit 29.750 *kg* ebenfalls fast vollständig ausgelastet. Die Gesamtfahrstrecke beträgt nach der sechsten Iteration 365 *km* und nach der siebten Iteration 353 *km*. Durch das Savings-Verfahren ließ sich somit eine Streckenreduktion um insgesamt 237 *km* bzw. 40 % gegenüber der Einzelbelieferung erreichen. Tab. 8.15 und Tab. 8.16 zeigen die Ergebnisse nach der sechsten bzw. siebten Iteration.

8.2 Tourenplanung

Tab. 8.15 Lösung nach der sechsten Iteration

Tour	Strecke	Liefermenge
Herne – Bochum – Essen – Herne	50	21.000
Herne – Witten – Dortmund – Hamm – Herne	133	28.750
Herne – Gelsenkirchen – Wesel – Duisburg – Mülheim – Herne	154	30.000
Herne – Herten – Herne	28	8.750

Tab. 8.16 Lösung nach der siebten Iteration

Tour	Strecke	Liefermenge
Herne – Bochum – Essen – Herten – Herne	66	29.750
Herne – Witten – Dortmund – Hamm – Herne	133	28.750
Herne – Gelsenkirchen – Wesel – Duisburg – Mülheim – Herne	154	30.000

Das Prinzip des Savings-Verfahrens ist in zahlreichen *Softwaresystemen* zur Tourenplanung implementiert. Derartige Systeme greifen inzwischen auf Datenbanken zurück, in denen jede potentielle Strecke mit ihrer Länge und ihrer durchschnittlichen Fahrzeit sowie gegebenenfalls den anfallenden Mautkosten gespeichert ist. Bei Ausstattung der Lieferfahrzeuge mit Mobilfunk und GPS lassen sich die letztlich zu fahrenden Routen auch dynamisch, d. h. in Abhängigkeit vom aktuellen Standort und von der jeweiligen Verkehrssituation, festlegen bzw. verändern.

8.2.3 Zuordnungsproblem

Die beim Savings-Verfahren simultan gelösten Teilprobleme der Tourenplanung, das Zuordnungsproblem und das Rundreiseproblem, lassen sich auch sukzessiv abarbeiten. Eine exakte Abbildung des *Zuordnungsproblems* auf Basis der ganzzahligen linearen Programmierung ist im Folgenden angegeben.

$i = 1, \ldots, n$ – Anzahl der Aufträge bzw. Kundenstandorte

$j = 1, \ldots, m$ – Anzahl der Touren bzw. Fahrzeuge

x_{ij} – binäre Zuordnungsvariable, die nur dann den Wert 1 annimmt, wenn der Auftrag i dem Fahrzeug j zugeordnet wird

c_{ij} – Kosten der Belieferung von Standort i durch Fahrzeug j

kap_j – Kapazität des Fahrzeugs j

w_i – Kapazitätsinanspruchnahme durch den Auftrag i (Gewicht, Volumen usw.)

Die *Zielfunktion* stellt darauf ab, die bei der Belieferung insgesamt anfallenden Kosten zu minimieren. Aufgrund der Interdependenzen zwischen dem Zuordnungsproblem und dem Reihenfolgeproblem sind die Zielfunktionsparameter c_{ij} nicht im Voraus bekannt, sondern stehen erst dann fest, wenn die Reihenfolgen der Belieferung geplant sind.

$$\min Z = \sum_{i=1}^{n} \sum_{j=1}^{m} c_{ij} \cdot x_{ij}$$

u.d.N.: $\quad \sum_{i=1}^{n} w_i \cdot x_{ij} \leq kap_j \qquad j = 1,...,m$

$\quad \sum_{j=1}^{m} x_{ij} = 1 \qquad i = 1,...,n$

$\quad x_{ij} \in \{0, 1\} \qquad i = 1,...,n;\ j = 1,...,m$

Die *erste Restriktion* besagt, dass bei keinem Fahrzeug die als Gewichts- oder Volumenbeschränkung gegebene Kapazitätsgrenze überschritten werden darf. Die *zweite Restriktion* stellt sicher, dass jeder Auftrag genau einem Fahrzeug zugeordnet wird. Die *Entscheidungsvariablen* x_{ij} sind Binärvariablen, die für jede Kombination von Auftrag und Fahrzeug definiert sind und den Wert 1 annehmen, wenn Auftrag i dem Fahrzeug j zugeordnet wird. Andernfalls weisen sie den Wert 0 auf. Da die Anzahl der bei einer Tourenplanung anzufahrenden Standorte in der Regel nicht größer als zweistellig ist, lässt sich das angegebene Zuordnungsproblem mittels geeigneter Standardsoftware in annehmbarer Rechenzeit exakt lösen, falls die Zielfunktionsparameter bekannt sind.

8.2.4 Travelling Salesman Problem

Ist die Zusammenstellung einer Tour bereits erfolgt, so ist als zweites Teilproblem für jede Tour separat die Reihenfolge zu bestimmen, in der die einzelnen Zielorte angefahren werden sollen. Dabei wird die kürzeste Rundreise gesucht, bei der jeder Ort auf der Tour genau einmal angefahren wird und Ausgangspunkt und Ziel identisch sind. Diese Aufgabenstellung, die auf der Planung der Reihenfolge der Kundenbesuche durch einen Handelsvertreter basiert, wird daher auch als *Travelling Salesman Problem* bezeichnet. Sie lässt sich ebenfalls mithilfe der ganzzahligen linearen Programmierung als lineares Assignment Problem abbilden (vgl. z. B. Kistner 2003, S. 197ff.).

Es seien:

$i, j = 1,...,n$ – Anzahl der anzufahrenden Kundenstandorte

d_{ij} – Entfernung bzw. Kosten zwischen Standort i und Standort j

x_{ij} – Binärvariable; die den Wert 1 annimmt, wenn eine Fahrt von Standort i nach Standort j durchgeführt wird

Durch die Zielfunktion werden die auf der Tour insgesamt zurückgelegten Entfernungen bzw. die zugehörigen Kosten minimiert.

$$\min Z = \sum_{i=1}^{n} \sum_{j=1}^{n} d_{ij} \cdot x_{ij}$$

u.d.N.: $\quad \sum_{i=1}^{n} x_{ij} = 1 \qquad j = 1,...,n$

$\qquad \sum_{j=1}^{n} x_{ij} = 1 \qquad i = 1,...,n$

$\qquad x_{ij} \in \{0, 1\} \qquad i = 1,...,n; \; j = 1,...,n$

Die Restriktionen stellen sicher, dass jeder Ort auf der Tour genau einmal Ausgangspunkt und einmal Ziel einer Fahrt ist. Wenn – wie im zuvor behandelten Beispiel – der Ausgangspunkt der Tour kein Kundenstandort ist, so ist er dennoch als Ausgangspunkt der ersten Fahrt und Ziel der letzten Fahrt in die Tour aufzunehmen. Die Binärvariablen x_{ij} nehmen genau dann den Wert 1 an, wenn eine direkte Fahrt von Standort i nach Standort j durchgeführt wird.

Wie bereits beim Zuordnungsproblem ausgeführt, nimmt auch dieses ganzzahlige lineare Programm für eine realistische Problemgröße Dimensionen an, die es durchaus erlauben, mit Standardsoftware eine optimale Lösung zu bestimmen. Allerdings kann das Problem auftreten, dass die gefundene Lösung aus mehreren unverbundenen Rundreisen, so genannten *Kurzzyklen*, besteht. Dies muss gegebenenfalls durch zusätzliche Restriktionen unterbunden werden.

Alternativ zur Abbildung als ganzzahliges lineares Programm lässt sich das Problem der Tourenplanung auch als *Netzwerk* darstellen und mithilfe graphentheoretischer Methoden lösen. Dabei werden die verschiedenen Standorte als Knoten abgebildet, die Strecken zwischen den Standorten als Kanten und – je nach Zielsetzung – die Entfernungen, Fahrzeiten oder Kosten der Strecken als Kantenbewertungen.

8.3 Weiterführende Literatur

Corsten, H., Gössinger, R.: Produktionswirtschaft, Oldenbourg, München/Wien, 13. Aufl. 2012

Günther, H.-O., Tempelmeier, H.: Produktion und Logistik, Springer, Berlin usw., 6. Aufl. 2005

Zimmermann, H.-J.: Operations Research, Vieweg, Wiesbaden 2005

9 Distributionssysteme und logistische Dienstleistungen

Das Distributionssystem umfasst alle physischen und organisatorischen Einrichtungen, die zur Auslieferung der Produkte eines Unternehmens an die Kunden erforderlich sind. Während Industriegüter meist direkt vom Hersteller an die Kunden ausgeliefert oder sogar mittels Baustellenfertigung beim Kunden erstellt werden, tritt bei standardisierten Konsumgütern das Problem der optimalen Distributionsstruktur auf, durch die eine bestandsarme, reaktionsschnelle und sichere Versorgung der verschiedenen regionalen Märkte erreicht werden soll. Dabei sind Entscheidungen über den Zentralisationsgrad und die Intensität der Zusammenarbeit mit Distributionspartnern zu treffen. Von großer Bedeutung für die Durchführung der Distributionsprozesse ist die adäquate Gestaltung der Verpackungen der Produkte. Weiter wird die Verlagerung von Distributionsaufgaben auf logistische Dienstleister, insbesondere Speditionen, diskutiert.

Leitfragen: Wann ist eine zentrale bzw. dezentrale Distribution vorteilhaft?

Wodurch unterscheiden sich die horizontale und die vertikale Distributionsstruktur?

Welche Vorteile bietet das Distributionskonzept des Efficient Consumer Response?

Welche Funktionen übernehmen Verpackungen im Distributionsprozess?

Was ist bei der Entscheidung über das Outsourcing logistischer Dienstleistungen zu berücksichtigen?

9.1 Organisation der Distribution

9.1.1 Zentralisationsgrad

Eine Grundsatzentscheidung hinsichtlich Organisation des Distributionssystems betrifft seinen *Zentralisationsgrad*. Dabei gelten ähnliche Überlegungen, wie sie bereits in Abschnitt 3.6 bezüglich der Zentralisation von Vorratslagern angestellt worden sind. Eine *zentrale Lagerhaltung* bietet auch bei der Distribution den Vorteil, dass sich Bedarfsschwankungen in verschiedenen Absatzregionen oder bei verschiedenen Produkten tendenziell ausgleichen. Daher reduziert sich der zur Sicherstellung der Lieferfähigkeit erforderliche Lagerbestand gemäß der $\sqrt{n}$-Formel und damit auch die zugehörige Kapitalbindung sowie der Platzbedarf für die Lagerung und die entsprechenden Bestandskosten.

Der wesentliche Vorteil einer *dezentralen Distribution* besteht hingegen in der größeren Kundennähe, die eine schnellere Belieferung zu meist geringeren Transportkosten erlaubt. Daher empfiehlt sich eine zentrale Lagerhaltung vor allem dann, wenn das Unternehmen relativ wenige Kunden hat, die jeweils große Mengen bestellen. Die dezentrale Lagerhaltung sollte hingegen zum Einsatz kommen, wenn vorwiegend Kleinaufträge von zahlreichen verschiedenen Abnehmern eingehen. Weitere Kriterien, die zugunsten einer zentralen bzw. dezentralen Distribution sprechen, sind in Abb. 9.1 zusammengestellt.

	zentrale Distribution	**dezentrale Distribution**
Sortiment	breit	schmal
Lieferzeit	lang	kurz
Wert der Produkte	hoch	gering
Konzentration der Produktionsstätten	eine Quelle	mehrere Quellen
Kundenstruktur	homogen wenige Großkunden	inhomogen viele kleine Kunden
nationale Spezifika	wenige	viele

Abb. 9.1 Zentralisationsgrad der Distribution

9.1.2 Distributionsstrukturen

Die organisatorische Gestaltung eines Distributionssystems umfasst weiter die Festlegung der vertikalen und der horizontalen *Distributionsstruktur*. Mit der vertikalen Distributionsstruktur wird die Anzahl der Distributionsstufen festgelegt, über die der Vertrieb der Produkte läuft. Die horizontale Distributionsstruktur hingegen beschreibt die Anzahl und die räumliche Verteilung der Distributionsstandorte auf jeder Distributionsstufe sowie die als Warehouse Location Problem bezeichnete Zuordnung, welches Absatzgebiet von welchem Distributionslager aus beliefert werden soll.

Wichtige Einflussgrößen bei der Entscheidung über die *horizontale Distributionsstruktur* sind der Abnehmerkreis, das Bestellverhalten der Kunden, die Lage der Produktionsstandorte, die an bzw. zwischen den einzelnen Standorten anfallenden Lagerhaltungs- bzw. Transportkosten sowie die Fixkosten, die mit dem Aufbau und der Unterhaltung eines Standorts verbunden sind.

Bei der Gestaltung der *vertikalen Distributionsstruktur* kann grundsätzlich auf folgende Lagertypen zurückgegriffen werden:

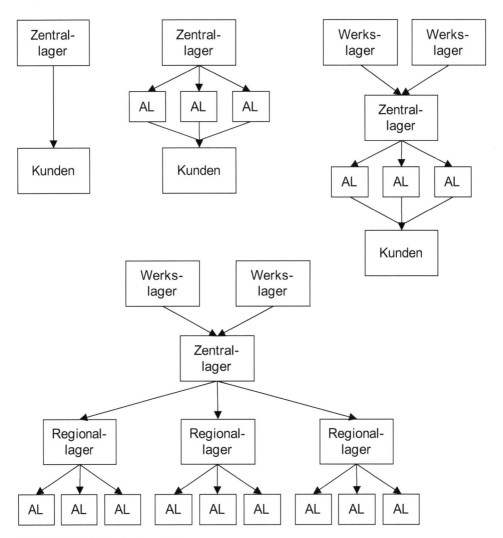

Abb. 9.2 Vertikale Distributionsstrukturen

- Ein *Werkslager* ist direkt bei einer Produktionsstätte angesiedelt. Es nimmt das vor Ort hergestellte Warensortiment auf und dient im Wesentlichen dem kurzfristigen Mengenausgleich, d. h. der Speicherung von Waren bis zum Erreichen der wirtschaftlichen Transportlosgröße, die einen Transport in das Zentrallager auslöst.

- Das *Zentrallager* ist die dem Werkslager direkt nachgeordnete Lagerstufe. Auch wenn sich Werkslager und Zentrallager physisch am selben Standort befinden, kann eine organisatorische Trennung sinnvoll sein. Ein Zentrallager dient der Belieferung eines relativ großen Vertriebsgebiets mit dem gesamten Warensortiment. Bei einer zentralisierten Distribution erfolgt die Lieferung aus dem Zentrallager direkt an die Kunden, bei dezentraler Distribution an die nachgeordnete Lagerstufe. Üblicherweise sind in einem Distributionssystem nur wenige Standorte für Zentrallager vorgesehen.

- Ein *Regionallager* dient als Puffer zwischen der Produktion und dem Absatzmarkt in einer bestimmten Region. Dadurch entlastet es die Bestandshaltung der vor- und nachgelagerten Distributionsstufen und stellt gleichzeitig eine schnelle Bedarfsbefriedigung sicher. Das Regionallager wird aus dem Werkslager oder dem Zentrallager beliefert und liefert seinerseits an Auslieferungslager oder an die Kunden. Häufig wird in einem Regionallager nur der Teil des Sortiments vorgehalten, der regelmäßig einen hohen Umschlag aufweist.

- *Auslieferungslager* sind die letzte Stufe des werksbezogenen Distributionssystems, sie übernehmen sie kurzfristige Belieferung von Großkunden oder auch Endkunden. Ihre Funktion besteht in der Vereinzelung der Waren in abnehmergerechte Mengen. Dazu sind sie dezentral über das gesamte Verkaufsgebiet verteilt und bestimmten Verkaufsbezirken zugeordnet. In der Regel werden nur die absatzstärksten Produkte über Auslieferungslager verteilt.

Abb. 9.2 zeigt verschiedene Möglichkeiten zur Gestaltung der vertikalen Distributionsstruktur. Angesichts der Tendenzen zur kundenorientierten Fertigung und zur Just in Time-Belieferung ist das vierstufige Distributionssystem, in dem sämtliche Lagertypen vertreten sind, allerdings als Ausnahme anzusehen.

9.2 Efficient Consumer Response

Ein auf dem Just in Time-Prinzip aufbauendes neueres Distributionskonzept ist das *Efficient Consumer Response* (ECR). Es wurde 1992 vom amerikanischen Food Marketing Institute als Projekt zur Verbesserung der Beziehungen von Industrie und Handel initiiert. Sein Ziel ist die Steigerung der Effizienz im Distributionsprozess durch eine auf weitgehende Kooperation und informationstechnische Integration angelegte Verknüpfung der Wertschöpfungsketten dieser beiden Bereiche.

Während bei der klassischen Distribution mehrere Lagerhaltungsstufen – teils beim Hersteller, teils beim Handel – zwischen der Produktion und dem Endverbraucher stehen, erfolgt bei Efficient Consumer Response im Idealfall eine direkte Belieferung des Einzelhandels mit den Just in Time produzierten Abverkaufsmengen der letzten Periode, d. h. die verschiedenen Lagerhaltungsstufen werden nicht nur konzeptionell, sondern auch physisch zu einem einzigen Lager mit dementsprechend stark reduzierten Bestandsmengen zusammengefasst (vgl. Abb. 9.3).

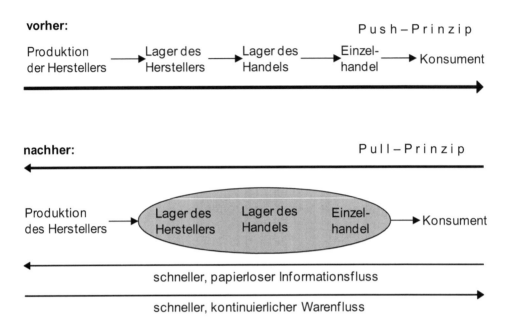

Abb. 9.3 Efficient Consumer Response

Um eine solche schnelle und bedarfsgerechte Belieferung zu erreichen, müssen die Beteiligten die folgenden *Voraussetzungen* schaffen:

- Um Zeitverluste bei der Bearbeitung von Bestellungen zu vermeiden, ist eine enge *informationstechnische Verknüpfung* der beteiligten Unternehmen erforderlich, die einen schnellen, papierlosen Informationsfluss ermöglicht. Diese kann über den Austausch genormter Daten zwischen den Computersystemen der Partner bis hin zur Integration der Datenbestände in ein einheitliches, unternehmensübergreifendes Informationssystem mit differenzierten Zugriffsrechten gehen. Hierfür müssen in der Regel Investitionen in neue Informationstechnologien, leistungsfähige Schnittstellen und die benötigte Software getätigt werden. Außerdem muss die Sicherheit der Datenbestände und des Informationsaustauschs gewährleistet werden.

- Die Steuerung des Warenflusses muss sich weg vom vorher vorherrschenden Push-Prinzip und hin zum *Pull-Prinzip*, das aus dem Just in Time-Konzept stammt, orientieren. Das heißt, dass nicht mehr der Hersteller seine nach einem zuvor festgelegten Produktionsplan erzeugten Waren durch das Lager des Handels in die Regale drückt, wodurch es zu unverkäuflichen Warenbeständen kommen kann, sondern dass sich die Produktion an den z. B. mithilfe von Scanner-Kassen ermittelten Kundenwünschen ausrichtet. Von regelmäßig benötigten Standardprodukten wird genau das produziert und geliefert, was in der letzten Periode verkauft wurde, so dass die Regale wieder auf den zuvor bestimmten Sollbestand aufgefüllt werden.

- Im Idealfall, der auch als *Vendor Managed Inventory* (VMI) bezeichnet wird, wird nicht nur die Beziehung Hersteller – Händler, sondern die gesamte Wertschöpfungskette bis hin zu den Zulieferern des Herstellers durch die Auswertung der an der Ladenkasse registrierten Verkäufe gesteuert.

- Zur Sicherstellung eines schnellen, kontinuierlichen Warenflusses muss auch die *Logistikkette* optimiert werden. Dies bedeutet, dass nach dem Just in Time-Prinzip die Lagerbestände stark reduziert werden, um Kundenwünsche schneller erfüllen zu können (Quick Response). Weiter kann sich das Outsourcing von zuvor von den Beteiligten selbst erbrachten Logistikleistungen an spezialisierte Dienstleister (vgl. Abschnitt 9.4) als vorteilhaft erweisen.

- Grundvoraussetzung und damit häufiges Hindernis für den Erfolg von Efficient Consumer Response ist eine auf gegenseitigem Vertrauen basierende neue *Kooperationskultur*. Die beteiligten Unternehmen müssen bereit sein, eine langfristig angelegte Wertschöpfungspartnerschaft einzugehen und bislang als vertraulich angesehene unternehmensinterne Daten offen zu legen.

Insgesamt ergibt sich bei der Einführung von Efficient Consumer Response ein *Einsparpotential* in Höhe von 5-10 % der Logistikkosten, das die Beteiligten untereinander aufteilen können und das sich zusätzlich auch in Form geringerer Preise zum Nutzen der Kunden auswirken kann. Darüber hinaus wird durch eine schnellere und stärker an den Kundenwünschen orientierte Belieferung des Handels auch die für die Kundenzufriedenheit wichtige Servicequalität erhöht.

9.3 Verpackungen

9.3.1 Arten von Verpackungen

Von großer Bedeutung für die Durchführung logistischer Prozesse, vor allem in der Distributionslogistik, ist die angemessene Verpackung der Logistikgüter (vgl. zum Folgenden insbesondere Isermann 1996, 1998). Als *Verpacken* bezeichnet man die teilweise oder vollständige Umhüllung von Gütern unter Einsatz von Packstoffen. *Packstoff* ist der Oberbegriff für Packmittel und Packhilfsmittel, die zusammen die Verpackung bilden. Als Packstoffe kommen vor allem Papier, Pappe in Form von Wellpappe oder Vollpappe, verschiedene Arten von Kunststoffen, Metalle, Glas oder Holz in Betracht.

Packmittel sind z. B. Becher, Dosen, Gläser, Tuben, Fässer, Säcke, Beutel, Flaschen, Schachteln, Kisten usw., die das Packgut so umschließen und zusammenhalten, dass es versand-, lager- und verkaufsfähig ist. Abb. 9.4 zeigt einige Beispiele für Packmittel aus Holz, Pappe und Kunststoff, die häufig zur Verpackung von lose verkauftem Obst und Gemüse eingesetzt werden.

Packhilfsmittel sind z. B. Klebestreifen, Etiketten, Schutzpolster usw., die zum Verschließen, Öffnen, Sichern oder Kennzeichnen der Verpackung dienen. Das Ergebnis des Verpackens ist eine *Packung*, die aus dem Packgut und seiner Verpackung besteht.

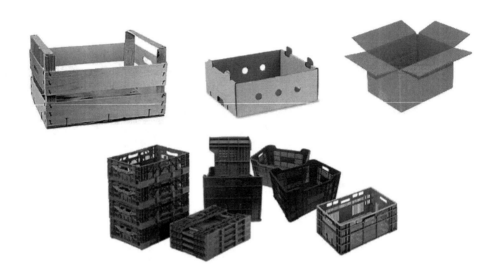

Abb. 9.4 Packmittel

Nach der Größe bzw. der logistischen Stellung der Verpackung lassen sich folgende Verpackungsarten unterscheiden:

- Die *Verkaufsverpackung* ist die kleinste Verpackungseinheit, die eine für den Endkunden bedarfsgerecht portionierte Menge des Packguts enthält. Sie wird vom Endkunden für den Transport und zur Aufbewahrung des Verkaufsguts bis zu dessen Verwendung genutzt.

- In einer *Sammel-* bzw. *Umverpackung* wird eine handelsübliche Anzahl von Verkaufsverpackungen, die üblicherweise der Mindestbestellmenge entspricht, gebündelt. Im Selbstbedienungs-Einzelhandel dient die Umverpackung häufig gleichzeitig zur Warenpräsentation, d. h. die Ware wird in der aufgeschnittenen Umverpackung in das Regal gestellt.

- Die *Transportverpackung* dient dem Schutz des Packguts beim Transport. Sie ist so zu gestalten, dass die Handhabungs-, Lagerungs- und Beförderungsprozesse innerhalb der logistischen Kette möglichst rationell abgewickelt werden können. In einer Transportverpackung werden in der Regel mehrere Verkaufs- oder Umverpackungen zusammengefasst. Eine Sonderform der Transportverpackung ist die *Modulverpackung*, deren Abmessungen sich so von den Maßen der Euro-Palette ableiten lassen, dass eine lückenlose Abdeckung der Grundfläche und damit eine gute Raumausnutzung möglich ist (vgl. auch Abschnitt 4.3).

Weiter lassen sich nach der Häufigkeit der Nutzung Einweg- und Mehrwegverpackungen unterscheiden.

- *Einwegverpackungen*, für die in Abb. 9.4 oben Beispiele aus dem Bereich der Transportverpackungen dargestellt sind, müssen bereits nach einmaliger Nutzung entsorgt werden (vgl. Abschnitt 10.2).

- *Mehrwegverpackungen* hingegen, wie in Abb. 9.4 unten gezeigt, können ihre Verpackungsfunktion mehrfach erfüllen. Je nach Material sind z. B. bei Getränkekisten bis zu 50 Umläufe möglich. Damit ein mehrfacher Einsatz eines Behälters erfolgen kann, muss dieser eine ausreichende Stabilität bzw. Haltbarkeit aufweisen, was in der Regel mit größerem Materialeinsatz und höheren Kosten als bei Einwegverpackungen verbunden ist. Darüber hinaus stellt der Einsatz von Mehrwegverpackungen zusätzliche Anforderungen an die Logistik, da eine Verwaltung des Behälterkreislaufs sowie der Transport und die Lagerung von Leerbehältern erforderlich sind (vgl. Abschnitt 10.4).

9.3.2 Anforderungen an Verpackungen

Aus verschiedenen Perspektiven werden vielfältige *Anforderungen* an die Verpackung gestellt. Diese sind bei der Gestaltung bzw. Auswahl einer Verpackungsart angemessen zu berücksichtigen:

1. Packgutbezogene Anforderungen

Aus der Perspektive des Packguts hat die Verpackung in erster Linie eine *Schutzfunktion*. Die Verpackung soll in folgenden Dimensionen Schutz bieten:

- *Quantitativer Schutz* des Packguts bedeutet, dass die Verpackung aufgrund ihrer Behälterfunktion und gegebenenfalls mithilfe ihrer Verschlusstechnik sicherstellt, dass beim Packgut keine Mengenreduktion durch Auslaufen oder durch Diffusion in die Luft eintritt.

- Daneben schützt die Verpackung aufgrund des Materials und der Stärke des Packstoffs die *Qualität* des Packguts vor schädlichen klimatischen, chemischen, biotischen und anderen Einflüssen.

- Aus umgekehrter Perspektive leistet die Verpackung einen Beitrag zum *Schutz der Umwelt* vor dem Packgut, was vor allem bei Chemikalien und anderen Gefahrgütern eine große Rolle spielt.

- Schließlich muss die Verpackung bei potentiell schädlichen Stoffen, z. B. Putz- oder Arzneimitteln, auch die Funktion der *Kindersicherung* übernehmen.

2. Anforderungen des Verpackungsprozesses

- Wird das Verpacken *manuell* durchgeführt, so ist dies mit keinen nennenswerten Einschränkungen hinsichtlich der Art der Verpackung verbunden. Es ist allenfalls darauf zu achten, die Verpackung so zu gestalten, dass eventuelle Rationalisierungspotentiale erschlossen werden.

- Bei einem *maschinellen Verpackungsprozess* hingegen bestehen zum Teil erhebliche Restriktionen in Bezug auf die eingesetzten Packstoffe, die Stärke des Verpackungsmaterials, die Abmessungen und die Verschlusssysteme.

3. Logistische Anforderungen

- Aus logistischer Sicht stehen die Möglichkeit des sicheren und rationellen Transports des Packguts sowie die *Rationalisierung* der Umschlagprozesse im Vordergrund der Anforderungen an die Verpackungsgestaltung. Beides lässt sich z. B. durch standardisierte Behälter, die in automatischen Fördereinrichtungen transportiert und umgeschlagen werden können, erreichen.

- Die Verpackung soll weiter das Packgut während der logistischen Prozesse gegen *Diebstahl* schützen. Dies lässt sich durch die Auswahl und die Stärke des Verpackungsmaterials erreichen.

- Weiter ist ein Schutz des Packguts vor zu hohen *mechanischen Beanspruchungen* erforderlich. Dazu sind bei der Verpackungsgestaltung z. B. Staudruckberechnungen und Materialprüfungen vorzunehmen.

- Da das Gewicht der Verpackung die mögliche Zuladung des Packguts bei einem Fördermittel reduziert, ist auf ein möglichst *geringes Eigengewicht* (Tara) der Verpackung zu achten.

- Auch die *Raumausnutzung* im Fördermittel spielt eine große Rolle bei der Entscheidung für eine Verpackung. Diese Anforderung führt z. B. tendenziell zu einer Bevorzugung von rechteckigen gegenüber runden Verpackungen (Tetrapack statt Flasche, Rechteck- statt Rundtrommel).

- Weiter hat die Verpackung eine *Identifikationsfunktion*. Durch eine gut sichtbare oder auch maschinell lesbare Angabe des Inhalts einer Verpackung werden Umschlag- und Kommissioniervorgänge erleichtert.

4. Anforderungen der Wertschöpfungspartner

Aus Sicht jedes einzelnen an der logistischen Kette Beteiligten soll die Verpackung dazu beitragen, dass sich die Gesamtleistung bzw. sein Anteil daran möglichst wirtschaftlich erbringen lässt. Dazu ist es wichtig, dass diejenigen Bestandteile der Verpackung, von denen die Kosten wesentlich abhängen, identifiziert werden. Anschließend kann versucht werden, diese *Kostentreiber* möglichst kostengünstig zu gestalten.

9.3 Verpackungen

5. Akquisitorische Anforderungen

Aus der Perspektive des Marketings soll die Gestaltung der Verpackung den Aufbau von eindeutig wahrnehmbaren, von der Konkurrenz differenzierten *Produktpersönlichkeiten* erlauben und damit einen Beitrag zum Markterfolg des Produkts leisten. Dies lässt sich erreichen, indem die Verpackung z. B. durch eine auffallende Formgebung, Farbgestaltung oder Beschriftung implizit als Werbeträger für das Produkt eingesetzt wird. Diese Anforderungen stehen häufig in einem gewissen Zielkonflikt zu den logistischen Anforderungen und zum Ziel der Kostenreduktion, aber auch zu den umweltbezogenen Anforderungen an die Verpackung.

6. Verwendungsbezogene Anforderungen

- Aus Sicht des Produktverwenders steht eine möglichst *einfache Handhabung* der Verpackung bzw. des verpackten Produkts im Vordergrund. Dazu zählen ein einfacher und sicherer Öffnungsmechanismus, die Möglichkeit, die Verpackung zum Erhalt der Warenqualität wieder zu verschließen und die problemlose Entnahme des gesamten Produktinhalts.

- Umweltbewusste Produktverwender legen auch Wert auf die *Wiederverwendbarkeit* zumindest von aufwändig gestalteten Verpackungen, so dass für die zugehörigen Produkte Nachfüllverpackungen auf den Markt gebracht werden müssen.

7. Umweltanforderungen

Schließlich kommt auch von Seiten des Umweltschutzes eine Reihe von Anforderungen auf die Verpackungsgestaltung zu:

- Grundsatz einer umweltverträglichen Verpackung ist ein sparsamer Umgang mit den knappen natürlichen *Ressourcen*. Dies lässt sich insbesondere durch eine materialsparende Verpackungskonstruktion erreichen.

- Die *gesetzlichen Vorschriften* für den Bereich der Verpackungen – insbesondere die Verpackungsverordnung und das Kreislaufwirtschaftsgesetz – verpflichten die Hersteller und den Handel, Produktverpackungen von den Endverbrauchern zurückzunehmen, soweit kein entsprechendes Entsorgungs- und Verwertungssystem verfügbar ist. Die Rücknahme und die Rückgewinnung der in Verkaufsverpackungen enthaltenen Wertstoffe werden seit 1990 durch das Duale System Deutschland (DSD) organisiert. Für Sammel- und Umverpackungen existieren weitere Rücknahmesysteme.

- Um eine weitgehende Verwertung der Wertstoffe zu erreichen, ist es vorteilhaft, wenn Verpackungen nur aus *einem oder wenigen Stoffen* bestehen und diese eindeutig gekennzeichnet sind.

- Weitere Verbesserungen hinsichtlich der Umweltverträglichkeit von Verpackungen lassen sich erzielen, wenn möglichst *umweltverträgliche Stoffe* verwendet werden, auf unnötige Mehrfachverpackung verzichtet wird und bevorzugt Mehrwegverpackungen mit möglichst hoher Umlaufzahl eingesetzt werden. Ein gutes Beispiel für eine solche standardisierte, poolfähige Mehrwegverpackung sind Pfandflaschen und -kisten für Erfrischungsgetränke. Allerdings ist zu berücksichtigen, dass diese Flaschen wegen ihres größeren Gewichts vor allem bei langen Transportstrecken einen erheblichen Mehrverbrauch an Kraftstoff erfordern, so dass im Einzelfall eine Abwägung der ökologischen Vorteilhaftigkeit erfolgen sollte.

Gegenstand der *Verpackungsgestaltung* ist die Generierung, Bewertung und Auswahl von Verpackungsalternativen unter Berücksichtigung der zuvor genannten Anforderungen bzw. der ihnen zugrunde liegenden Zielsetzungen. Dabei handelt es sich um ein schlecht strukturiertes Entscheidungsproblem mit mehrfachen, zum Teil konfliktären Zielen, die teilweise explizit verfolgt und teilweise in Form von Anspruchsniveaus formuliert werden. In der Regel existieren für ein bestimmtes Verpackungsproblem mehrere Lösungen, die sich nach der Art, Menge und Kombination der eingesetzten Packstoffe und durch die konstruktive und optische bzw. ästhetische Gestaltung der Packmittel unterscheiden. Dabei ist nicht nur die isolierte Lösung eines Teilproblems, sondern eine Abstimmung von Verkaufsverpackung, Umverpackung, Transportverpackung und Ladungsträgern im logistischen System vorzunehmen.

9.4 Logistische Dienstleistungen

Logistische Prozesse sind aufgrund ihrer Immaterialität und ihres starken Kundenbezugs zu einem großen Teil als Dienstleistungen anzusehen. Dienstleistungen weisen die folgenden Eigenschaften auf (vgl. Steven 2007a, S. 24f.):

- Im Gegensatz zu materiellen Sachgütern sind Dienstleistungen *immaterieller Natur*, d. h. sie sind stofflich nicht fassbar.

- Dienstleistungen können *nicht auf Vorrat* produziert und gelagert werden, so dass die Produktion wesentlich stärker auf Nachfrageschwankungen abgestimmt werden muss als dies bei Sachgütern der Fall ist.

- Aus der mangelnden Lagerfähigkeit folgt, dass eine Dienstleistung grundsätzlich in dem Moment erbracht werden muss, in dem sie nachgefragt wird (*uno-actu-Prinzip*).

- Weiter sind Dienstleistungen typischerweise in weit stärkerem Maß auf die *individuellen Anforderungen* des Auftraggebers zugeschnitten als Sachgüter. Oft ist sogar die aktive Mitwirkung des Auftraggebers bei der Leistungserstellung erforderlich, um die gewünschte Leistung, z. B. einen Transport, entstehen zu lassen. Daraus ergibt sich gleichzeitig das Problem, dass sich die Qualität einer Dienstleistung nicht eindeutig bestimmen lässt. So hängt beim Unterricht das Lernergebnis nicht nur von der Leistung des Lehrers, sondern auch von den Fähigkeiten und der Anstrengung des Schülers ab.

- Schließlich kommt bei der Produktion von Dienstleistungen zusätzlich zu den internen Produktionsfaktoren, die vom Unternehmen im Voraus beschafft und weitgehend unab-

9.4 Logistische Dienstleistungen

hängig disponiert werden können, der vom Auftraggeber bereit gestellte *externe Faktor* zum Einsatz, an dem die Dienstleistung vollzogen werden soll. Bei logistischen Dienstleistungen ist dies das Logistikobjekt.

Die in Abschnitt 1.4 dargestellten grundlegenden Logistikprozesse Transport, Umschlag und Lagerung sind typische *primäre logistische Dienstleistungen*. Abb. 9.5 verdeutlicht den Dienstleistungscharakter von Logistikleistungen aus drei Perspektiven.

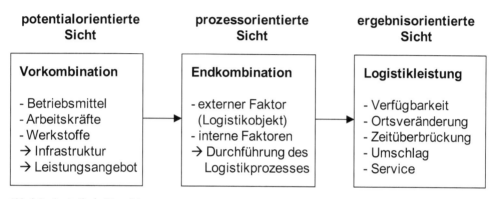

Abb. 9.5 Logistik als Dienstleistung

- Aus *input- bzw. potentialorientierter Sicht* steht die Vorkombination im Vordergrund. Diese stellt bei logistischen Dienstleistungen eine bestimmte Infrastruktur und auf diese Infrastruktur abgestimmten Leistungen bereit. So stellt z. B. eine auf Kühltransporte spezialisierte Spedition ihre Fahrzeugflotte für die Durchführung von Transportleistungen bereit.

- In *prozessorientierter Sicht* steht die Durchführung von logistischen Tätigkeiten im Vordergrund. Bei der Endkombination wird das Logistikobjekt als externer Faktor mit weiteren internen Produktionsfaktoren kombiniert. Bei der Durchführung eines Kühltransports werden z. B. die zu transportierenden Güter mit Arbeitsleistungen des Spediteurs und Verbrauchsfaktoren wie Treibstoff kombiniert.

- Die *ergebnisorientierte Sicht* betont die Logistikleistung als Ergebnis der Durchführung eines Logistikprozesses. Diese Leistung besteht vor allem in der Veränderung der logistischen Verfügbarkeit des Logistikobjekts sowie in zusätzlichen Serviceleistungen. Das Ergebnis eines Kühltransports ist die Ortsveränderung, die durch den Transportprozess bewirkt wird.

Neben die primären Logistikfunktionen Transport, Umschlag und Lagerung tritt eine Reihe von sekundären logistischen Dienstleistungen bzw. *logistischen Zusatzleistungen*. Dazu zählen z. B. Verkaufsförderung, Regalservice, Inkassoaufgaben, Informationsservice, Kundendienst, Versicherungsangebote, Zollabfertigung und weitere Servicekomponenten, die häufig einen wesentlichen Teil des wahrgenommenen Nutzens einer Logistikleistung ausmachen.

Darüber hinaus werden vielfach Sachleistungen und logistische Dienstleistungen zu *Leistungsbündeln* verknüpft. Dies ist z. B. der Fall, wenn ein Hersteller neben der Auslieferung seiner Produkte auch die Schulung der Mitarbeiter, die spätere Wartung und den Ersatzteilservice anbietet. Logistische Dienstleistungen und daraus resultierende Leistungsbündel können somit als Instrumente zur Erhöhung des Kundennutzens und zur verstärkten Kundenbindung eingesetzt werden.

Grundsätzlich lassen sich logistische Dienstleistungen durch die folgenden vier Dimensionen charakterisieren:

- Der *Leistungsumfang* beschreibt die Art und das Ausmaß der vereinbarten Logistikdienstleistungen.

- Die *räumliche Dimension* wird durch die geografische Lage und die Größe von Quell- und Zielgebiet der logistischen Leistung bestimmt.

- Die *Anforderungen der Logistikobjekte* werden insbesondere durch Kriterien wie Volumen, Gewicht, Aggregatzustand und Empfindlichkeit determiniert.

- Für das *Serviceniveau* sind vor allem Kriterien wie die Geschwindigkeit und die Zuverlässigkeit der Durchführung der Logistikprozesse von Bedeutung.

Grundsätzlich können logistische Leistungen von einem Unternehmen selbst erbracht oder an spezialisierte externe Dienstleister vergeben werden. Es handelt sich somit um eine *Make or Buy-Entscheidung*, deren Ziel eine optimale Arbeitsteilung innerhalb einer logistischen Kette ist. Für eine Fremdvergabe von Logistikleistungen sprechen insbesondere folgende Argumente:

- Da der Logistikdienstleister im Gegensatz zu einem Produktionsunternehmen in Bezug auf die logistische Dienstleistung über die erforderlichen Kernkompetenzen verfügt, ist bei Auslagerung der Leistung eine höhere *Servicequalität* zu erwarten. Weiter weist er in der Regel ein breiteres Leistungsspektrum auf und kann daher flexibler auf veränderte Leistungsanforderungen reagieren.

- Da das Produktionsunternehmen bei Auslagerung keine Kapazitäten für die logistischen Dienstleistungen vorhalten muss, reduziert sich der Kapitalbedarf und die zugehörigen *Fixkosten* werden abgebaut bzw. flexibilisiert.

- Da sich der Logistikdienstleister auf seine spezifischen Leistungen konzentriert und spezialisiert, entstehen bei ihm effizienz- und größenbedingte *Skalen- und Kostenvorteile*, die er teilweise über seine Preise an die Nachfrager der Dienstleistungen weitergeben kann.

- Kostenvorteile entstehen weiterhin, wenn die Mitarbeiter, die die logistische Dienstleistung erbringen, beim Unternehmen selbst durch *unterschiedliche Tarifverträge* bedingt höher entlohnt werden müssten als beim Dienstleistungsunternehmen.

Bei der Auslagerung von Logistikleistungen lassen sich verschiedene *Entwicklungsstufen* unterscheiden:

- *Second Party Logistics* (2PL) bedeutet, dass die zur Überbrückung der Distanz zwischen Hersteller und Kunden erforderlichen Logistikleistungen von einem Transport- oder Speditionsunternehmen erbracht werden. Der Leistungsumfang beschränkt sich dabei in der Regel auf die klassischen TUL-Leistungen Transport, Umschlag und Lagerung und wird meist auftragsbezogen definiert.

- Bei *Third Party Logistics* (3PL) erbringt ein Logistikdienstleister zusätzliche logistische Dienstleistungen, die über das traditionelle Betätigungsfeld der TUL-Prozesse hinausgehen, z. B. Beratungsleistungen, Cross Docking, Sendungsverfolgung, Auswahl von Transportunternehmen für spezielle Anforderungen. Dies kann bis hin zur Übernahme der gesamten logistischen Abwicklung einschließlich der Betreuung der Endkunden gehen. Wesentlich ist die Reduktion von Schnittstellen und Ansprechpartnern, die durch die Konzentration auf einen Logistikdienstleister erfolgt.

- Als *Fourth Party Logistics* (4PL) wird die Steuerung der gesamten Lieferkette eines Unternehmens bezeichnet, die neben der Distributionslogistik auch Beschaffungsaktivitäten umfasst. Der Fourth Party Logistics Provider hält in der Regel keine eigenen Transport- und Lagerkapazitäten vor, sondern wählt für die anstehenden Aufgaben die geeigneten Logistikleistungen aus einer Vielzahl geeigneter Dienstleistungsanbieter aus. Sein Aufgabenschwerpunkt liegt im Bereich der Logistikplanung und der Gestaltung von Geschäftsprozessen sowie bei der Modellierung logistischer Netzwerke. Ein 4PL Provider mit eigenen operativen Kapazitäten wird auch als Lead Logistics Provider (LLP) bezeichnet.

9.5 Speditionen

Da Speditionsleistungen nach wie vor den Kernbereich der logistischen Dienstleistungen darstellen, werden nachfolgend *Speditionen* und ihre Aktivitäten genauer betrachtet. Die Grundlagen des Speditionsgeschäfts sind in den §§ 453ff. des Handelsgesetzbuchs (HGB) geregelt. Danach verpflichtet ein Speditionsvertrag den Spediteur, die Versendung eines Gutes zu besorgen, und den Versender, dafür die vereinbarte Vergütung zu zahlen. Speditionen lassen sich wie in Abb. 9.6 dargestellt klassifizieren, wobei jeweils nur die wichtigsten Ausprägungen genannt werden.

Nach dem genutzten *Verkehrsträger* unterscheidet man Kraftwagenspeditionen, Luftfrachtspeditionen, Seefrachtspeditionen und Binnenschifffahrtsspeditionen. Aus *funktionsorientierter Sicht* ergibt sich eine Einteilung in die Durchführung von Sammelgutverkehren, von Kurier-, Express- und Paket-Diensten (KEP-Diensten) und die Distributionslagerei. In Bezug auf den *Standort* bzw. das regionale Tätigkeitsfeld liegt entweder eine Binnenumschlagsspedition oder eine Seefrachtspedition vor. Nach der Art der beförderten *Güter* differenziert man in Textilspeditionen, Lebensmittelspeditionen, Möbelspeditionen usw. Schließlich werden in

Abhängigkeit von den bedienten *Relationen* Relationsspeditionen, die nur auf einer bestimmten Strecke fahren, Regionalspeditionen, die ein bestimmtes Gebiet abdecken, und international tätige Speditionen unterschieden.

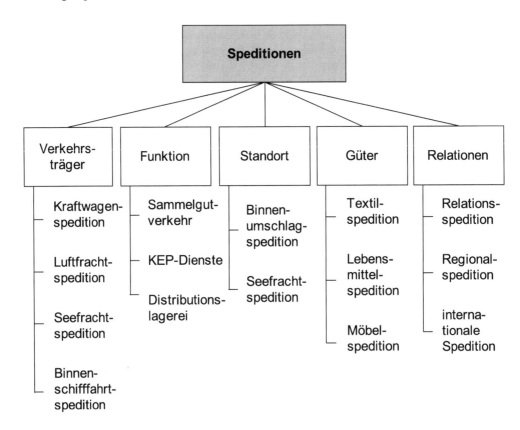

Abb. 9.6 Klassifikation von Speditionen

Das *Leistungsspektrum* von Speditionen lässt sich wie folgt beschreiben (vgl. Isermann 1998, S. 35ff; Ihde 2001, S. 229).

- Zu den *speditionellen Kernleistungen* gehören die Planung und Steuerung von Transportvorgängen, die Auswahl von Verkehrsträgern und -mitteln für die vorliegenden Transportaufträge, der Abschluss von Frachtverträgen und das Erstellen der Transportdokumente.

- Die *logistischen Kernleistungen* des Speditionsgeschäfts sind die klassischen logistischen Kernprozesse Transport, Umschlag und Lagerung.

- Diese werden ergänzt um *logistische Zusatzleistungen* wie die Sortierung, die Kommissionierung, das Verpacken oder die Kennzeichnung von Transportgütern.

- Daneben spielen *logistische Informationsleistungen* wie die Sendungsverfolgung, die Materialdisposition, die Lagerverwaltung, das Bestandsmanagement und die Auftragsabwicklung eine große Rolle.

- Schließlich bieten Speditionen eine Reihe von *nichtlogistischen Zusatzleistungen* an, durch die der dem Kunden gebotene Service vervollständigt wird. Hierzu zählen z. B. die Verzollung der Ware beim Grenzübertritt, die Versicherung des Warenwerts und teilweise sogar die Kreditierung des Verkaufserlöses während des Transports, die Übernahme von Montagetätigkeiten beim Kunden, der Regalservice im Handel, Kundendienstaktivitäten und Beratungsaktivitäten.

Alle diese Leistungen können als Einzelleistungen oder – wie oben bereits ausgeführt – als Leistungsbündel in standardisierter Form oder kundenindividuell angeboten werden, wobei eine starke Tendenz zur Individualisierung besteht. Die Bedeutung von Speditionen wird erkennbar, wenn man ihren Anteil am Gütertransport betrachtet. Die Einschaltquote von Speditionen beträgt:

80 % im Straßengüterverkehr

98 % im Luftfrachtverkehr

10 % in der Binnenschifffahrt

20 % des Nicht-Massengutaufkommens im Eisenbahnverkehr

70 % des Nicht-Massengutaufkommens im Seeverkehr

Bereits seit Jahren besteht aufgrund der zunehmenden nationalen und internationalen Arbeitsteilung eine starke Tendenz zur immer weiteren Steigerung des Transportaufkommens. Daher ist die Logistik grundsätzlich als eine Zukunftsbranche anzusehen.

9.6 Weiterführende Literatur

Ihde, G. B.: Transport, Verkehr, Logistik, Vahlen, München, 3. Aufl. 2001

Isermann, H.: Verpackung, in: Kern, W., Schröder, H.-H., Weber, J. (Hrsg.), Handwörterbuch der Produktionswirtschaft, Schäffer-Poeschel, Stuttgart, 2. Aufl. 1996, Sp. 2162-2182

Schröder, H.: Praktiken zur Steigerung der Effektivität und der Effizienz in der Distribution, in: Wirtschaftswissenschaftliches Studium 41, 2012, S. 120-126

10 Reverse Logistics

Gegenstand von Reverse Logistics bzw. der Entsorgungslogistik im weiteren Sinne sind solche Materialflüsse, die entgegengesetzt zu der klassischen, parallel zum Fluss der betrieblichen Wertschöpfung ausgerichteten Versorgungslogistik verlaufen. Die effiziente Gestaltung und das integrierte Management dieser Materialflüsse und der zugehörigen Informationsflüsse ist eine wesentliche Voraussetzung für die Schließung von Stoffkreisläufen und damit zur Unterstützung einer nachhaltigen Wirtschaftsweise.

Zunächst wird ein Überblick über die Entwicklung und die grundsätzliche Bedeutung des Bereichs Reverse Logistics gegeben. Rückwärts gerichtete Materialflüsse treten in drei Teilbereichen von Reverse Logistics auf: Die Entsorgungslogistik im engeren Sinne befasst sich mit der Rückführung, Behandlung und Beseitigung von Rückständen aus Produktions- und Konsumprozessen. Die Retourenlogistik ist für die Rückführung von nicht abgesetzten oder nicht benötigten Waren und Materialien zu ihren Lieferanten zuständig. Gegenstand der Behälterlogistik ist das Handling von Mehrwegbehältern in einer mehrstufigen Lieferkette.

Leitfragen: Wodurch unterscheiden sich die Versorgungslogistik und die Entsorgungslogistik?

In welchem Verhältnis stehen die Entsorgungslogistik im engeren und im weiteren Sinn?

Welches sind die entsorgungslogistischen Grundprozesse?

In welchem Verhältnis stehen ökonomische und ökologische Ziele bei den einzelnen Teilbereichen von Reverse Logistics?

10.1 Entwicklung von Reverse Logistics

Die Logistik als Querschnittsfunktion koordiniert und unterstützt die traditionellen güterwirtschaftlichen Grundfunktionen Beschaffung, Produktion und Absatz. Sie muss einerseits durchgängige bereichs- und unternehmensübergreifende Material- und Informationsflüsse sicherstellen und hat andererseits die spezifischen Anforderungen der einzelnen güterwirtschaftlichen Funktionen zu berücksichtigen. Um dem letzten Aspekt gerecht werden zu können, erfolgt eine funktionale Aufteilung in Beschaffungs-, Produktions- und Distributionslogistik, die zusammen auch als *Versorgungslogistik* bezeichnet werden. Mit dieser Bezeichnung verbindet sich eine eindeutige Vorstellung über die *Fließrichtung* des Materials, welche

10.1 Entwicklung von Reverse Logistics

dem Ablauf der Wertschöpfungsaktivitäten folgend von den Lieferanten zu den Kunden führt.

Darüber hinaus treten jedoch auch Materialflüsse auf, die diesem Wertschöpfungsprozess entgegen gerichtet von den Kunden in Richtung der Lieferanten verlaufen (vgl. nochmals Abb. 1.8). Logistikaktivitäten, die im Zusammenhang mit solchen rückwärts gerichteten Materialflüssen stattfinden, werden unter dem Begriff *Reverse Logistics* zusammengefasst. Die Betriebswirtschaftslehre befasst sich seit Mitte der 1990er Jahre verstärkt mit Reverse Logistics und den in diesem Bereich bestehenden Kostensenkungspotentialen. Dabei lassen sich zwei Auffassungen unterscheiden (vgl. Steven/Tengler/Krüger 2003):

- Einerseits wird der Begriff Reverse Logistics in einer engen Auffassung synonym zur Entsorgungslogistik im engeren Sinn verwendet. *Entsorgung* als die vierte güterwirtschaftliche Teilfunktion bezeichnet die Gesamtheit aller Tätigkeiten und Maßnahmen zur kontrollierten Abgabe von Rückständen aus Produktions-, Logistik- und Konsumtionsprozessen an die Umwelt. Ziel der Entsorgung ist primär die Vermeidung, sekundär die umweltschonende Verwertung oder, falls beides nicht möglich ist, die umweltgerechte Beseitigung von Rückständen. Im Sinne einer Kreislaufwirtschaft soll durch die Prozesse der Entsorgungslogistik weiter eine Schließung von Stoffkreisläufen im Wirtschaftsprozess erreicht werden. Im Sinne dieser Zielsetzungen übernimmt die *Entsorgungslogistik* alle mit der Entsorgung von Rückständen verbundenen raum-zeitlichen Transformationsaufgaben, einschließlich der Mengen- und Sortenänderung, um einen ökologisch und ökonomisch effizienten Rückfluss vom Entstehungsort der Rückstände zum Ort des Wieder- bzw. Weitereinsatzes oder der geordneten Beseitigung zu gewährleisten (vgl. Steven/Bruns 1997, S. 699).

- In einer umfassenderen Sichtweise wird der Begriff Reverse Logistics – ausgehend von der eigentlichen Wortbedeutung – für sämtliche Materialflüsse benutzt, die entgegengesetzt zur Richtung der Wertschöpfung verlaufen (vgl. Abb. 10.1). Reverse Logistics bezeichnet demnach das Teilgebiet der Logistik, das sich mit dem Management der Materialflüsse und zugehörigen Informationen befasst, die von den Kunden in Richtung der Lieferanten verlaufen, unabhängig davon, ob die aufwärtsgerichteten Materialflüsse primär ökologisch oder primär ökonomisch initiiert sind.

  – Primär *ökologisch bedingt* sind die Materialflüsse der Entsorgungslogistik im engeren Sinne (vgl. Abschnitt 10.2), die zum Zweck der unmittelbaren Unterstützung der Entsorgungsfunktion durchgeführt werden und dabei in erster Linie gesetzlich vorgegebene oder freiwillig eingegangene Standards berücksichtigen. Bei der Verfolgung dieser ökologischen Ziele ist gleichzeitig eine nach ökonomischen Maßstäben vorteilhafte Lösung anzustreben.

  – Als primär *ökonomisch bedingt* lassen sich dagegen Materialrückflüsse im Bereich der Retourenlogistik (vgl. Abschnitt 10.3) und der Behälterlogistik (vgl. Abschnitt 10.4) einstufen. Sie dienen vorrangig dazu, Kosten zu reduzieren oder den Kundenservice zu verbessern. Auch wenn diese Prozesse gleichzeitig zur Vermeidung von Rückständen beitragen können und damit auch der Entsorgung im weitesten Sinn zu-

zuordnen sind, ist dennoch eine separate Betrachtung geboten, da ihre Durchführung durchaus der Erreichung der ökologischen Zielsetzungen entgegenwirken kann und sie zudem andere Lösungsansätze benötigen als die vor allem durch die Beschaffenheit der Rückstände geprägte Entsorgungslogistik.

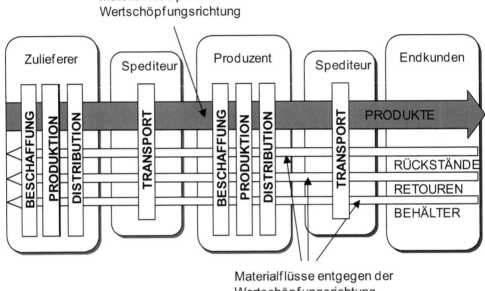

Abb. 10.1 *Materialflüsse der zwischenbetrieblichen Logistik*

Abb. 10.2 zeigt das weite Spektrum von Aktivitäten im Bereich der Reverse Logistics in Form eines morphologischen Kastens (vgl. Steven 2004, S. 169).

- Nach der *Art der zurückgeführten Güter* lassen sich gebrauchte Produkte, die nach ihrer bestimmungsgemäßen Nutzung zu Abfall werden, Verpackungsmaterialien, aufgrund von Gewährleistungsansprüchen zurückgegebene Produkte, Produktionsabfälle und über die Nachfrage hinaus produzierte Produkte unterscheiden. Wie man sieht, liegt der Auslöser des rückwärts gerichteten Materialflusses teils auf der Unternehmens- und teils auf der Konsumentenebene.

- Eine zweite Dimension ist der *Zeithorizont*, über den der rückwärts gerichtete Materialfluss betrachtet wird. Dabei unterscheidet man zwischen statischen Betrachtungen, die sich auf einen einzigen Zeitpunkt beschränken, und kurz-, mittel- und langfristigen Planungen.

Güterart	gebrauchte Produkte	Verpackungsmaterial	Gewährleistungsrückläufer	Produktionsabfälle	Überproduktion
Zeithorizont	statisch	kurzfristig		mittelfristig	langfristig
Motivation	Kostenreduktion		Reaktion auf staatliche Regulierung		Verbesserung des Unternehmensimage
Prozess	Wiederverwendung	Aufbereitung		Recycling	Entsorgung

Abb. 10.2 *Dimensionen von Reverse Logistics*

- Weiter ist von Bedeutung, aus welcher *Motivation* heraus ein Unternehmen sich mit rückwärts gerichteten Materialflüssen befasst. Neben der Möglichkeit der Kostensenkung oder anderer monetarisierbarer ökonomischer Vorteile kommen hierfür die Anpassung an staatliche Regulierungen oder die Absicht, das öffentliche Ansehen des Unternehmens zu verbessern, in Betracht.

- Schließlich ist eine Unterscheidung möglich nach den *Prozessen*, in die die zurückgeführten Güter eingehen. Hierbei kommen die Wiederverwendung, die Aufbereitung, das Recycling und die Entsorgung in Betracht.

10.2 Entsorgungslogistik

10.2.1 Grundlagen der Entsorgungslogistik

Die Notwendigkeit der geordneten *Entsorgung von Rückständen*, die als unerwünschte Kuppelprodukte wirtschaftlicher Aktivitäten entstehen, ist der wesentlicher Auslöser von rückwärts gerichteten Materialflüssen im Rahmen der Entsorgungslogistik im engeren Sinne. Derartige Rückstände entstehen auf sämtlichen Wertschöpfungsstufen (vgl. Steven/Bruns 1997, S. 695ff.):

- Bereits bei der *Rohstoffgewinnung* entstehen unvermeidbare Rückstände z. B. in Form von Abraum bei der Gewinnung von Kohle oder Erzen.

- Bei der *Produktion* fallen sowohl produktbedingte als auch produktionsbedingte Rückstände an, deren Umfang und Ausprägung von verschiedenen Faktoren, z. B. den verwendeten Rohstoffen, der Organisation der Produktionsabläufe und der Qualifikation des Personals, abhängig sind.

- Weiter fallen Rückstände bei den meisten logistischen Prozessen im Rahmen der *Distribution* an, z. B. in Form von Einwegpaletten, Kartonagen, Abdeckplanen, Transportkisten oder Säcken, die nicht erneut genutzt werden können.

Schärfere gesetzliche Regelungen, wie die Verpackungsverordnung, Rücknahmeverordnungen für verschiedene Stoffe (Elektronikschrottverordnung, Altautoverordnung, Batterieverordnung usw.) und das seit 1996 mehrfach verschärfte Kreislaufwirtschaftsgesetz (KrWG, aktuelle Fassung 2012), aber auch das gestiegene Umweltbewusstsein bei Unternehmen und Verbrauchern, haben zu einem starken Anstieg entsorgungsbedingter Materialrückflüsse geführt (vgl. auch Steven 2007b). § 3 Abs. 1 KrWG definiert *Abfall* als „Stoffe oder Gegenstände, deren sich ihr Besitzer entledigt, entledigen will oder entledigen muss". Es unterscheidet also einen subjektiven Abfallbegriff (entledigen will) von einem objektiven Abfallbegriff (entledigen muss) für solche Objekte, deren ordnungsgemäße Entsorgung auch gegen den Entledigungswillen des Besitzer im öffentliche Interesse ist, z. B. Altöl.

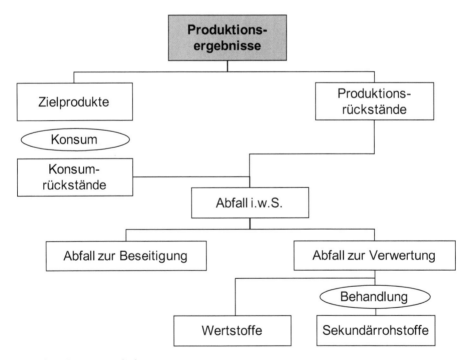

Abb. 10.3 Entsorgungsobjekte

Objekte der Entsorgungslogistik sind Abfälle im weiteren Sinn, d. h. sämtliche Rückstände, die bei der Produktion oder durch den Konsum von Gütern anfallen. Sie können grundsätzlich in fester, pastöser, flüssiger oder gasförmiger Form auftreten. In Deutschland sind im

10.2 Entsorgungslogistik

Jahr 2013 insgesamt Abfälle im Umfang von 387 Mio. Tonnen angefallen. Abfälle im weiteren Sinne lassen sich – wie in Abb. 10.3 dargestellt – nach ihren Verwertungsmöglichkeiten differenzieren in Abfälle zur Beseitigung und Abfälle zur Verwertung.

- *Abfälle zur Beseitigung* werden auch als Abfälle im engeren Sinne bezeichnet. Dies gilt für solche Abfälle, für die kein sinnvoller Verwertungsweg zur Verfügung steht. Seit 2005 besteht bundesweit ein Deponierungsverbot von Abfällen mit einem Anteil organischer Stoffe von mehr als 5 %.

- *Abfälle zur Verwertung* sind Rückstände, die aufgrund bestehender Verwertungsmöglichkeiten für ihren Besitzer oder für einen Dritten einen wirtschaftlichen Wert darstellen. Rückstände, die unmittelbar in einem wirtschaftlichen Prozess verwendet werden können, werden auf der nächsten Differenzierungsebene als Wertstoffe bezeichnet, bei Rückständen, die vor dem Wiedereinsatz eine Behandlung durchlaufen müssen, handelt es sich um Sekundärrohstoffe. Als Verwertungsmaßnahme ist neben der stofflichen Verwertung auch die thermische Verwertung der in den Stoffen enthaltenen Energie im Rahmen der Müllverbrennung zulässig.

Aus dem Kreislaufwirtschaftsgesetz ergeben sich eindeutige Prioritäten in Bezug auf die zulässigen entsorgungswirtschaftlichen Maßnahmen. Die oberste Priorität hat danach die *Vermeidung* von Rückständen, die z. B. durch Maßnahmen wie die Verlängerung der Produktlebensdauer oder die Reduktion von unnötigen Verpackungen erreicht werden kann. Sind die Möglichkeiten zur Abfallvermeidung ausgeschöpft, so muss sich die Entsorgung an der in Abb. 10.4 dargestellten Maßnahmen-Hierarchie orientieren.

Abb. 10.4 Hierarchie entsorgungswirtschaftlicher Maßnahmen

Der Schwerpunkt der Entsorgungslogistik liegt neben der Gestaltung von Entsorgungssystemen auf der Durchführung der in Abb. 10.5 im Überblick dargestellten *entsorgungslogistischen Prozesse* Sammlung und Sortierung, Transport und Umschlag, Lagerung sowie Behandlung, die sich zum Teil sehr stark von den korrespondierenden Prozessen in der Versorgungslogistik unterscheiden. Diese werden in den nachfolgenden Unterabschnitten genauer untersucht.

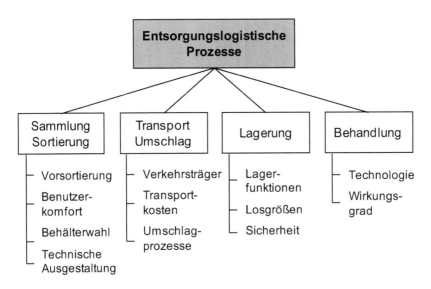

Abb. 10.5 Entsorgungslogistische Prozesse

10.2.2 Sammlung und Sortierung

Die Sammlung und Sortierung von Rückständen sind spezifisch entsorgungslogistische Funktionen, für die es in der Versorgungslogistik keine Entsprechung gibt. Die *Sammlung* dient dazu, die Rückstände vom Ort ihres Anfalls zum Ort der Verwertung oder Behandlung zu transportieren.

Die *Sortierung* der Rückstände kann zu unterschiedlichen Zeitpunkten erfolgen: Entweder sie findet noch vor der Sammlung am Ort des Rückstandsanfalls statt, dann wird sie in der Regel durch den Rückstandserzeuger vorgenommen. Die Sortierung kann auch im Rahmen von logistisch erforderlichen Umladeprozessen durchgeführt werden. Schließlich kann sie erst in der Behandlungsanlage vorgenommen werden, z. B. in den Sortieranlagen der Duales System Deutschland GmbH. Möglich ist auch eine Kombination dieser Alternativen, z. B. eine Vorsortierung beim Rückstandserzeuger und eine Feinsortierung in der Sortieranlage.

Das Ziel der Sortierung besteht darin, aus den Rückständen möglichst sortenreine Stofffraktionen zu gewinnen, um die anschließende Verwertung zu erleichtern und wirtschaftlicher zu machen. Abb. 10.6 zeigt, welche Entscheidungen bezüglich der *Ausgestaltung* der Samm-

10.2 Entsorgungslogistik

lung und Sortierung von Rückständen in den drei Dimensionen Benutzerkomfort, Vorsortierung und technische Ausgestaltung getroffen werden müssen.

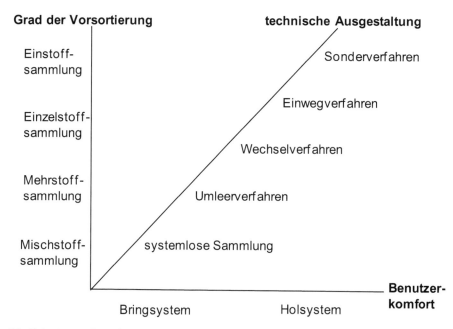

Abb. 10.6 Ausgestaltung der Sammlung und Sortierung von Rückständen

- Für die Sammlung der Rückstände kommen verschiedene Ausgestaltungsformen in Betracht, die sich in Bezug auf den *Benutzerkomfort* unterscheiden. Während bei Holsystemen die Abholung der Rückstände von der Rückstandsquelle durch Sammelfahrzeuge erfolgt, wie z. B. bei der Sammlung von Hausmüll, muss sich bei Bringsystemen der Letztbesitzer des Rückstands um den Transport zu einer Sammelstelle kümmern. Bei kombinierten Hol-/Bringsystemen kommt eine Mischung der beiden angesprochenen Reinformen zum Einsatz, die nach den jeweiligen Erfordernissen zusammengesetzt werden. Eine mögliche Ausgestaltung ist z. B. ein Containerdepot, das sich mehrere Anwohner zur Entsorgung ihres Hausmülls teilen.

- Weiter unterscheidet man die Sammelsysteme nach ihrer *technischen Ausgestaltung*, die sehr unterschiedliche Formen annehmen kann. Unter einer systemlosen Sammlung versteht man die Sammlung von Rückständen, die in der Regel sehr unterschiedliche Formen und Größen aufweisen, in unspezifischen Sammelbehältern, z. B. die Sperrmüllsammlung. Beim Umleerverfahren wird mit Behältern gearbeitet, die zu den Sammelfahrzeugen gebracht und darin entleert werden. Die leeren Behälter werden anschließend zur Aufnahme weiterer Rückstände an ihren Standplatz zurückgebracht, z. B. bei der Hausmüllsammlung oder der Leerung von Glas- und Papiercontainern. Im Unterschied dazu wird beim Wechselverfahren der volle Behälter vom Sammelfahrzeug mitgenommen und gegen einen leeren Behälter ausgetauscht, z. B. ein Bauschuttcontainer. Beim Einwegverfahren erfolgt die Sammlung der Reststoffe in Einwegbehältern, ein Beispiel sind Kunststoffsäcke für Verpackungsabfälle. Schließlich gibt es noch Sonderverfahren wie die Absaugung bzw. pneumatische Sammlung und die Abschwemmung bzw. hydraulische Sammlung durch Rohrleitungen. Die Auswahl eines Sammelsystems ist von zahlreichen Faktoren, wie der Anzahl der Quellen und ihrer Verteilung im Sammelgebiet, der durchschnittlichen Anfallmenge der Rückstände und der Länge der Transportwege, abhängig.

- Die *Vorsortierung* der Rückstände dient dazu, sortenreine Stofffraktionen zu erhalten, die direkt zu einer entsprechenden Behandlungsanlage transportiert werden können. Wird sie vor der Sammlung durchgeführt, so liegt eine Einstoffsammlung vor, bei der nur eine bestimmte Rückstandsart eingesammelt wird, oder eine Einzelstoffsammlung, bei der mehrere Rückstandsarten in separaten Behältern erfasst werden. So gibt es für die Müllabfuhr oder bei der Sammlung von Altglas Fahrzeuge mit mehreren Kammern für die unterschiedlichen Rückstandsarten. Bei der Mehrstoff- und Mischstoffsammlung hingegen erfolgt die Sortierung erst anschließend in der Behandlungsanlage. Die Ausgestaltung der Sortierung, z. B. als manuelle Sortierung, Siebung, Rollgutscheidung, Magnetscheidung usw., hängt vor allem von den spezifischen Eigenschaften der Rückstände ab.

Für jedes Sammelsystem sind entsprechende *Behälter* erforderlich, die sich einerseits in offene Behälter, z. B. Mulden, und geschlossene Behälter, z. B. Container, und andererseits in Einweg- und Mehrwegbehälter einteilen lassen. Sammelbehälter sollten nach Möglichkeit standardisiert und automatisch handhabbar sein, eine einfache Identifikation des Inhalts ermöglichen, sich anforderungsgerecht transportieren lassen und eine zeitweilige Nutzung als Zwischenlager erlauben. Die Behälter übernehmen neben der logistischen Funktion auch eine Informations- und Manipulationsfunktion. Sie sind ein wichtiger Bestandteil eines entsorgungslogistischen Systems und haben Wechselwirkungen zur Gestaltung der Transport-, Umschlag- und Lagersysteme.

10.2.3 Transport und Umschlag

Ähnlich wie die Sammlung und die Sortierung sind auch der Transport und der Umschlag in der Entsorgungslogistik eng miteinander verbunden. Zur Durchführung des *Transports*, der die Überbrückung der Distanz von der Quelle eines Rückstands zu seiner Senke zur Aufgabe hat, werden die Rückstände zunächst durch Umschlagvorgänge zu wirtschaftlichen Transporteinheiten zusammengefasst.

Die Gestaltung von Transportsystemen im Entsorgungsbereich wird durch die Vielzahl an Rückstandsarten und die oft speziellen Anforderungen an die Transportbedingungen erschwert. So wird der innerbetriebliche Transport von Rückständen zu Sammelplätzen völlig anders ausgestaltet als ein außerbetrieblicher Transport, bei dem eine Abholung durch spezialisierte Dienstleister erfolgt.

Eine Nutzung der bereits im Versorgungsbereich vorhandenen Distributionsstrukturen für den Transport von Rückständen ist in der Regel nicht sinnvoll, da diese zum einen völlig anderen Anforderungen unterliegen, zum anderen auch nur selten paarige Transportbeziehungen existieren. Im Lebensmittelbereich bestehen zum Teil strenge Hygieneanforderungen, die den Transport von Rückständen in Fahrzeuge für die Versorgung untersagen.

Die in der Versorgungslogistik eingesetzten *Verkehrsträger* Lkw, Bahn, Binnenschiff und Flugzeug werden auch in den Transportsystemen der Entsorgungslogistik in unterschiedlichem Ausmaß verwendet. Während sich für den Ferntransport aus Kostengründen vor allem die Bahn anbietet, bestehen für die als Flächenverkehr organisierten Sammeltransporte keine Alternativen zum Transport über die Straße. Die Binnenschifffahrt ist wegen ihrer Bindung an die Wasserwege nur in Ausnahmefällen einsetzbar, und auch die Luftfahrt spielt wegen ihrer hohen Transportkosten keine bedeutende Rolle. Im Vergleich zu Transporten der Versorgungslogistik tritt bei Rückstandstransporten das Kriterium der Transportdauer hinter das Kostenkriterium zurück, da mit Rückständen keine nennenswerte Kapitalbindung verbunden und ihr Transport somit in der Regel zeitunkritischer Natur ist.

Die Gestaltung eines Transportsystems für Rückstände muss in engem Zusammenhang mit den erforderlichen Umschlagprozessen gesehen werden. Beim *Umschlag* werden die Rückstandsmengen mittels Zusammenfassung oder Auflösung im Rahmen von Verlade-, Umlade- und Entladeprozessen verändert. Durch Umschlagvorgänge lässt sich insbesondere die als Flächenverkehr durchgeführte und daher mit hohen Kosten verbundene Sammlung der Rückstände von dem Ferntransport zum Ort der Behandlung oder Beseitigung trennen. Rückstandsbezogene Umschlagvorgänge treten nicht nur beim Wechsel des Transportmittels, sondern auch bei der Zwischenlagerung von Rückständen in Behandlungs- und Beseitigungsanlagen sowie am Ort der Rückstandsentstehung auf. Aus Kostengründen sowie aufgrund der damit verbundenen ökologischen Risiken sollten Umschlagvorgänge in der Entsorgungslogistik so gering wie möglich gehalten werden.

10.2.4 Lagerung

Der *Lagerung* von Rückständen kommt in der Entsorgungslogistik ein hoher Stellenwert zu, da sie es ermöglicht, quantitative Schwankungen im Rückstandsfluss auszugleichen. Ihre Aufgabe besteht vor allem darin, die Rückstände zum richtigen Zeitpunkt für einen Transport oder eine Verwertung bzw. Beseitigung zur Verfügung zu stellen.

Von den klassischen Funktionen der Lagerhaltung ist die *Pufferfunktion* von besonderer Bedeutung, während die Sicherungs- und Ausgleichsfunktion, die Sortimentsfunktion und die Spekulationsfunktion kaum eine Rolle spielen. Die Lagerung radioaktiver Rückstände kann eine Veredelungsfunktion übernehmen, wenn während des Lagerungsprozesses ein deutliches Abklingen der Radioaktivität erfolgt. Die Veredelung besteht dabei in der Reduktion der vom Rückstand ausgehenden Gefahren.

Eine Lagerung von Rückständen findet an verschiedenen Stellen der entsorgungslogistischen Kette statt: Sie werden zunächst am Entstehungsort vom Zeitpunkt ihres Anfalls bis zum Zeitpunkt des Abtransports zur Behandlungs- bzw. Beseitigungsanlage zwischengelagert. Dies geschieht vor allem, um wirtschaftliche, d. h. die Transportmittel auslastende Mengen zu erreichen. Weiter kann eine Lagerung in Umschlagstationen sowie im Bereich der Behandlungs- oder Beseitigungsanlagen erfolgen, um eine konstante bzw. planbare Auslastung dieser Anlagen zu gewährleisten.

Da die meisten Rückstände nur einen geringen ökonomischen Wert haben, ist die *Kapitalbindung* gering. Somit ist die Reduktion der Lagerdauer bzw. der damit verbundenen Bestandskosten weitgehend irrelevant. Bei der Bestimmung des maximalen Lagerbestands bzw. bei der Bildung von Losgrößen für anschließende Transport- bzw. Verwertungsprozesse kommt daher der Ausgestaltung von der Lagerung vor- und nachgelagerten Prozessen ein größeres Gewicht zu.

Weiter spielen *ökologische Aspekte* bei der Lagerung von Rückständen eine große Rolle. So muss sichergestellt werden, dass einerseits keine Umweltbelastung durch einen unkontrollierten Austritt der Rückstände in die Umwelt, z. B. in Form von Sickerwasser, erfolgen kann. Zum anderen müssen die Rückstände ihrerseits vor Umwelteinwirkungen wie Feuchtigkeit geschützt werden, um z. B. Umweltbelastungen zu vermeiden, die durch chemische Reaktionen der Einzelstoffe entstehen können. Dies kann eine entsprechende Bauweise des Rückstandslagers erfordern.

10.2.5 Behandlung

Bevor verwertbare Rückstände wieder in den Wirtschaftsprozess übergehen können und somit der Kreislauf geschlossen wird, müssen sie vielfach einer *Behandlung* unterzogen werden. Ebenso wie die Sammlung und Sortierung ist die Behandlung eine entsorgungslogistische Funktion, die es in der Versorgungslogistik nicht gibt. Bei der Behandlung von Rückständen werden Stoffumwandlungen durch physikalische, chemische, biologische oder thermische Einwirkungen durchgeführt, die oft auch Mengenänderungen zwischen der angelieferten Rückstandsmenge und der entstehenden Sekundärrohstoffmenge bewirken. Die Behandlungsverfahren hängen stark von der jeweiligen Rückstandsart ab. Ihre Ausgestaltung beruht zum einen auf den technischen Behandlungsmöglichkeiten und zum anderen auf den einschlägigen umweltrechtlichen Vorschriften.

Die bei der Behandlung entstehenden *Kosten* sind häufig geringer als die mit den Sekundärrohstoffen zu erzielenden Erlöse. Sie hängen unter anderem ab von der Rückstandsart, der Behandlungstechnik, dem Standort der Behandlungsanlage und den dort geltenden Auflagen, der Art und Größe der Anlage und nicht zuletzt von dem Umfang der Stoffströme.

In Abhängigkeit von der Zusammensetzung der Rückstände, den technischen Möglichkeiten der Behandlung und dem Vorhandensein von Märkten für die daraus gewonnenen Produkte und Sekundärrohstoffe unterscheidet man verschiedene Möglichkeiten der Verwendung bzw. Verwertung. Weiter wird danach differenziert, ob der erneute Einsatz der Stoffe im Ursprungsprozess oder in einem anderen Prozess erfolgt (vgl. Abb. 10.4).

- Von einer *Verwendung* wird gesprochen, wenn keine wesentlichen Änderungen an der Produktgestalt vorzunehmen sind, die Behandlung also auf einem hohen Wertschöpfungsniveau abläuft. Bei der Wiederverwendung erfolgt der Einsatz im ursprünglichen Prozess, bei der Weiterverwendung hingegen in einem anderen Prozess. Beispiele für die

10.2 Entsorgungslogistik

Wiederverwendung sind die Pfandflasche, die vor der erneuten Befüllung lediglich gereinigt werden muss, oder ein Austauschmotor. Ein Beispiel für die Weiterverwendung ist der in Rauchgasentschwefelungsanlagen entstehende Gips, der in der Baustoffindustrie als Substitut für Naturgips eingesetzt wird.

- Bei der *Verwertung* hingegen ist eine mehr oder weniger umfangreiche Überarbeitung bzw. Aufbereitung der Rückstände erforderlich. Analog zu den oben eingeführten Begriffen spricht man von einer Wiederverwertung, wenn sich der Sekundärrohstoff im Ursprungsprozess einsetzen lässt, und von Weiterverwertung, wenn der Einsatz in einem anderen Prozess erfolgt. Wiederverwertung findet z. B. beim Recycling von Altglas oder Altpapier statt. Hingegen liegt bei Metallteilen, die nach der Demontage eines Kraftfahrzeugs als Schrott in die Stahlerzeugung eingehen, eine Weiterverwertung vor. Auch die thermische Verwertung von Rückständen zählt zur Weiterverwertung, da die dabei entstehende elektrische Energie in anderen Prozessen eingesetzt wird.

	Einsatz in	
	Ursprungsprozess	anderen Prozess
ohne Überarbeitung	Wiederverwendung	Weiterverwendung
mit Überarbeitung	Wiederverwertung	Weiterverwertung

Abb. 10.7   Möglichkeiten der Rückstandverwendung bzw. -verwertung

Aus ökologischer Perspektive ist bei der Entscheidung über ein Recyclingverfahren zu berücksichtigen, dass die in den Ausgangsstoffen enthaltene Wertschöpfung sowie die zur Verarbeitung gekommenen natürlichen Ressourcen umso stärker erhalten bleiben, je näher am ursprünglichen Verwendungszweck der erneute Einsatz erfolgen kann. Dies ergibt eine Rangfolge Wiederverwendung – Weiterverwendung – Wiederverwertung – Weiterverwertung.

Recyclingprozesse lassen sich weiter wie in Abb. 10.8 dargestellt klassifizieren:

- Nach der *Art der behandelten Materialien* unterscheidet man zwischen Abfällen, Verpackungen und Altprodukten, die nach ihrer bestimmungsgemäßen Verwendung entsorgt werden.

- Als *Quellen der Rückstände* kommen einerseits Unternehmen, andererseits Haushalte in Betracht.

- Die *Senke eines Rückstandsstroms* ist entweder eine Aufbereitungsanlage, eine Verbrennungsanlage oder eine Deponie.

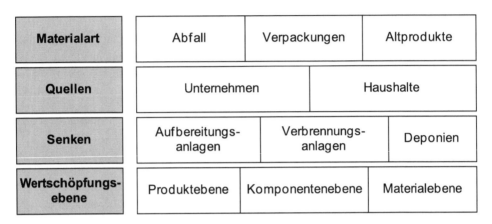

Abb. 10.8 Klassifikation von Recyclingprozessen

- Während die drei bereits genannten Kriterien vornehmlich zur technischen Beschreibung eines Recyclingprozesses dienen, gibt die Wertschöpfungsebene an, inwieweit die im Rückstand enthaltene Wertschöpfung erhalten bleibt. Recycling auf der Produktebene bedeutet, dass das Produkt als Ganzes erhalten bleiben kann. Dies entspricht in Abb. 10.7 der Wieder- oder Weiterverwendung. Beim Recycling auf der Komponentenebene erfolgt eine Demontage des Produkts in seine Komponenten, die dann teilweise nach Überarbeitung erneute genutzt werden können. Dies entspricht der Wiederverwertung. Recycling auf der Materialebene bedeutet, dass das ursprüngliche Produkt in seine einzelnen Ausgangsstoffe zerlegt wird, aus denen im Sinne der Weiterverwertung neue Produkte hergestellt werden.

- Problematisch bei der Behandlung von Rückständen ist häufig das Fehlen von Märkten für die aus der Verwertung hervorgehenden Produkte. Dies lässt sich teilweise auf das negative Qualitätsimage zurückführen, das aufbereiteten Produkten anhängt und somit den erneuten Einsatz erschwert. Ein weiteres Problem besteht darin, dass zwischen dem Absatz der Ausgangsprodukte und dem Anfall der Rückstände oft eine mehrjährige Nutzungszeit liegt. Produkte und Bauteile, die aus einer Aufbereitung der Rückstände hervorgehen, sind daher oftmals technisch veraltet und für einen Einsatz in neuen Produkten ungeeignet.

10.2.6 Entsorgungslogistische Prozesse

In Abb. 10.9 sind – in Analogie zu den Prozessen der Versorgungslogistik in Abb. 1.5 – die zuvor beschriebenen entsorgungslogistischen Prozesse und die durch sie bewirkten Rückstandstransformationen zusammengestellt.

Bei der Sortierung und Sammlung erfolgt in erster Linie eine Sortenänderung der Rückstände. Der Transport bewirkt eine Raumänderung, der Umschlag führt zu einer Mengenänderung und die Lagerung dient der Überbrückung der Zeit, die bis zur Verwendung, Verwertung oder Beseitigung der Rückstände erforderlich ist. Die Behandlung schließlich führt zu Änderungen der stofflichen Zusammensetzung der Rückstände. Wie die Abbildung nochmals verdeutlicht, treten in der Entsorgungslogistik zu den Prozessen der traditionellen TUL-Logistik die Sortierung und Sammlung sowie die Behandlung als spezifisch entsorgungslogistische Prozesse hinzu.

	Sortierung/ Sammlung	Transport	Umschlag	Lagerung	Behandlung
Zeitänderung				X	
Raumänderung		X			
Mengenänderung			X		
Sortenänderung	X				
Stoffänderung					X

Abb. 10.9 Entsorgungslogistische Transformationen

Zur wirtschaftlichen Gestaltung entsorgungslogistischer Prozesse ist eine intensive Zusammenarbeit von sämtlichen Beteiligten erforderlich, die z. B. in Form von *Entsorgungsnetzwerken* erfolgen kann (vgl. Strebel/Schwarz 1998). Dabei werden – in Anlehnung an die natürliche Kreislaufwirtschaft – verschiedene Rückstandsströme so miteinander verknüpft, dass die in einem Unternehmen entstehenden Reststoffe in anderen Unternehmen als Sekundärrohstoffe eingesetzt werden können.

10.3 Retourenlogistik

Ein andersartiger Materialrückfluss, der entgegen der Wertschöpfungskette verläuft, wird in der Retourenlogistik betrachtet. Als *Retouren* werden solche Produkte bezeichnet, die vom Endkunden oder vom Handel an den Hersteller zurückgegeben werden.

- Retouren von Seiten der *Kunden* spielen vor allem im traditionellen Versandhandel sowie im internetbasierten Handel (e-commerce) eine große Rolle. Gerade im Bekleidungssortiment bestellen Kunden gerne einen Artikel in mehreren Größen, um ihn zu Hause in Ruhe anzuprobieren, und schicken die nicht benötigten Exemplare wieder zurück.

- Zu Retouren von Seiten des *Handels* kommt es z. B., wenn die in Kommission genommenen Waren nicht mehr gängig oder veraltet sind. Auch eine verspätete Lieferung kann dazu führen, dass die Ware nicht angenommen, sondern an den Hersteller zurückgeschickt wird.

Retouren deuten darauf hin, dass bei einer Lieferung gegen eine der *logistischen Zielsetzungen* verstoßen wird, dem Abnehmer das richtige Produkt (hinsichtlich Menge und Sorte), zur richtigen Zeit, am richtigen Ort und im richtigen Zustand bereitzustellen (vgl. Abschnitt 1.2). Durch die Notwendigkeit von Retouren wird folglich der vom Kunden wahrgenommene Servicegrad des Unternehmens beeinträchtigt. Ihre Abwicklung führt in der Regel zu hohen Kosten, denen keine Erlöse gegenüberstehen. Im Einzelnen lassen sich Retouren auf folgende Ursachen zurückführen:

- Das Produkt entspricht nicht den *Anforderungen* bzw. Erwartungen des Kunden. Dies kann dadurch verursacht werden, dass die Informationspolitik des Unternehmens ihn unzureichend über die Produkteigenschaften aufgeklärt hat oder dass der Kunde – z. B. beim Versandhandel – ein falsches Produkt bestellt hat und von seinem gesetzlich zugesicherten Rückgaberecht Gebrauch macht. Im Sinne des Verbraucherschutzes steht es dem Kunden gemäß §§ 355ff. BGB frei, ohne Angabe von Gründen innerhalb von zwei Wochen nach Erhalt des Produkts eine Rücksendung vorzunehmen. Seit Juni 2014 muss er allerdings grundsätzlich die Kosten der Rücksendung selbst tragen, es sei denn, dass der Versender sich bereit erklärt, diese zu übernehmen.

- Auch *Auslieferungsprobleme* beim versendenden Unternehmen, wie die Lieferung falscher Produkte, verspätete Lieferungen, die Lieferung beschädigter Produkte oder Verpackungen sowie Doppellieferungen, können zu Retouren führen. Während die Lieferung falscher Produkte und Doppellieferungen ihre Ursache in der Regel in der Informationsverarbeitung des Lieferanten haben, lassen sich Verspätungen und Beschädigungen eher auf eine mangelhafte Leistungserstellung des Logistikdienstleisters zurückführen.

- Weiter müssen *vertraglich vereinbarte Retouren* im Rahmen der Retourenlogistik berücksichtigt werden, z. B. Fälle von Gewährleistung bzw. Kulanz oder die Rücknahme von nicht abgesetzter Saisonware.

Retouren gewinnen zunehmend sowohl im Business-to-Business- als auch im Business-to-Consumer-Geschäft stark an Bedeutung. Eine steigende Anzahl an Produkten mit kurzen Produktlebenszyklen erschwert die Verkaufsprognosen, so dass vor allem im gewerblichen Bereich zur Absatzförderung häufig weitreichende Rückgaberegelungen vereinbart werden. So kommt es in den letzten Jahren im Buchhandel zu immer umfassenderen Rückgabemöglichkeiten, die zu ansteigenden Retouren führen.

Im Endkundengeschäft kommt großzügigen Rückgabemöglichkeiten vor allem im traditionellen sowie im internetbasierten Versandhandel eine große Bedeutung zu, da hier eine einfache Rückgabe einen zusätzlichen Kaufanreiz darstellt. Gerade Versandhandelsunternehmen stehen vor zum Teil erheblichen Rücklaufquoten, die eine adäquate Planung der Rückflüsse erfordern. In beiden Fällen – sowohl dem gewerblichen als auch dem Endkundenbe-

10.3 Retourenlogistik

reich – hat das *Retourenmanagement* somit eine strategische Bedeutung für den Geschäftserfolg.

Mögliche *Maßnahmen* zur Verbesserung der Performance im Bereich der Retourenlogistik liegen zum einen in der Retourenvermeidung und zum anderen in der Retourenoptimierung, die auf eine möglichst effiziente und kostengünstige Abwicklung der Retouren abstellt. Dabei ist der Retourenvermeidung der Vorrang einzuräumen, da Retouren, die gar nicht erst entstehen, auch keine zusätzlichen Kosten verursachen.

Die *Retourenvermeidung* stellt auf eine konsequente Ausrichtung der Unternehmensprozesse auf die Reduzierung von unbegründeten bzw. nicht vereinbarten Retouren und den damit verbundenen zusätzlichen Kosten ab. Um Retouren aufgrund schlechter Informationspolitik zu vermeiden, sollte ein Unternehmen seinen Kunden ausreichendes und gutes Informationsmaterial anbieten. Vor allem das Internet bietet hier eine flexible Plattform, über die Kunden sich umfassend informieren können. Neuere Technologien ermöglichen z. B. dreidimensionale Darstellungen, die dem Kunden bereits im Vorfeld das Produkt möglichst realistisch präsentieren.

Verbesserungen bei durch Qualitätsmängel verursachten Retouren sind z. B. in Form von *Qualitätssicherungsmaßnahmen* vor der Auslieferung möglich, die beschädigte oder qualitativ minderwertige Produkte gar nicht bis zum Kunden kommen lassen. Ansatzpunkt zur Vermeidung von Retouren aufgrund beschädigter Verpackungen oder Produkte sind die Verpackungsgestaltung und die Versandprozesse. Verbesserungsmaßnahmen in der Informationsverarbeitung und eindeutig definierte Logistikprozesse können dazu beitragen, dass es nicht zur Lieferung falscher Produkte oder zu Doppellieferungen kommt. Lieferzeitprobleme können durch ausgefeilte Informationssysteme, die dem Kunden bereits bei der Bestellung exakte Liefertermine angeben (available to promise) und eine Verfolgung des Fortschritts des Versandprozesses erlauben, eingeschränkt werden.

Eine vollständige Vermeidung von Retouren ist kaum möglich, da die Möglichkeiten zur Rückgabe eines Produkts teilweise als Instrument zur Absatzförderung eingesetzt werden. Somit muss zusätzlich zu den Maßnahmen zur Retourenvermeidung eine *Retourenoptimierung* erfolgen, um die auftretenden Retouren möglichst effizient abzuwickeln und die sich aus ihnen ergebenden Servicepotentiale optimal auszunutzen. Dazu ist der gesamte Retourenprozess vom Kunden bis zum Unternehmen zu betrachten.

Erste Schritte für eine sinnvolle Gestaltung der Retoure müssen bereits beim Kunden oder – je nach Verkaufskonzept – beim Distributor ansetzen. Versandhandelsunternehmen stellen dem Kunden in der Regel *Rücksendeformulare* zur Verfügung, die zum einen ein einfacheres Handling der Retoure im Rückfluss sicherstellen, zum anderen dem Kunden die Möglichkeit bieten, seine Gründe für die Rücksendung anzugeben.

Erfolgt die Rücksendung indirekt über einen Distributor, so kann das Personal, das die Retoure an das Unternehmen weiterleitet, angewiesen sein, die Gründe für die Retoure zu erfragen und zu vermerken. Derartige Informationen helfen dem Unternehmen maßgeblich bei der weiteren Behandlung der Retoure und können außerdem eingesetzt werden, um Probleme im Distributionsprozess aufzudecken und somit gezielt zur Vermeidung zukünftiger

Retouren beitragen. Weiter kann aufgrund dieser Informationen beim Eingang der Retoure im Unternehmen eine Vorsortierung erfolgen und das Produkt somit schneller an die zuständige Stelle, wie z. B. Lager oder Reparatur, weitergeleitet werden.

Aufgrund des hohen Retourenanteils im *Versandhandel* haben große Versandunternehmen zentrale Lager zur Abwicklung von Retouren aufgebaut. Diese Lager enthalten die erforderliche Infrastruktur, um intakte Ware möglichst schnell wieder in den Distributionsprozess zurückzuführen und dadurch zusätzliche Kosten in Form von gebundenem Kapital zu vermeiden. Ware mit geringfügigen Mängeln wird repariert und ebenfalls wieder in den Distributionsprozess zurückgeleitet. Ware mit eklatanten Mängeln wird endgültig aus dem bisherigen Verkaufsweg aussortiert.

Spezielle Artikel, die nur für einen kurzen Zeitraum angeboten werden können, wie z. B. saisonabhängige Mode oder Fanartikel, machen eine schnelle Bearbeitung von Retouren unumgänglich, da die Produkte ansonsten unverkäuflich werden. Daher müssen Retourenzentren über ausreichende Kapazitäten verfügen, damit es nicht zu Rückstauungen der Retouren und zu einer verzögerten Bearbeitung kommt, durch die sich die durch Retouren ausgelösten Kosten weiter erhöhen. Kann eine zurückgegebene Ware nicht mehr über die regulären Vertriebskanäle verwertet werden, so ist ein Ausweichen auf alternative Absatzmöglichkeiten erforderlich, z. B. die Kennzeichnung überzähliger Bücher als Mängelexemplare und ihr Verkauf über spezialisierte Buchhandlungen.

Wenn keine derartigen Verwertungsmöglichkeiten mehr bestehen, müssen die Retouren als Rückstände entsorgt werden. Sie werden damit zu einem Objekt der Entsorgungslogistik im engeren Sinne. Dies stellt sowohl unter ökonomischen als auch unter ökologischen Aspekten die schlechteste Alternative dar.

Retouren bedeuten für ein Unternehmen nicht nur zusätzlichen Aufwand, sondern sind gleichzeitig eine wichtige *Informationsquelle*: Sie geben Auskunft über die Leistungsfähigkeit der eigenen Produktions- und Logistikprozesse, über die Qualität der Angebotspräsentation und über das Kaufverhalten der Kunden. Durch die systematische Erhebung von retourenbezogenen Informationen erhält das Unternehmen wichtige Hinweise auf veränderte Kundenanforderungen und auf Schwachstellen im Distributionsprozess.

Die Erhebung von rückflussbezogenen Informationen erfolgt idealerweise mithilfe von *elektronischen Datenerfassungssystemen*, z. B. über Barcode- oder RFID-Systeme. Diese helfen, die Retouren im weiteren Prozess eindeutig zu identifizieren, sie ermöglichen eine schnelle Rückmeldung und Rückvergütung an den Kunden und tragen somit zu einem verbesserten Kundenservice bei. Die dabei gewonnenen Informationen stellen einen Ansatzpunkt dar, um Verbesserungspotentiale in den logistischen Prozessen aufzudecken. Es ist sinnvoll, diese Informationen zentral zu sammeln und damit z. B. Expertensysteme aufzubauen, die den Mitarbeitern zur Verfügung stehen, um mögliche Kundenprobleme bereits am Telefon zu lösen, dem Kunden so einen besseren Kundenservice zu bieten und dadurch zukünftig unnötige Retouren zu vermeiden.

10.4 Behälterlogistik

Eine weitere Art von rückwärts gerichteten Materialflüssen resultiert aus der Verwendung von *Mehrwegverpackungen* bzw. *-behältern*. Diese sind in der Regel stabiler konstruiert als entsprechende Einwegbehälter und können daher bei gleich bleibender Verpackungsqualität mehrfach für denselben Zweck eingesetzt werden. Im Endkundenbereich gibt es ein solches System z. B. in Form von Mehrwegflaschen und -kisten für Erfrischungsgetränke.

Für die Produktionslogistik relevante Mehrwegbehälter sind vor allem Paletten, Gitterboxen oder Container (vgl. nochmals Abschnitt 4.2). Während Einwegverpackungen mit der Entnahme des Packguts ihren logistischen und ökonomischen Wert verlieren und somit die Rückführung dieser Behälter in den Bereich der Entsorgungslogistik im engeren Sinne fällt, muss die Rückführung von Mehrwegbehältern entgegen dem Fluss der ursprünglichen Logistikkette organisiert werden. Die mit dieser Rückführung verbundenen Logistikprozesse werden als *Behälterlogistik* bezeichnet.

In Deutschland genießen Mehrwegverpackungen für Konsumgüter aufgrund der ihnen zugesprochenen ökologischen Vorteile ein hohes Ansehen bei den Verbrauchern. Daneben haben Entwicklungen wie die wachsende zwischenbetriebliche Arbeitsteilung und die damit verbundene räumliche Ausdehnung von Behälterkreislaufsystemen für eine zunehmende Bedeutung dieser Verpackungsvariante gesorgt. Ihre *ökonomische und ökologische Vorteilhaftigkeit* hängt von einer Vielzahl von Faktoren ab:

- Offensichtlich ist, dass sich durch den Einsatz von Mehrwegverpackungen *Verpackungsrückstände* vermeiden und damit häufig auch *Verpackungskosten* reduzieren lassen. Die ökonomische Vorteilhaftigkeit einer Mehrwegverpackung hängt insbesondere von der Kostendifferenz zur Einwegverpackung, von der Anzahl der möglichen Umläufe im Verpackungskreislauf und von den zurückzulegenden Entfernungen ab.

- Weiter sind Mehrwegbehälter aufgrund ihrer stabileren Bauweise in der Regel besser in der Lage, die Schutz-, Lager-, Transport- und Manipulationsfunktion der Logistik zu unterstützen.

- Im Gegensatz zu Einwegbehältersystemen, bei denen keine Säuberung erforderlich ist, müssen etwaige Verschmutzungen der Behälter bei Mehrwegsystemen durch eine *Reinigung* beseitigt werden, um den Qualitätsansprüchen von Versender und Empfänger nachzukommen oder um gesetzlich vorgeschriebene Hygienestandards, z. B. in der Lebensmittelindustrie, einzuhalten.

- Durch die Beanspruchung der Behälter vor allem bei Umschlagvorgängen innerhalb der Logistikkette können im Laufe der Zeit Verschleißerscheinungen auftreten, die eine Wiederverwendung als Packmittel unmöglich machen. Die Behälter sind daher nach jedem Gebrauch einer *Überprüfung* zu unterziehen. Gegebenenfalls muss sich an diese eine *Reparatur* anschließen bzw. sollten nicht weiter einsetzbare Behälter aussortiert werden. Die Anzahl der bei einer Behälterart möglichen Umläufe hängt unter anderem von dem eingesetzten Material ab und beeinflusst die Vorteilhaftigkeit erheblich.

- Ökonomisch nachteilig wirken sich *zusätzliche Kosten* für die Anschaffung, die Wartung, die Verwaltung und den Rücktransport der Mehrwegbehälter aus, da die leeren Behälter bei unpaarigen Materialflüssen separat zur liefernden Stelle zurücktransportiert werden müssen.

- Die beim Rücktransport auftretenden *Umweltbelastungen* in Form von Kraftstoffverbrauch und Emissionen können in Abhängigkeit von der zurückzulegenden Entfernung und dem Gewicht der Behälter auch die ökologische Vorteilhaftigkeit negativ beeinflussen.

Aufgrund des wiederholten Einsatzes von Mehrwegbehältern sind in der Behälterlogistik neben den typischen entsorgungslogistischen Aktivitäten wie Sammlung, Sortierung, Transport und Lagerung einige *zusätzliche Aktivitäten* erforderlich. Insbesondere fallen die Reinigung, die Überprüfung und gegebenenfalls die Reparatur der Behälter an. Weiter muss es an allen am Behälterkreislauf beteiligten Stellen eine Möglichkeit zur Zwischenlagerung von momentan nicht genutzten Behältern geben.

Zusätzlich ist eine *Behälterverwaltung* erforderlich, die die reibungslose Abwicklung des gesamten Mehrwegbehältersystems – bestehend aus den Akteuren Versender, Empfänger und logistische Dienstleister – auch über die Grenze eines einzelnen Unternehmens hinweg sicherzustellen hat. Die grundlegende Aufgabe der Behälterverwaltung besteht darin, Angebot und Nachfrage nach Behältern im System effizient und kostengünstig auszugleichen. Dazu kommen als Maßnahmen z. B. die Erhöhung der Umlaufgeschwindigkeit der Behälter sowie die Verringerung von mehrwegbedingten Wartungs- und Transportaktivitäten in Betracht.

Zu den Aufgaben der Behälterverwaltung gehört insbesondere die Steuerung und Überwachung des *Behälterflusses* in der Logistikkette. So muss insbesondere sichergestellt werden, dass auf der Versenderseite stets eine ausreichende Anzahl von leeren Behältern zur Verfügung steht. Außerdem ist der Rücktransport der leeren Behälter zu organisieren sowie regelmäßig eine Neubeschaffung für solche Behälter vorzunehmen, die aufgrund von Verschleiß aussortiert wurden oder durch Schwund aus dem Kreislauf gefallen sind.

Entscheidend für die Ausgestaltung eines Mehrwegbehältersystems sind die Wahl einer passenden Organisationsform und die Abwicklung des Behälterrückflusses. Die *Organisationsform* hängt in erster Linie von der Art der Mehrwegverpackung und von der Gestaltung der logistischen Kette ab:

- Bei speziell auf die Bedürfnisse eines bestimmten Unternehmens zugeschnittenen Verpackungen und einer spezifischen Ausgestaltung der logistischen Abwicklung wird von einem *individuellen System* gesprochen. Derartige Systeme finden in der Regel nur unternehmensintern Einsatz, z. B. bei Filialbelieferungen des Handels.

- Erfolgt ein Einsatz von standardisierten, auf die Anforderungsprofile aller beteiligten Unternehmen ausgelegten Behältern über die Unternehmensgrenze hinaus, so liegt ein *multilaterales System* vor. Die Koordination des Behälterflusses und die logistische Ab-

10.4 Behälterlogistik

wicklung werden systemintern durch eines oder mehrere der teilnehmenden Unternehmen vorgenommen.

- *Poolsysteme* sind durch den Einsatz von standardisierten Behältern und eine zentrale logistische Abwicklung durch einen externen Dienstleister gekennzeichnet. Werden alle Leistungen durch den Dienstleister erbracht, so kümmert sich dieser um die bedarfsgerechte Bereitstellung qualitätsgerechter, leerer Behälter beim Versender, holt entleerte Behälter beim Empfänger ab und führt diese – üblicherweise über ein Depot – wieder in den Kreislauf zurück. In dienstleisterbetriebenen Poolsystemen spielt der Informationsfluss eine wichtige Rolle, damit Behälterbedarf und Behälterangebot aufeinander abgestimmt werden können.

Neben der Organisationsform kommt auch der Abwicklung des *Behälterrückflusses* eine große Bedeutung zu:

- Eine in der Praxis weit verbreitete Form der Abwicklung ist der *Zug-um-Zug-Tausch*, der z. B. bei Euro-Paletten zum Einsatz kommt. Auf jeder Stufe des Kreislaufsystems erfolgt bei der Übergabe eines vollen Behälters ein Austausch gegen einen leeren Behälter. Aufgrund des sofortigen Austauschs ist kein separater Rücktransport von leeren Behältern notwendig. Der Vorteil des Zug-um-Zug-Tauschs liegt in der extrem einfachen Abwicklung, die kein aufwändiges Informationssystem erfordert und die jederzeitige Aufnahme von neuen Teilnehmern ermöglicht. Allerdings leidet die Effizienz des Systems darunter, dass sämtliche Teilnehmer – Versender, Empfänger und Frachtführer – leere Behälter bevorraten müssen. Weiter wird das potentielle Transportvolumen der Fahrzeuge durch den Transport der Leerbehälter eingeschränkt. Darüber hinaus kann das Problem auftreten, dass von einzelnen Teilnehmern defekte Behälter nicht aus dem System ausgesteuert, sondern an die nächste Stufe weitergegeben werden, um die Kosten für eine Neuanschaffung zu vermeiden.

- Eine weitere Möglichkeit, den Behälterrückfluss abzuwickeln, ist der *Direkttausch*. Hierbei wird ein Tausch von Voll- gegen Leergut ausschließlich beim Empfänger durchgeführt. Der Direkttausch tritt in zwei Varianten auf: Sofern der Rücktransport direkt nach Übergabe des Vollguts erfolgt, liegt Direkttausch *ohne Vorbehaltsfrist* vor. Werden Zeiträume festgelegt, nach deren Ablauf die Behälter spätestens dem Rückfluss zugeführt werden, handelt es sich um einen Direkttausch *mit Vorbehaltsfrist*. Die vereinbarten Zeiträume bieten den Vorteil, dass jeweils wirtschaftlich sinnvolle Mengen an leeren Behältern beim Empfänger gesammelt und erst dann zum Versender zurückgeführt werden. Insbesondere der Direkttausch mit Vorbehaltsfrist erfordert ein Informationssystem, das die zugehörigen Daten sammelt und die Fristen überwacht. Da die Rückführung der leeren Behälter jeweils zum ursprünglichen Versender erfolgt, sind teilweise erhebliche Strecken zu überbrücken.

- Die anspruchsvollste Form des Behälterrückflusses ist der *Saldoausgleich*. Bei diesem System werden sämtliche Behälterbestände und -bewegungen buchhalterisch erfasst und fallweise oder regelmäßig abgeglichen. Im Gegensatz zum Direkttausch muss der ursprüngliche Versender nicht gleichzeitig der Empfänger der zurückgeführten Behälter sein, da ein Ausgleich der Salden auch mit anderen Teilnehmern des Systems möglich ist. Bei Bedarf erfolgt ein Transport von leeren Behältern zu einem örtlich benachbarten Systemteilnehmer. Die Behälterverwaltung kann zwar prinzipiell von einem ausgewählten Systemteilnehmer vorgenommen werden, sie wird aber üblicherweise auf einen spezialisierten Dienstleister verlagert, der auch das zugehörige Informationssystem aufbaut und steuert.

Welche Abwicklung des Behälterrückflusses letztlich zur Anwendung kommt, hängt von verschiedenen Faktoren, z. B. der räumlichen Verteilung der Systembeteiligten und der Wahl der Organisationsform, ab. Innerhalb einer Logistikkette ist auch eine Kombination der Abwicklungsformen möglich, z. B. Zug-um-Zug-Tausch zwischen Händler und Großhändler, während zwischen Großhändler und Zulieferer die Abwicklung in Form des Direkttauschs erfolgt.

Insbesondere von Dienstleistern betriebene Poolsysteme sehen sich zusätzlich mit dem Problem der Kostenverrechnung konfrontiert. Die Abrechnung erfolgt entweder über ein *Pfand*, in das die Nutzungsgebühr für die bereitgestellten Behälter bereits eingerechnet ist, oder aber über *Verbuchungssysteme*, bei denen den Systemnutzern die anfallenden Kosten verursachungsgemäß zugerechnet werden können. Speziell beim Einsatz von Verbuchungssystemen ist es für den Systembetreiber unerlässlich, zu jedem Zeitpunkt einen Überblick zu haben, welche Behälter sich an welcher Stelle im Kreislauf befinden. Hierfür sind entsprechende Informationssysteme erforderlich, die dem Dienstleister sämtliche Informationen über Behälterbestände und -bewegungen liefern (vgl. Abb. 10.10).

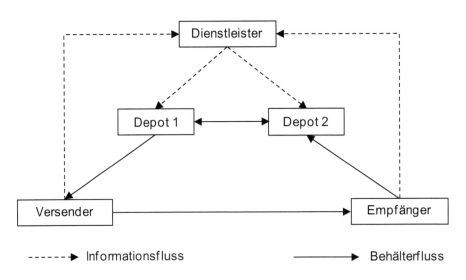

Abb. 10.10 *Informationsflüsse in Depotsystemen*

Die vom Versender an den Dienstleister gegebene Information über benötigte Behälter wird an ein Depot weitergegeben, das die Auslieferung der Behälter an den Versender übernimmt.

Auf Empfängerseite muss der Dienstleister über das Eintreffen der leeren Behälter bzw. über die Notwendigkeit der Abholung informiert werden, die wiederum durch ein Depot durchgeführt wird. Gegebenenfalls kann der Dienstleister Ungleichgewichte in den Behälterbeständen der Depots durch den Transfer von Behältern zwischen den Depots ausgleichen. Um eine zügige und kostengünstige Abwicklung der Behälterflüsse zu erreichen und den Verwaltungsaufwand so gering wie möglich zu halten, ist eine weitgehend automatisierte Abwicklung der Buchungsvorgänge z. B. durch Barcodes oder RFID-Systeme vorteilhaft.

10.5 Weiterführende Literatur

Bruns, K.: Analyse und Beurteilung von Entsorgungslogistiksystemen, Gabler-Verlag, Wiesbaden 1997

Steven, M., Bruns, K.: Entsorgungslogistik, in: Das Wirtschaftsstudium 26, 1997, S. 695-700 u. S. 802-806

Steven, M., Tengler, S., Krüger, R.: Reverse Logistics, in: Das Wirtschaftsstudium 32, 2003, S. 643-647 u. S. 779-784

11 Green Logistics

Während in Lehreinheit 10 bei der Betrachtung der Entsorgungslogistik untersucht wurde, wie sich die Logistik zur Unterstützung bestimmter Umweltschutzaktivitäten einsetzen lässt, stehen in dieser Lehreinheit innerhalb der Logistik mögliche Umweltschutzmaßnahmen im Vordergrund. Unter dem Schlagwort *Green Logistics* werden alle Ansätze und Methoden zusammengefasst, die dazu beitragen, die Logistik umweltverträglicher zu gestalten. Dabei stehen die CO_2-Emissionen vor allem der Transportprozesse im Mittelpunkt der Maßnahmen. Ausgehend von den Umweltwirkungen der Logistik werden für die verschiedenen logistischen Prozesse Ansatzpunkte aufgezeigt, wie diese Emissionen reduziert werden können. Weiter wird untersucht, wie sich die Umsetzung des Just in Time-Prinzips auf die Umweltverträglichkeit der Logistik auswirkt. Schließlich werden unterschiedliche Möglichkeiten zur Internalisierung der externen Kosten des Verkehrs diskutiert.

Leitfragen: Welche Umweltwirkungen gehen von der Logistik aus?

Wie lassen sich die CO_2-Emissionen von Logistikprozessen erfassen?

Wie wirkt sich das Just in Time-Prinzip auf die Umweltverträglichkeit von Logistikprozessen aus?

Durch welche Maßnahmen kann der Staat erreichen, dass die externen Kosten des Transports bei den Unternehmen internalisiert werden?

11.1 Logistik und Umweltschutz

Angesichts der zunehmenden Verknappung von natürlichen Ressourcen wird an die Logistik – wie an sämtliche wirtschaftlichen Tätigkeiten – die Anforderung gestellt, die Ressourceneffizienz zu erhöhen, indem sie ihre Leistungen mit immer geringerem Ressourceneinsatz erbringt. Die Umweltverträglichkeit der Logistik lässt sich insbesondere über folgende Wirkmechanismen verbessern:

- Eine *Ressourcenschonung* lässt sich erreichen, indem sowohl reproduzierbare als auch nicht reproduzierbare Ressourcen möglichst sparsam eingesetzt werden. Beispiele sind der Einsatz von Fahrzeugen mit geringerem Luftwiderstand oder die Entwicklung sparsamerer Antriebsaggregate.

- Die *Ressourcensubstitution* ist vor allem bei nicht reproduzierbaren Ressourcen wie Erdöl von großer Bedeutung, um deren absolut begrenzten Vorrat über einen längeren Zeitraum strecken zu können. Zur Erreichung dieses Ziels können z. B. Verpackungen aus

11.1 Logistik und Umweltschutz

dem nachwachsenden Rohstoff Karton anstatt aus Kunststoff verwendet werden. Auch der Einsatz von Elektrofahrzeugen oder von Bio-Kraftstoffen dient zur Ressourcensubstitution, wenn der Strom aus regenerativen Quellen stammt bzw. die Erzeugung des Kraftstoffs eine positive Ökobilanz aufweist.

- Generell sollten sowohl auf der Input- als auch auf der Outputseite von betrieblichen Prozessen *umweltbelastende Stoffe* soweit wie möglich vermieden werden. So können bei Frachtschiffen durch die Nutzung des Treibstoffs Diesel statt Schweröl die umweltschädlichen Schwefeldioxidemissionen stark reduziert werden.

Als schutzbedürftig erweisen sich sämtliche *Umweltmedien*, auf die logistische Prozesse eine Wirkung haben:

- Als erstes Umweltmedium ist die *Luft* bzw. die Atmosphäre zu nennen, da sie direkt als Aufnahmemedium für die vor allem bei Transportvorgängen entstehenden Emissionen aus der Verbrennung von Kraftstoffen dient.

- Das Umweltmedium *Wasser* ist insoweit von Logistikprozessen betroffen, als es durch Verluste von Treib- und Schmierstoffen zu Verunreinigungen sowohl von Oberflächengewässern als auch des Grundwassers kommen kann.

- In Bezug auf das Umweltmedium *Boden* steht die zunehmende Flächenversiegelung durch den Bau von Straßen, Parkplätzen und Gebäuden im Vordergrund. Nach Angaben des Umweltbundesamts wurden im Jahr 2013 in Deutschland täglich 80 Hektar zuvor unbebauter Boden zusätzlich versiegelt.

- Auch auf das Umweltmedium *Biosphäre* haben Logistikprozesse negative Auswirkungen. So führt die Flächenversiegelung für den Straßenbau zu einer Verkleinerung von Lebensräumen, die zusätzlich durch die Straßen zerschnitten werden. Dadurch werden Tier- und Pflanzenpopulationen in ihrem Bestand gefährdet.

Die Forderung nach stärkerer Berücksichtigung von Umweltschutzaspekten in der Logistik wird an die Unternehmen aus verschiedenen Perspektiven herangetragen (vgl. Abb. 11.1):

- Ein Teil der Anforderungen stammt aus den *Unternehmen selbst*. Viele Unternehmen verfügen bereits – teils aus tiefer Überzeugung, teils lediglich aus Imagegründen oder zur Erzielung von Wettbewerbsvorteilen – über ein institutionalisiertes Umweltmanagement. Dieses entwickelt Umweltstrategien, die auch für den Logistikbereich gelten.

- Eine wichtige externe Einflussgröße sind die *Kunden* des Unternehmens, die Anforderungen an die umweltverträgliche Durchführung von Transporten oder an den Ausweis der CO_2-Emissionen der angebotenen Waren und Dienstleistungen (Carbon Footprint) stellen.

- Aus der *Gesellschaft* werden insbesondere über die aktuelle Klimaschutzdebatte Anforderungen zur Reduktion von CO_2-Emissionen an das Unternehmen gestellt. Weiter wird erwartet, dass z. B. durch die Veröffentlichung von Nachhaltigkeitsberichten Transparenz über die Emissionen hergestellt wird.

- Auch von Seiten der *Politik* gibt es Anforderungen in Form zusätzlicher Vorschriften und Regulierungen, aber auch über die Weiterentwicklung von Pflichten zur Umweltberichterstattung. In Abschnitt 11.5 wird gezeigt, wie die externen Kosten der Logistik bei den Verursachern z. B. über Umweltabgaben internalisiert werden können.

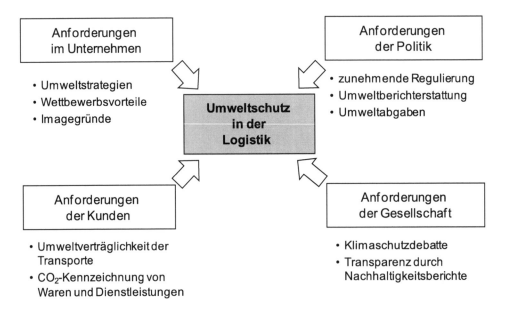

Abb. 11.1 Umweltanforderungen an die Logistik

11.2 Umweltwirkungen der Logistik

Unerwünschte *Umweltwirkungen der Logistik* treten in sämtlichen Phasen des logistischen Transformationsprozesses auf. Wie bereits in Abschnitt 9.4 dargestellt, wird in der Vorkombination die logistische Leistungsbereitschaft erzeugt. Die Endkombination wird anschließend durch das Auftreten des Logistikobjekts als externem Faktor angestoßen. Hier wird der Logistikprozess durchgeführt, als dessen Ergebnis die gewünschte Logistikleistung sowie Emissionen als unerwünschte Outputs entstehen. Da sich die unerwünschten Umweltwirkungen nur dann vollständig vermeiden lassen, wenn die Logistikprozesse eingestellt werden, ist nach Ansatzpunkten zu suchen, wie die Logistik umweltverträglicher gestaltet werden kann (vgl. Abb. 11.2).

- Auf der *Inputseite* eines Logistikprozesses können Maßnahmen wie Investitionen in effizientere Fahrzeuge oder eine Schulung von Mitarbeitern zur Kraftstoff sparenden Fahrweise durchgeführt werden. Beides führt über eine Reduktion der Faktoreinsatzmengen zur Verringerung der Umweltwirkungen.

11.2 Umweltwirkungen der Logistik

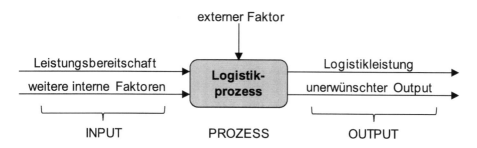

Abb. 11.2 Umweltwirkungen in der Logistik

- Auf der *Inputseite* des Logistikprozesses können Maßnahmen wie Investitionen in effizientere Fahrzeuge oder eine Schulung von Mitarbeitern zur Kraftstoff sparenden Fahrweise durchgeführt werden. Beides führt über eine Reduktion der Faktoreinsatzmengen zur Verringerung der Umweltwirkungen.

- Auch bei der Durchführung der *Logistikprozesse* selbst gibt es verschiedene Ansatzpunkte zur Reduktion der Umweltwirkungen, z. B. über die Auswahl der auf der operativen Ebene einzusetzenden Transport- und Fördermittel. Eine gute Tourenplanung (vgl. Abschnitt 8.2) kann die Fahrstrecken verringern. Eine verbrauchsoptimierte Intensität der Prozessdurchführung führt zu einer Entlastung sowohl auf der Input- als auch auf der Outputseite. Schließlich können integrierte Umweltschutzmaßnahmen, die in der Regel zu Prozesswechseln führen, die Logistikprozesse umweltverträglicher machen.

- Auf der *Outputseite* der Logistik steht die Verminderung des Schadstoffausstoßes, insbesondere in Form von CO_2-Emissionen, im Vordergrund. Diese sind eng mit der Art der Durchführung der Logistikprozesse verknüpft. Durch dem Prozess nachgeschaltete additive Umweltschutzmaßnahmen wie die Nachrüstung von Filtern lassen sich die Emissionen reduzieren.

Ein wichtiges Thema in der globalen und öffentlichen Diskussion ist der Treibhauseffekt, der auf die anthropogene Freisetzung von Kohlenstoffdioxid (CO_2) bei der Verbrennung fossiler Energieträger zurückgeht und zu einer Erwärmung der Erdatmosphäre und als Folge daraus zum drohenden *Klimawandel* führt. Daher steht derzeit die Emission von Treibhausgasen, d. h. eine Beeinträchtigung des Umweltmediums Luft, im Mittelpunkt der öffentlichen und politischen Diskussion. Dies sollte bei der Gestaltung von Logistikprozessen berücksichtigt werden.

Neben dem CO_2 gibt es eine Reihe weiterer Stoffe, die den Treibhauseffekt verstärken. Diese lassen sich, wie in Abb. 11.3 gezeigt, in CO_2-Äquivalente umrechnen. Die in Abb. 11.3 angegebenen Äquivalenzfaktoren beziehen sich auf die mittlere Erwärmungswirkung (Global Warming Potential, GWP) über 100 Jahre (vgl. United Nations 2014).

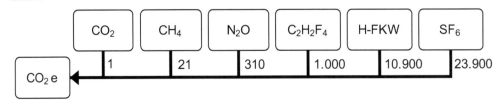

Abb. 11.3 *CO_2-Äquivalente*

- Methan (CH_4) entsteht in der Landwirtschaft, und zwar vor allem beim Reisanbau und bei der Haltung von Wiederkäuern. Seine Klimawirkung ist 21 mal so hoch wie die von CO_2.
- Lachgas bzw. Distickstoffoxid (N_2O) wird durch den Einsatz von Stickstoffdüngern in der Landwirtschaft freigesetzt, jede Einheit verursacht im Vergleich zu CO_2 die 310-fache Klimawirkung.
- Tetrafluorethan ($C_2H_2F_4$) ist ein Kältemittel, das in Kühlanlagen zum Einsatz kommt und die Klimawirkung von CO_2 um den Faktor 1.000 übersteigt.
- Fluorkohlenwasserstoffe (H-FKW) dienen ebenfalls als Kältemittel und werden darüber hinaus als Treibgas in Spraydosen und als Füllgas bei der Herstellung von Schaumstoffen verwendet. Der Äquivalenzfaktor im Vergleich zu CO_2 liegt bei 10.900.
- Schwefelhexafluorid (SF_6) wird als Schutzgas bei der Herstellung von Magnesium benötigt und ist 23.900 mal so klimaschädlich wie CO_2.

Zu dieser direkten Wirkung auf den Treibhauseffekt kommt hinzu, dass einige der Stoffe eine lange Verweilzeit in der Atmosphäre haben. Diese beträgt z. B. bei Methan 12 Jahre und bei Schwefelhexafluorid 3.200 Jahre.

Nach der ISO-Norm 14064 zur Bilanzierung von Treibhausgasen (Carbon Footprint) werden drei Wirkmechanismen unterschieden, über die sich die CO_2-Emissionen einem Unternehmen zurechnen lassen (vgl. Abb. 11.4):

- Als Scope 1 werden die *direkten Treibhausgasemissionen* der im Unternehmen selbst durchgeführten Produktions- und Logistikprozesse betrachtet. Auch die Emissionen aus der Bereitstellung von Strom und Wärme gehören dazu, wenn diese im Unternehmen erfolgen.
- Auf Scope 2 werden die Emissionen aus der *Strom- und Wärmebereitstellung* erfasst, wenn diese außerhalb des Unternehmens in den Vorketten stattfinden.
- Zu Scope 3 zählen schließlich die sonstigen *indirekten Emissionen* von Treibhausgasen, die z. B. durch Pendeln und Dienstreisen der Mitarbeiter oder durch von Speditionen durchgeführte Transporte entstehen.

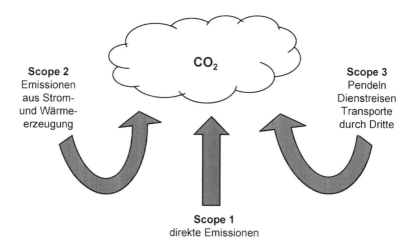

Abb. 11.4 CO_2-Betrachtungsebenen nach ISO 14061

11.3 Umweltaspekte in der Logistik

In den folgenden Unterabschnitten werden die bei der Durchführung der drei logistischen Kernprozesse Transport, Umschlag und Lagerung relevanten Umweltaspekte näher analysiert. Dabei wird deutlich, dass die meisten der vorgeschlagenen Maßnahmen nicht nur eine Umweltentlastung bewirken, sondern sich auch in ökonomischer Hinsicht vorteilhaft auswirken.

11.3.1 Umweltaspekte beim Transport

Beim Transport treten unerwünschte Umweltwirkungen auf der *Inputseite* in Form der regelmäßigen Inanspruchnahme von natürlichen Ressourcen verschiedener Art auf. Neben dem von der eingesetzten Menge her dominierenden Kraftstoffverbrauch, der in Abhängigkeit von der gefahrenen Strecke, der Beladung und der Fahrweise steht, zählen dazu die Nutzung bzw. Abnutzung der Verkehrsinfrastruktur (Straßen, Parkplätze, Brücken usw.) und der eingesetzten Fahrzeuge sowie die für ihren Betrieb erforderlichen Betriebsstoffe (Reifen, Schmieröl, Bremsflüssigkeit usw.).

Aus der Transformation dieser Inputs ergibt sich auf der *Outputseite* nicht nur die Transportleistung als Zielprodukt, sondern es resultieren auch vielfältige Umweltbelastungen. So führt der Einsatz von fossilen Kraftstoffen zu CO_2- und bei Dieselkraftstoff zusätzlich zu Partikelemissionen. Das Material von Reifen und Bremsbelägen wird durch den Betrieb der Fahrzeuge abgerieben und fein in der Umwelt verteilt, schließlich müssen die Fahrzeuge am Ende ihrer Lebensdauer entsorgt werden.

Um diese Umweltbelastungen zu reduzieren, kommen eine Reihe von *Maßnahmen* mit unterschiedlichen Ansatzpunkten in Betracht:

- Als erstes ist darauf zu achten, dass *unnötige Transporte*, bei denen keine Wertschöpfung erfolgt, vermieden werden. Dies gilt insbesondere für Leerfahrten, aber auch für Umwege oder vergebliche Kundenanfahrten.
- Auch durch die *Bündelung* von Transporten z. B. mithilfe von Gebietsspediteuren und Güterverteilzentren (vgl. Abschnitt 7.4) lassen sich Fahrten vermeiden.
- Eventuell lässt sich über eine *Veränderung der Verpackung* der transportierten Güter das Transportvolumen reduzieren, so dass eine größere Zuladung möglich ist, wodurch die Anzahl der insgesamt erforderlichen Fahrten reduziert wird.
- Auch durch eine *Ladeflächenoptimierung* lässt sich eine bessere Auslastung der Transportmittel erreichen.
- Durch *intelligente Verkehrssysteme* lassen sich insbesondere in Ballungsgebieten mit einer guten Verkehrsinfrastruktur die Transportrouten so planen bzw. dynamisch an die Verkehrssituation anpassen, dass Staus umfahren und die dabei entstehenden zusätzlichen Emissionen vermieden werden.
- Eine teilweise Substitution von Transportmitteln mit hohen Umweltbelastungen durch umweltverträglichere Alternativen erfolgt insbesondere beim *kombinierten Verkehr* (vgl. Abschnitt 7.5.3), der die Vorteile der verschiedenen Transportmittel sinnvoll miteinander verbindet.
- Auch durch ein systematisches *Fuhrparkmanagement* lassen sich Umweltentlastungseffekte erzielen. Investitionen in neue Transportmittel auf dem aktuellen Stand der Technik bzw. die vorrangige Nutzung von modernen Fahrzeugen reduzieren den Kraftstoffverbrauch und damit die Emissionen der Flotte. Teilweise ist der nachträgliche Einbau von Filtern möglich, um auch ältere Fahrzeuge umweltverträglicher nutzen zu können.
- Eine *Schulung der Fahrer* zum umweltbewussten Fahrverhalten setzt an der Durchführung des Transportprozesses an. Ergänzend können verschiedene Anreizmechanismen zum Einsatz kommen, z. B. Preise für den geringsten Durchschnittsverbrauch ausgelobt werden.
- Schließlich kommt in langfristiger Perspektive eine *Substitution* der eingesetzten Treibstoffe und Technologien in Betracht. Mit Druckgas betriebene Fahrzeuge verursachen je Tonnenkilometer geringere CO_2-Emissionen als Diesel- oder Benzinfahrzeuge. Der Einsatz von Elektro- oder Hybridfahrzeugen kann dazu beitragen, Schadstoffemissionen in Ballungsgebieten zu reduzieren.

11.3.2 Umweltaspekte beim Umschlag

Auch *Umschlagvorgänge*, bei denen die Ladung ganz oder teilweise auf ein anderes Transportmittel umgeladen wird, bieten vielfältige Ansatzpunkte zur Verringerung der unerwünschten Umweltwirkungen der Logistik. Diese hängen davon ab, welcher Zweck mit dem Umschlagvorgang verfolgt wird.

Dient der Umschlag der Bündelung bzw. Verteilung von Logistikeinheiten, dann können sowohl positive als auch negative Umweltwirkungen auftreten.

- Durch die *Bündelung* von Logistikobjekten zu einer umfangreichen Tour lassen sich unnötige Transporte bzw. schlecht ausgelastete Fahrzeuge vermeiden.
- Erfolgt ein Umschlagprozess, um Logistikobjekte z. B. im Rahmen der *City-Logistik* auf kleinere, kraftstoffsparende Transportmittel zu verteilen, so ist dies zwar mit längeren Fahrstrecken verbunden, kann aber dennoch insgesamt zu Einsparungen bei Kraftstoffverbrauch und Emissionen führen.

Der Umschlagvorgang des *Sortierens* führt zu einer Sortenänderung der Logistikobjekte. Trennt man z. B. Waren nach ihren Temperaturanforderungen in Gruppen auf, die Kühlung bzw. keine Kühlung erfordern, so lässt sich gegenüber einer gemeinsamen Lagerung Energie einsparen.

Zum Umschlag zählt auch das *Verpacken* von Logistikobjekten (vgl. Abschnitt 9.3). Positive Umweltwirkungen lassen sich erzielen, indem versucht wird, auf eigentlich unnötige Verpackungen zu verzichten und möglichst umweltverträgliche Verpackungsmaterialien einzusetzen. Dazu zählt auch die Verwendung von gut rezyklierbaren Verpackungen oder Mehrwegverpackungen.

Allerdings führt jeder Umschlagprozess zu zusätzlichem Ressourcenverbrauch, was bei einer ganzheitlichen Betrachtung berücksichtigt werden muss.

11.3.3 Umweltaspekte bei der Lagerung

Der Vorgang der *Lagerung* von Logistikobjekten verursacht negative Umweltwirkungen über den Energieverbrauch für die Beleuchtung, Sicherung, Heizung bzw. Kühlung des Lagerhauses sowie im Störfall über das Eindringen von potentiell gefährlichen Substanzen in die Umweltmedien Luft, Wasser oder Boden. Darüber hinaus sind die mit den Ein- und Auslagerungsvorgängen verbundenen Umweltwirkungen zu berücksichtigen.

Auf der *strategischen Ebene* werden Entscheidungen über den Bau, die Ansiedlung und die Ausgestaltung von Lagern getroffen. Dort gibt es folgende Ansatzpunkte zur Verbesserung der Umweltverträglichkeit der Lagerung:

- Über die *Standortwahl* beim Bau eines Lagerhauses lassen sich die später von den Lieferanten und zu den Kunden zurückzulegenden Entfernungen und damit der Ressourcenverbrauch und die aufgrund der Transportprozesse auftretenden Emissionen beeinflussen. Man kann z. B. darauf achten, einen Standort in der Nähe von Gleisanschlüssen oder (Binnen-)Häfen zu bevorzugen, um im laufenden Betrieb die Vorteile des kombinierten Verkehrs nutzen zu können.

- Die *Ressourceneffizienz* des Gebäudes wird durch Entscheidungen über seine Ausrichtung und die verwendeten Baumaterialien beeinflusst. Unter dem Stichwort Green Building werden Maßnahmen zur besonders effizienten Nutzung von Energie, Wasser und anderen natürlichen Ressourcen zusammengefasst. Dazu zählen z. B. die Gebäudedämmung, die passive Heizung durch Fensterflächen zur Sonnenseite, die Kreislaufführung von Regen- und Brauchwasser, die Nutzung regenerativer Energien und der konsequente Einsatz von Energiespartechniken wie LED-Lampen, Bewegungsmeldern, Wärmerückgewinnung, Wasserspartasten, usw.

Auf der *operativen Ebene* steht der laufende Betrieb eines Lagers im Vordergrund, bei dem ebenfalls zahlreiche umweltrelevante Aspekte zu berücksichtigen sind:

- Beim Betrieb eines Lagerhauses können der Energieverbrauch und die lokal entstehenden Emissionen über die Auswahl der innerbetrieblichen *Fördermittel* (vgl. Abschnitt 4.1) beeinflusst werden.

- Weiter sind Vorkehrungen für die sichere Lagerung von *Gefahrgütern* zu treffen, die zuverlässig von der natürlichen Umwelt ferngehalten werden müssen.

- Über eine möglichst exakte Bedarfsermittlung bzw. *Bestellmengenplanung* lassen sich sowohl Überbestände als auch Fehlmengen und die damit verbundene unnötige Ressourcenbindung bzw. die zusätzlichen Emissionen von Nachlieferungen vermeiden.

- Bei den *Ein- und Auslagerungsvorgängen* haben die für die Materialien und Waren gewählten Bereitstellungsprinzipien einen großen Einfluss auf die Umweltwirkungen.

  - Die *Einzelbeschaffung* im Bedarfsfall führt zu häufigen Transporten und einem entsprechend hohen Energieverbrauch, dafür sind die Bestände und die von ihnen ausgehenden Umweltwirkungen gering.

  - Bei der *Vorratsbeschaffung* hingegen sind zwar weniger Transporte erforderlich, allerdings bedeuten die hohen Bestände eine hohe Kapital- und Ressourcenbindung. Diese erhöht das Obsolenzrisiko, dass nicht nachgefragte Vorräte später entsorgt werden müssen.

  - Die günstigsten Umweltwirkungen ergeben sich bei der *fertigungssynchronen Beschaffung*, die mit geringen Beständen und einer mittleren Transporthäufigkeit einhergeht. Das dieser Beschaffungspolitik zugrunde liegende Just in Time-Prinzip wird im folgenden Abschnitt näher untersucht.

11.4 Just in Time und Umweltschutz

Das *Just in Time-Konzept* stellt auf eine Rationalisierung des inner- und zwischenbetrieblichen Materialflusses ab, indem Lagerhaltung weitgehend vermieden bzw. auf die Wertschöpfungsstufe mit der geringsten Kapitalbindung verlagert wird. Es bedeutet letztlich eine Orientierung am Effizienzprinzip, das die Verschwendung von Ressourcen zu vermeiden

11.4 Just in Time und Umweltschutz

versucht. Die beiden wesentlichen Ausprägungen des Just in Time-Konzepts sind die auf den innerbetrieblichen Materialfluss abzielende *Just in Time-Produktion* und die die Lieferanten einbeziehende *Just in Time-Beschaffung*. Im Folgenden werden zunächst potentielle positive und negative Umweltwirkungen des Just in Time-Konzepts dargestellt und anschließend Ansatzpunkte für eine umweltverträglichere Ausgestaltung aufgezeigt (vgl. Steven 1994b).

11.4.1 Positive Umweltwirkungen von Just in Time

Positive Umweltwirkungen des Just in Time-Konzepts resultieren in erster Linie aus der Verbesserung der Effizienz von Produktionsabläufen und Lieferungsvorgängen durch die Nutzung von vorher nicht erkannten Einsparungspotentialen. Es lassen sich folgende Ansatzpunkte für derartige Einsparungen identifizieren:

- *Reduktion des Ressourceneinsatzes*: Ein wesentliches Element der Just in Time-Produktion ist die in den Produktionsprozess integrierte Qualitätskontrolle. Wenn weniger Ausschuss produziert wird, wird der Aufwand vermieden, der bei herkömmlicher Produktion für die Endkontrolle, die Nachbearbeitung von Schlechtteilen und den Materialverlust durch fehlerhafte Teile entsteht. Hieraus ergeben sich Ansatzpunkte für Personal- und Materialeinsparungen, Einsparungen bei den Maschinenkapazitäten und auch Einsparungen bei den benötigten Entsorgungskapazitäten.

- *Reduktion von Güterbewegungen*: Dadurch, dass die Produkte exakt zum Bedarfszeitpunkt bereitgestellt werden, lassen sich die bewegten Gütermengen reduzieren. Da aufgrund der verbesserten Qualitätskontrolle weniger Ausschuss entsteht, werden auch geringere Mengen an Schlechtteilen bei den inner- und zwischenbetrieblichen Transportprozessen bewegt. Mit dem Anteil an Schlechtteilen sinkt gleichzeitig der Umfang der Reklamationen und Retouren, so dass die für die Rücknahme erforderlichen Transportvorgänge vermieden werden. Durch die bedarfsgerechte Fertigung und Lieferung kommt es seltener zu einer Überversorgung oder Falschlieferung. Aufgrund der verbesserten Information über die am Markt nachgefragten Produkte wird die nicht abgesetzte Menge reduziert und damit werden auch die für ihre Rücknahme erforderlichen Transportvorgänge eingespart.

- *Reduktion der Transportleistungen*: Nicht nur bei den transportierten Gütermengen, sondern auch bei den zurückgelegten Wegen bieten sich Einsparungsmöglichkeiten. Die Konzentration auf einen oder wenige Lieferanten erlaubt es, die bei diesen bezogenen Teile zu gebündelten Transporten zusammenfassen und dadurch eine bessere Auslastung der Transportmittel zu erreichen. Auch bei täglicher Belieferung können so häufig komplette Lastzüge zusammengestellt werden. Je größer die von einem Lieferanten bezogene Menge ist, desto mehr lohnt sich der Einsatz von Transportmitteln mit höherer Kapazität, die bei Vollauslastung eine günstigere Umweltbilanz je transportierter Einheit aufweisen. Wird die Just in Time-Beschaffung nach dem japanischen Vorbild realisiert, d. h. siedeln sich die Lieferanten in räumlicher Nähe ihrer Abnehmer an, so reduzieren sich die zurückzulegenden Strecken erheblich.

- *Reduktion der Lagermengen*: Die Reduktion der Lagerhaltung auf allen Stufen des Produktions- und Transportprozesses ist ein erklärtes Ziel der Just in Time-Logistik. Dadurch werden nicht nur die Kapitalbindung und die damit verbundenen Kosten reduziert, sondern auch eine Reihe weiterer Einsparungen ausgelöst. Je geringer der Lagerbestand ist, desto weniger Materialverluste durch Verderb, Schwund und technische oder modische Obsoleszenz treten auf. Bei einem verringerten Lagerbestand ist ein kleineres Lager möglich, d. h. es kommt zu Einsparungen in Bezug auf den Flächenverbrauch und bei den Lagereinrichtungen. Mit dem Lagerbestand reduzieren sich auch die Ein- und Auslagerungsvorgänge.

- *Erhöhung der Produktivität der Produktionsprozesse*: Höhere Produktivität bedeutet, dass das gleiche Produktionsergebnis mit geringerem Einsatz an Produktionsfaktoren erzielt wird. Da letztlich alle in der Produktion eingesetzten Materialien aus knappen natürlichen Ressourcen bestehen, wird durch eine Einsparung an dieser Stelle eine Umweltentlastung bewirkt. Aufgrund der verbesserten Informationslage bei Just in Time findet weniger Produktion am Markt vorbei statt. Da die Produktionsvorlaufzeiten verkürzt werden, lässt sich die Vorratsproduktion zugunsten exakt planbarer Auftragsproduktion reduzieren. Die Realisierung der Just in Time-Produktion geht häufig mit der Einführung neuer Fertigungsanlagen mit größerer Produktivität und Flexibilität einher. Diese ermöglichen es, die vorher vorherrschende Bestandsflexibilität durch eine *Prozessflexibilität* zu ersetzen. Die aufgrund des höheren Qualitätsniveaus reduzierte Ausschussrate trägt ebenfalls zur Erhöhung der Produktivität der Produktionsprozesse bei.

Es sind also deutliche Ansatzpunkte für eine Reduktion von Umweltbelastungen durch die Einführung der Just in Time-Logistik erkennbar. Inwieweit eine tatsächliche Umweltentlastung erfolgt, ist einerseits davon abhängig, ob sich die zuvor genannten Verbesserungsmöglichkeiten und Einsparungspotentiale realisieren lassen, insbesondere aber davon, ob sie die im Folgenden dargestellten negativen Umweltwirkungen kompensieren können.

11.4.2 Negative Umweltwirkungen von Just in Time

Negative Umweltwirkungen der Just in Time-Logistik entstehen immer dann, wenn anstelle von Einsparungen ein erhöhter Verbrauch natürlicher Ressourcen erfolgt. Für das Auftreten negativer Umweltwirkungen bestehen im Wesentlichen dieselben Ansatzpunkte wie für Umweltentlastungen. Entscheidend für die Gesamtwirkung ist, welcher Effekt letztlich überwiegt.

- *mehr Güterbewegungen*: Die Umsetzung des Just in Time-Prinzips kann zu zusätzlichen Güterbewegungen führen, die zum Teil erst durch die zeitgerechte Anlieferung provoziert werden. Just in Time bewirkt eine Tendenz zu verstärkter zwischenbetrieblicher Arbeitsteilung. Durch die Aufteilung von Wertschöpfungsvorgängen auf verschiedene Unternehmen fallen zusätzliche Transporte an, die Umweltbelastungen bewirken. Falls die Zwischenlagerung der Waren bis zur Auslieferung in einem externen Lager erfolgt, sind zusätzliche Ein- und Auladevorgänge, häufig auch zusätzliche Warenbewegungen aufgrund von Umwegtransporten erforderlich.

11.4 Just in Time und Umweltschutz

- *mehr Transportleistungen*: Auch bei den tatsächlich erbrachten Transportleistungen kann die Umsetzung von Just in Time eine Zunahme bewirken. Falls das Just in Time-Prinzip durch eine häufige Anlieferung von kleinen Transportlosen realisiert wird, so sind hierfür mehr Fahrzeuge erforderlich, die mehr Fahrten zurücklegen und dadurch größere Umweltbelastungen hervorrufen. Kleine Transportlose bedeuten in der Regel eine schlechtere Auslastung der Transportmittel. Schließlich sind die häufigen Leerfahrten zu nennen, die durch die Notwendigkeit, das Transportmittel schnell wieder verfügbar zu haben, verursacht werden.

- *Stauungen und Wartezeiten*: Unerwünschte Begleiterscheinungen der Just in Time-Zulieferung sind Stauungen auf den Straßen und vor den Werkstoren, die ebenfalls einen erhöhten Ressourcenverbrauch durch zusätzlichen Verkehr hervorrufen. So bewirkt eine schlechte Organisation in der Warenannahme des Abnehmers, dass sich die anliefernden LKW vor der Entladerampe stauen, obwohl sie termingerecht eingetroffen sind. Sowohl Verzögerungen bei der Warenannahme als auch Stauungen auf den Verkehrswegen führen zu einer Verlängerung der Transportzeiten; daraus resultiert eine verringerte Produktivität der Transportmittel.

- *weiterer Straßenausbau*: Falls der verstärkte Einsatz von Just in Time den Bau zusätzlicher Straßen erfordert, ist auch dies eine negative Umweltwirkung des Konzepts. Mehr Straßen erfordern insbesondere zusätzlichen Ressourceneinsatz beim Straßenbau in Form von Flächenversiegelung, Energieverbrauch und Materialeinsatz. Weiter sind sie mit Folgekosten für die Instandhaltung der Straßen sowie mit höherem Ressourceneinsatz verbunden und bewirken weitere, vom Umfang und der Nutzung des Straßennetzes abhängige Umweltbeeinträchtigungen, z. B. Reifenabrieb, Öl im Grundwasser, Treibstoffverbrauch, Emissionen von Klimagasen, Schwefel- und Stickoxiden, Schäden durch Gefahrgutverlust.

Abb. 11.5 stellt die positiven und negativen Wirkungen von Just in Time nochmals in Form einer Argumentenbilanz zusammen.

pro Just-in-Time	contra Just-in-Time
• Reduktion des Ressourceneinsatzes	• mehr Güterbewegungen
• Reduktion von Güterbewegungen	• mehr Transportleistungen
• Reduktion der Transportleistungen	• Stauungen und Wartezeiten
• Reduktion der Lagermengen	• weiterer Straßenausbau
• Erhöhung der Produktivität	
→ Reduktion von Verschwendung	→ Fehlallokation von Ressourcen

Abb. 11.5 Argumentenbilanz zur Umweltverträglichkeit von Just in Time

Die zuvor genannten Probleme sind letztlich auf eine ineffiziente Gestaltung und Umsetzung des Just in Time-Prinzips zurückzuführen und bringen einen weitgehenden Verlust der zuvor angeführten Umweltentlastungspotentiale mit sich. Wie die genannten Beispiele zeigen, gehen die negativen Umweltwirkungen in erster Linie von der Just in Time-Zulieferung und weniger von der Just in Time-Produktion aus. Daher werden im folgenden Abschnitt Maßnahmen diskutiert, die die Umweltverträglichkeit der Just in Time-Zulieferung erhöhen.

11.4.3 Maßnahmen zur umweltverträglichen Gestaltung der Just in Time-Zulieferung

Maßnahmen, die dazu beitragen, die Umweltverträglichkeit des Just in Time-Konzepts zu verbessern, können auf verschiedenen Ebenen ansetzen. Es wird zwischen Maßnahmen unterschieden, die vom Staat bzw. von den mit Just in Time arbeitenden Unternehmen ausgehen.

1. Maßnahmen des Staates

Der Hauptansatzpunkt für staatliche Maßnahmen, die die Umweltverträglichkeit des Just in Time-Konzepts erhöhen sollen, besteht darin, das offensichtliche Marktversagen im Transportbereich zu korrigieren, indem die durch den Straßenverkehr verursachten externen Kosten bei den Verursachern internalisiert werden. Derartige Maßnahmen zielen im Wesentlichen auf eine Erhöhung der Verkehrswegekosten ab, z. B. die Erhebung von Straßenbenutzungsgebühren, eine Erhöhung der Mineralölsteuer oder eine Reform der Kraftfahrzeugsteuer nach ökologischen Kriterien. Eine solche Verteuerung der Nutzung der Verkehrswege bewirkt über den Marktmechanismus einerseits eine Reduktion der durchgeführten Transporte auf das ökologisch und gesamtwirtschaftlich optimale Maß, andererseits eine Umverteilung von vorher über die Straße durchgeführten Transporten auf die umweltverträglicheren Verkehrsträger Schiene und Binnenschifffahrt.

Durch die Anlastung tatsächlich *aller* durch den Verkehr verursachten Kosten würde die Attraktivität der Just in Time-Zulieferung erheblich verringert. Weiter resultiert hieraus ein Anreiz zur besseren Auslastung der eingesetzten Verkehrsmittel. Schließlich kann der Staat durch Infrastrukturmaßnahmen wie den Einsatz von Verkehrsleitsystemen dafür sorgen, dass auch bei zunehmenden Belastungen eine reibungslose Abwicklung der Transporte möglich ist.

2. Maßnahmen der Unternehmen

Auch die Unternehmen können durch eine Reihe von Maßnahmen dazu beitragen, dass sich Just in Time-Transporte umweltverträglicher durchführen lassen. Es bestehen insbesondere folgende Ansatzpunkte:

- *Verkehrsverlagerung* auf umweltverträglichere Verkehrswege: Sowohl die Schiene als auch die Binnenschifffahrt verfügen in Deutschland über ein weitverzweigtes Streckennetz und weisen eine deutlich günstigere Energiebilanz auf als der LKW-Verkehr. Weiter bestehen beim elektrifizierten Schienenverkehr bessere Möglichkeiten der Emissionsrückhaltung, da die Energieerzeugung zentral in Kraftwerken mit modernen Rückhaltetechniken durchgeführt wird.

- *kombinierter Verkehr*: Beim kombinierten Verkehr erfolgt zwar eine Beförderung von in Containern verladener Ware mittels Bahn oder Schiff, jedoch werden für den Transport vom Lieferanten zum Bahnhof oder Hafen sowie am Bestimmungsort vom Bahnhof oder Hafen zum Abnehmer der Ware weiterhin LKW eingesetzt. Auf diese Weise lassen sich die mangelnde Flexibilität und Flächendeckung der Schiene und der Schifffahrt kompensieren und das Umweltentlastungspotential dieser Verkehrsträger nutzen.

- *fahrzeugspezifische Emissionsminderungsmaßnahmen*: Durch Maßnahmen wie Rußfilter, sparsamere Motoren oder Windabweiser, die auf die Absenkung von Partikelausstoß und Treibstoffverbrauch sowie die Verringerung des Luftwiderstandswertes der Fahrzeuge abzielen, lässt sich deren Umweltverträglichkeit erhöhen.

- *Vermeidung von Leerfahrten*: Die weitestgehende Vermeidung von Leerfahrten ist wegen der damit verbundenen Erhöhung der Auslastung der Verkehrsmittel bereits aus rein ökonomischer Sicht ein lohnendes Ziel, sie trägt jedoch auch zur Verbesserung der Umweltbilanz von Just in Time-Transporten bei.

- *Auswahl der für Just in Time geeigneten Artikel*: Bei steigenden Preisen für die Umweltnutzung wird sich herausstellen, dass eine Just in Time-Zulieferung bei weitem nicht für alle Artikel lohnend ist, sondern sich oft eine stärkere Vorratshaltung als vorteilhaft erweist. Die bedarfsgerechte Zulieferung sollte sich auf vergleichsweise hochwertige Güter mit gut prognostizierbaren Verbrauchsmengen beschränken.

- *Standortverlagerung der Lieferanten*: Durch die Ansiedlung der Lieferanten in räumlicher Nähe des Abnehmers lassen sich die zurückzulegenden Strecken verkürzen und die durch die Transporte verursachten Umweltbelastungen entsprechend reduzieren.

11.5 Externe Kosten des Verkehrs

Unter *externen Kosten* versteht man solche Kosten, die nicht bei dem Verursacher, sondern bei anderen an einem System Beteiligten oder bei der Allgemeinheit entstehen. Im vorliegenden Fall stehen die monetären und nicht-monetären Auswirkungen von Umweltbelastungen aus dem Verkehr im Vordergrund. Die Politik hat verschiedene Möglichkeiten, den Verursacher stärker zur Abdeckung derartiger Kosten heranzuziehen. Neben moralischen Appellen zählen dazu Auflagen, Gebote und Verbote, Umweltsteuern bzw. -abgaben und Umweltzertifikate.

Im Folgenden werden verschiedene Maßnahmen der nationalen und internationalen *Umweltpolitik* dargestellt, die auf eine stärkere Beteiligung der Logistik an den von ihr verursachten Umweltschäden abzielen. Diese gehen teils nach dem Prinzip der Auflagensteuerung vor, teils erfolgen sie als Abgabensteuerung (vgl. Merklein 2012).

11.5.1 Feinstaubbelastung

Die von Kraftfahrzeugen emittierten *Staubpartikel* stellen im innerstädtischen Verkehr, vor allem in Ballungsgebieten, eine große Belastung dar, die die Gesundheit der Anwohner gefährden kann. Daher hat die Europäische Union 2005 eine Richtlinie erlassen, durch die Grenzwerte für Feinstaubpartikel PM_{10} definiert werden. Darunter versteht man Teilchen mit einem Durchmesser von weniger als 10 μm, die nicht sofort zum Boden sinken, sondern eine längere Zeit in der Luft schweben. Größere Teilchen werden von den natürlichen Schutzmechanismen in Mund, Nase und Rachen zurückgehalten, doch je kleiner die Staubpartikel sind, in desto größerem Ausmaß erreichen sie die kleineren Bronchien und die Lungenbläschen, wo sie Gesundheitsschäden verursachen können.

Der *Straßenverkehr* ist zwar nicht die einzige, aber eine wesentliche Quelle für den Feinstaub. Da insbesondere Dieselmotoren Feinstaubemissionen verursachen, ist die Logistikbranche stark von dieser Problematik betroffen. Die EU-weit geltenden Grenzwerte betragen im Jahresmittelwert 40 μg Feinstaub je m^3 Luft, als Tagesmittelwert sind maximal 50 $\mu g/m^3$ an einer Messstelle zulässig. Dieser Tagesmittelwert darf an maximal 35 Tagen im Jahr überschritten werden, andernfalls sind von den Kommunen Luftreinhaltepläne und Aktionspläne aufzustellen. Mögliche kommunale Maßnahmen zur Reduktion der Feinstaubbelastung sind:

- stundenweise oder tageweise *Fahrverbote* für LKW oder für sämtliche Fahrzeuge an besonders belasteten Strecken

- Fahrverbote bei Inversionswetterlagen, da diese die Anreicherung der Feinstaubpartikel in Bodennähe zusätzlich begünstigen

- Einführung von *Umweltzonen*, in die nur noch Fahrzeuge einfahren dürfen, die bestimmte Grenzwerte einhalten. So ist mittlerweile das gesamte Ruhrgebiet mit Ausnahme der hindurchführenden Autobahnen eine Umweltzone, für deren Befahren seit dem 1. Juli 2014 eine grüne Feinstaubplakette erforderlich ist.

- Reduktion des Fahrzeugverkehrs z. B. durch eine *City-Maut*, wie sie während der Woche in London erhoben wird

- *Subventionen* an die Fahrzeughalter für den Einbau von Partikelfiltern

- häufigere *Straßenreinigung*

Will ein Logistikunternehmen seine Feinstaubemissionen reduzieren, so stehen ihm neben einer Reduktion der gefahrenen Strecken, die in der Regel mit Umsatzeinbußen einhergeht, die Nachrüstung der Fahrzeuge mit Partikelfiltern und die mittel- bis langfristige Umstellung des Fahrzeugparks auf emissionsärmere Fahrzeuge zur Verfügung, die jeweils mit zusätzlichen Kosten verbunden sind. Über beide Mechanismen erfolgt daher eine zumindest teilweise Internalisierung der externen Kosten des Verkehrs bei den Verursachern der Umweltbelastung.

11.5.2 LKW-Maut

In Deutschland wird seit dem 1. Januar 2005 von schweren LKW (zulässiges Gesamtgewicht über 12 *t*, ab Oktober 2015 über 7,5 *t*) auf insgesamt ca. 14.000 *km* Autobahnen und autobahnähnlichen Schnellstraßen eine *LKW-Maut* als streckenbezogene Nutzungsgebühr erhoben. Die Einführung der LKW-Maut erfolgte nicht primär aus umweltpolitischen Überlegungen, sondern um den Schwerverkehr – insbesondere die ausländischen Fahrzeuge, die Deutschland als Transitland nutzen – an den Kosten der Verkehrsinfrastruktur zu beteiligen. Jedoch wird der Mautsatz in Abhängigkeit von der Schadstoffklasse des Fahrzeugs ermittelt, so dass ein Anreiz zum Einsatz schadstoffärmerer Fahrzeuge entsteht.

Die Erhebung der Maut erfolgt elektronisch durch die Firma Toll Collect. Alle auf mautpflichtigen Straßen fahrenden Fahrzeuge müssen ein *On-Board-Unit* mit sich führen, das kostenlos zur Verfügung gestellt wird und eine Ortung über GPS ermöglicht. Ausländische Fahrer, die nur selten deutsche Straßen befahren, können an grenznahen Stationen ein On-Board-Unit ausleihen. Anhand der befahrenen Strecken wird der zu zahlende Mautbetrag ermittelt und dem Betreiber des Fahrzeugs in Rechnung gestellt. Zur Kontrolle wird zusätzlich an ca. 300 Mautbrücken und 450 mobilen Kontrollstellen bundesweit festgehalten, welche Fahrzeuge die entsprechenden Standorte passieren.

Der umweltpolitische Aspekt der LKW-Maut besteht darin, dass die zu zahlende Gebühr nicht nur mit der auf mautpflichtigen Straßen gefahrenen Strecke und der Anzahl der Achsen, sondern auch mit der Emissionsklasse des Fahrzeugs ansteigt. EU-weit werden acht Emissionsklassen unterschieden, wobei bis Ende 2014 die Klasse EEV (Enhanced Environmentally Friendly Vehicle) den anspruchsvollsten Abgasstandard darstellte. Ab Januar 2015 wird zusätzlich die Emissionsklasse Euro VI eingeführt, die deren Werte nochmals unterbietet.

Tab. 11.1 zeigt die ab Januar 2015 geltenden *Mautsätze*, die erstmals auch einen Anteil für die Luftverschmutzung enthalten. Dieser liegt je nach Schadstoffklasse zwischen 0 und 0,08 € je *km*.

Tab. 11.1 LKW-Maut in Deutschland ab 1. Januar 2015 (Quelle: statista.com 2014)

Emissions-klasse	Mautsatz in €/km bis zu 3 Achsen	Mautsatz in €/km ab 4 Achsen
Euro 0	20,8	24,4
Euro I	20,8	24,4
Euro II	19,8	20,4
Euro III	18,8	19,4
Euro IV	15,7	16,3
Euro V	14,6	15,2
EEV	14,6	15,2
Euro VI	12,5	13,1

Wie man sieht, liegen die Mautsätze für Fahrzeuge der Emissionsklasse 0 um ca. 65 % über denen für Fahrzeuge mit der derzeit modernsten Rückhaltetechnologie in Emissionsklasse VI. Die Emissionsklasse eines Fahrzeugs hängt ab von der Schadstoffklasse. Diese wird bei der Zulassung eines Fahrzeugs festgestellt und in die Fahrzeugpapiere eingetragen. Sie kann nachträglich nur über eine Nachrüstung verändert werden. Der Fahrzeugbetreiber kann die Entscheidung für eine solche Nachrüstung entweder aufgrund einer ökonomischen Vorteilhaftigkeit oder aus ökologischen Motiven treffen.

11.5.3 Emissionszertifikate im Luftverkehr

Seit 2005 besteht in der Europäischen Union ein System zum Handel mit *CO_2-Emissionszertifikaten* (EU Emission Trading System – EU ETS), durch das die im Rahmen des Kyoto-Abkommens eingegangenen Verpflichtungen zur Emissionsreduktion unterstützt werden sollen (vgl. Antes et al. 2008). Dieses System war zunächst auf die energieintensive Schwerindustrie sowie auf Energieversorgungsunternehmen beschränkt. Ein Emissionszertifikat berechtigt ein Unternehmen, eine Tonne CO_2 zu emittieren. Für Emissionen, die über die durch die gehaltenen Zertifikate zulässige Menge hinaus erfolgen, muss das Unternehmen eine Strafe zahlen.

Es handelt sich beim EU ETS um einen *Cap and Trade-Mechanismus*, bei dem die Menge der insgesamt erlaubten Emissionen nach oben begrenzt ist und die Unternehmen fehlende Emissionszertifikate z. B. über die Börse (EEX – European Energy Exchange in Leipzig) hinzukaufen können. Die Unternehmen werden also umso stärker mit den ökonomischen Folgen der von ihnen ausgehenden negativen Umweltwirkungen belastet, je höher ihre CO_2-Emissionen sind. Eine solche marktorientierte Lösung führt aus umweltpolitischer Sicht dazu, dass Maßnahmen zur Emissionsreduktion dort erfolgen, wo sie mit den geringsten Grenzkosten durchgeführt werden können. Durch das sogenannte Backloading kann der Staat bzw. in diesem Fall die EU über die Reduktion der Zertifikatsmenge das Ausmaß der Umweltbelastung steuern.

2008 wurde beschlossen, den *Luftverkehr* als den Sektor des Transportgewerbes mit den höchsten CO_2-Emissionen je Tonne Nutzlast in das System einzubeziehen. Die Zertifikatspflicht gilt für alle Flüge, die in der EU starten oder landen. Bei der Verbrennung von einem Liter Kerosin fallen nicht nur 2,57 *kg* CO_2-Emissionen an, sondern auch Stickoxide und Partikelemissionen, die über Kondensstreifen und die Bildung von Zirruswolken zusätzlichen Einfluss auf das Wettergeschehen haben. Eine Boeing 747 verbraucht beim Rollen auf der Startbahn 69 *l* Kerosin je Minute, in der Startphase werden 470 *l* auf den ersten beiden Kilometern verbraucht und während des Fluges durchschnittlich 1.250 *l* je 100 *km* (vgl. Steven et al. 2011). Durch einen 5.000 *km* langen Flug werden ca. 62.970 *l* Kerosin verbraucht und dadurch ca. 161 *t* CO_2 emittiert.

Die *Gesamtmenge an Zertifikaten* für die erste Handelsphase 2012 wurde auf 97 % der durchschnittlichen historischen CO_2-Emissionen von 2004 bis 2006 festgesetzt, um per Saldo einen Umweltentlastungseffekt zu erzielen. In der anschließenden zweiten Handelsphase von 2013 bis 2020 wird dieser Anteil dann sogar auf 95 % reduziert. 82 % der gesamten Zertifi-

11.5 Externe Kosten des Verkehrs

kat-Menge wird kostenlos auf Basis eines sektorweiten Benchmarks in *kg* CO_2 je Tonnenkilometer Transportleistung zugeteilt. Weitere 15 % werden auktioniert und eine spezielle Reserve von 3 % der Gesamtzertifikatmenge wird für Markteintrittskandidaten und wachstumsstarke Luftverkehrsgesellschaften vorgehalten. Der Handel mit den anderen Sektoren des EU ETS ist beschränkt, d. h. die Airlines können zwar Zertifikate von Teilnehmern aus anderen Sektoren kaufen, dürfen Zertifikate jedoch nicht an diese verkaufen (vgl. Steven/Merklein 2012). Nach größeren Ausschlägen in der Einführungsphase hat sich der Zertifikatspreis an der EEX auf ca. 7 € je t CO_2 eingependelt.

Den *Fluggesellschaften* bieten sich folgende Möglichkeiten, auf die Einführung des CO_2-Zertifikatshandels zu reagieren:

- *Handelsstrategien*: Wenn zu erwarten ist, dass ein Unternehmen Emissionszertifikate zukaufen muss, kann es sich z. B. durch Optionen oder Futures gegen das Preisrisiko, aber auch gegen Mengenrisiken auf dem Spot-Markt absichern. Während bei einer Option das Recht erworben wird, Zertifikate zu einem in der Zukunft liegenden Zeitpunkt zu einem bestimmten Preis zu kaufen, besteht bei Futures eine Erfüllungspflicht, d. h. es wird eine Zertifikatsmenge zu einem festen Preis für einen zukünftigen Zeitpunkt erworben. Weiter besteht die Möglichkeit, durch Beteiligung an sogenannten Clean Development Mechanisms Klimaschutzprojekte in bestimmten Ländern mitzufinanzieren und sich die dadurch erreichte CO_2-Reduktion auf die eigenen Verpflichtungen anrechnen zu lassen.

- *Preisstrategien*: Eine Fluggesellschaft kann die durch den Erwerb von Zertifikaten entstehenden zusätzlichen Kosten über die Fracht- bzw. Ticketpreise auf die Passagiere abwälzen. Dabei ist nicht nur die Preiselastizität der Nachfrage, sondern auch die Konkurrenzsituation zu berücksichtigen. Eine weitere Möglichkeit, über den vom Kunden gezahlten Gesamtpreis zu agieren, besteht darin, die Passagiere zur Teilnahme an Carbon Offsetting Programmen aufzufordern. Dabei leisten die Passagiere eine freiwillige CO_2-Abgabe, die den durch ihren Flug entstehenden Emissionen entspricht, und die Fluggesellschaft verwendet diese Einnahmen zur Unterstützung von Umweltschutzprogrammen, z. B. zur Finanzierung von Aufforstungsprojekten in Entwicklungsländern.

- *Minderungsstrategien* zielen auf eine direkte Reduktion der CO_2-Emissionen ab. Dabei kommen zum einen technische Maßnahmen wie eine verbesserte Wartung und Instandhaltung sowie (Ersatz-)Investitionen in emissionsärmere Flugzeuge in Betracht, zum anderen lassen sich die Emissionen durch Planungsmaßnahmen wie die Optimierung der Flugrouten verringern.

- Prinzipiell lässt sich durch eine *Rekonfiguration der Flugnetzwerke*, d. h. die Verlagerung der Knotenpunkte in Staaten, in denen das EU ETS nicht gilt, die Zahl der Flüge, für die Zertifikate vorzuhalten sind, reduzieren. Allerdings wurde diese Maßnahme angesichts des hohen organisatorischen Aufwands und der relativ geringen Zahlungen für das EU ETS von den Fluggesellschaften nicht durchgeführt.

11.6 Weiterführende Literatur

Antes, R., Hansjürgens, B., Letmathe, P. (Hrsg.): Emissions Trading – Institutional Design, Decision Making and Corporate Strategies, Springer, Berlin, 2008

Dyckhoff, H., Umweltmanagement, Springer Verlag, Berlin, 2000

Steven, M.: Just-in-Time und Umweltschutz, in: CIM-Management 10, 1994b, S. 54-58

Steven, M.: Produktion und Umweltschutz – Ansatzpunkte für die Integration von Umweltschutzmaßnahmen in die Produktionstheorie, Gabler, Wiesbaden, 1994a

Steven, M., Merklein, T.: Ökologische Verantwortung und Umweltberichterstattung im Luftverkehr, in: Hahn, R., Janzen, H., Matten, D. (Hrsg.), Die gesellschaftliche Verantwortung des Unternehmens, Schäffer-Poeschel, Stuttgart 2012, S. 349-369

12 Supply Chain Management

Seit Mitte der 1990er Jahre stößt das Supply Chain Management als Ansatz zur Koordination der Aktivitäten in einem Wertschöpfungsverbund auf zunehmendes Interesse in Wissenschaft und Praxis. Ausgehend von den begrifflichen Grundlagen und den Ursprüngen des Supply Chain Management werden die auf den verschiedenen Planungsebenen relevanten Aufgabenstellungen behandelt. Weiter werden die wichtigsten Verfahren zur Planung und Steuerung von Supply Chains dargestellt.

Leitfragen: Was versteht man unter einer Supply Chain?

Was bewirkt der Bullwhip-Effekt?

Auf welchen Ebenen sind Entscheidungen zur Gestaltung und Steuerung einer Supply Chain zu treffen?

Welche Planungsverfahren kommen für Supply Chains in Betracht?

12.1 Begriff und Ursprung des Supply Chain Managements

Supply Chain Management ist ein umfassender Ansatz zur integrierten Planung, Steuerung und Kontrolle aller in einer Wertschöpfungskette (Supply Chain) auftretenden Prozesse sowie der zugehörigen Material-, Informations- und Finanzflüsse. Die wesentliche Aufgabe des Supply Chain Managements besteht in der unternehmensübergreifenden Planung, Steuerung und Kontrolle der Leistungserstellung sowie der logistischen Prozesse in einer mehrstufigen Wertschöpfungskette. Grundelement einer Supply Chain ist das in Abb. 12.1 dargestellte Supply Chain Operations Reference Model (*SCOR-Modell*), das vom Supply Chain Council (2000) als Standard formuliert wurde.

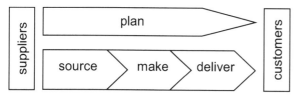

Abb. 12.1 SCOR-Modell

Das SCOR-Modell unterscheidet die zwischen der Lieferanten- und der Kundenseite ablaufenden *Kernprozesse* Beschaffung (source), Produktion (make) und Absatz (deliver) sowie die diesen übergeordneten Planungsprozesse. Eine Supply Chain ist ein Wertschöpfungsverbund aus Lieferanten, Herstellern, logistischen Dienstleistern und Kunden, der diese Kernprozesse bei jedem Unternehmen mit denen der vor- und nachgelagerten Wertschöpfungsstufen verknüpft.

Zu beachten ist, dass sich beim Supply Chain Management die Begriffe „Lieferant" und „Kunde" nicht nur auf externe Partner, mit denen das betrachtete Unternehmen in marktbezogenen Austauschbeziehungen steht, beziehen, sondern auch andere Einheiten des eigenen Unternehmens bezeichnen können, von denen eine betrachtete Einheit Material erhält oder an die sie Material liefert. Auch innerbetriebliche Beziehungen werden somit als Teil der Supply Chain angesehen und mit ähnlichen Methoden wie die externen Lieferbeziehungen geplant und gesteuert.

Auch wenn der Begriff Supply Chain Management einen linearen Aufbau der Wertschöpfungskette suggeriert, herrschen in der Realität *netzwerkartige Strukturen* vor. Die konkrete Struktur einer Supply Chain hängt unter anderem von der Art der hergestellten Produkte, von den Aktivitäten der beteiligten Kunden und Lieferanten, von der Machtverteilung zwischen den verschiedenen Unternehmen und von deren strategischen Erwägungen ab.

Ausgangspunkt der *Entwicklung* des Supply Chain Managements ist die Wertschöpfung im eigenen Unternehmen. Bei der auf Porter zurückgehenden prozessorientierten Sichtweise der Unternehmensführung (vgl. Porter 1985) werden die betrieblichen Funktionen nicht isoliert betrachtet, sondern im Zusammenhang. Damit stehen die *Wertkette* (Value Chain) als Abfolge von sinnvoll miteinander verknüpften unternehmensinternen Prozessen und ihr jeweiliger Beitrag zur Wertschöpfung (vgl. Abb. 12.2) im Mittelpunkt.

Erweitert man die interne Wertkette um die so genannten Downstream-Unternehmen, die die im Unternehmen hergestellten Produkte für den Markt verfügbar machen, so kommt man zum Konzept des Marketing Channel. Im *Marketing Channel Management*, das in den 1960er Jahren im Vordergrund stand, werden die Verflechtungen zwischen produzierenden Unternehmen, Groß-, Zwischen- und Einzelhändlern, weiteren Dienstleistern und letztlich auch den Konsumenten untersucht. Die Rolle der Logistik beschränkt sich in diesem Konzept auf die physische Distribution, d. h. die Lagerung, den Transport und die Verteilung von Endprodukten. Die Rolle der Logistik ist in diesem Konzept auf die physische Distribution beschränkt.

Bezieht man schließlich zusätzlich die Wertschöpfung der dem Unternehmen vorgelagerten Zulieferer bzw. Upstream-Unternehmen in die Untersuchung ein, so gelangt man zur Betrachtung der gesamten *Supply Chain*. Mitglied der Supply Chain eines Unternehmens bzw. eines Prozesses sind somit sämtliche vor- und nachgelagerten Einheiten, die jeweils auf verschiedene Weise zu der Wertschöpfung des Unternehmens beitragen (vgl. z. B. Zäpfel/Piekarz 2005). Letztlich ist jedes Unternehmen Mitglied in verschiedenen Supply Chains, so dass sich miteinander verknüpfte, netzwerkartige Strukturen ergeben, deren Planung und Steuerung hohe Anforderungen stellen.

12.1 Begriff und Ursprung des Supply Chain Managements

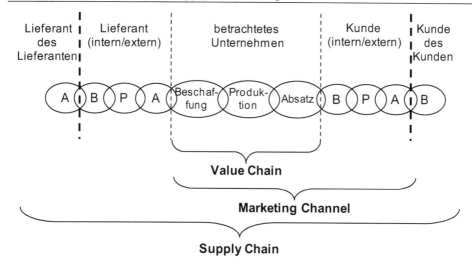

Abb. 12.2 *Entwicklung des Supply Chain Managements*

Eine weitere Wurzel des Supply Chain Managements liegt im Bereich der *Industrial Dynamics* (vgl. Forrester 1972). Dieser Ansatz bildet wirtschaftliche Zusammenhänge in komplexen dynamischen Systemen mithilfe von kybernetischen Regelkreisen ab und untersucht ihr Verhalten mithilfe von Simulationen.

Insbesondere wurde von Forrester der Frage nachgegangen, wie sich die Produktionsraten in einer mehrstufigen Lieferkette auf eine schwankende Nachfrage nach den Endprodukten abstimmen lassen, wenn zwischen den einzelnen Stufen Verzögerungen sowohl bei der Weitergabe von Informationen als auch bei der Fertigung und Auslieferung der jeweiligen Produkte auftreten. Bereits in einer einfachen Lieferkette mit einem Hersteller, einem Auslieferungslager, einem Groß- und einem Einzelhändler kann es, wie Abb. 12.3 zeigt, selbst bei geringen Vorlauf- und Verarbeitungszeiten zu erheblichen Verzögerungen zwischen dem Eingang von Kundenaufträgen und ihrer Auslieferung kommen.

Mithilfe des Industrial Dynamics Ansatzes konnte gezeigt werden, dass schon kleine Schwankungen bei der Nachfrage nach den Endprodukten zu deutlichen Schwankungen auf den vorgelagerten Wertschöpfungsstufen führen können und dass diese Schwankungen sogar von Stufe zu Stufe zunehmen. Dieser Effekt steigender Nachfrageschwankungen wird als *Forrester-Effekt* bzw. als *Bullwhip-Effekt* bezeichnet. Er beruht neben den zeitlichen Verzögerungen im Wesentlichen auf Sicherheitszuschlägen zu den prognostizierten Werten, die die Beteiligten aufgrund der schlechten Prognose- und Datenqualität vornehmen. Ein praktisches Beispiel ist der stark schwankende Auftragseingang bei einem Hersteller von Babywindeln, obwohl der Verbrauch dieses Produkts eine hohe Regelmäßigkeit aufweist.

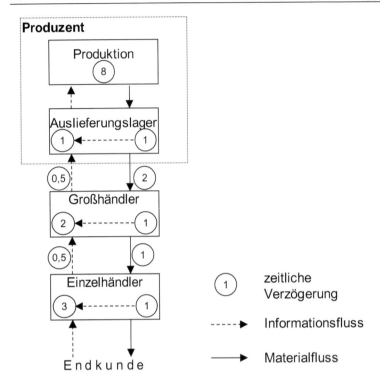

Abb. 12.3 Forrester-Effekt

Das Supply Chain Management soll vor allem durch eine bessere *Abstimmung* zwischen den Beteiligten dazu beitragen, dass die Schwankungen der Bedarfsmengen innerhalb der Supply Chain reduziert werden. Gelingt dies, kann auch die Zeit zwischen Auftragseingang und Auslieferung wesentlich verkürzt werden. Dadurch lässt sich die Effizienz der Leistungserstellung in der Supply Chain erhöhen und es lassen sich auch die insgesamt auftretenden Kosten senken. Wem diese Kosteneinsparungen zugutekommen, hängt von den Machtverhältnissen innerhalb der Supply Chain ab.

Geeignete *Maßnahmen* sind insbesondere der Zugriff aller Beteiligten auf gemeinsame Datenbestände, wie er z. B. beim Konzept des Efficient Consumer Response realisiert wird, die Abstimmung von Anlieferungsterminen auf die Produktionsanforderungen sowie die partnerschaftliche Kooperation bei Produktionsentscheidungen, z. B. die gemeinsame Festlegung von Fertigungs- und Transportlosgrößen. Dies setzt allerdings ein hohes Maß an Kommunikation und gegenseitigem Vertrauen voraus. Das ist problematisch, wenn wie in der Automobilindustrie mehrere miteinander konkurrierende Zulieferer Mitglied in der Supply Chain sind. Um die Handhabung der in einer Supply Chain auftretenden großen Anzahl von Materialien effizient planen und steuern zu können, sind darüber hinaus die verschiedenen Prozesse und Aktivitäten zeitlich eng zu koppeln und nach Möglichkeit am Just in Time-Prinzip (vgl. Abschnitt 11.4) auszurichten.

12.2 Ebenen des Supply Chain Managements

Die Gestaltungs-, Planungs- und Steuerungsaufgaben, die im Rahmen des Supply Chain Managements zu bewältigen sind, lassen sich – wie in Abb. 12.4 dargestellt – drei hierarchisch angeordneten Ebenen zuordnen. Auf der *Strukturebene* als oberster Ebene wird mit der Wahl der Standorte und der Partner sowie der Konfiguration der Austauschbeziehungen im Netzwerk die grundsätzliche Struktur des Supply Chain festgelegt. Die anschließende *Prozessebene* befasst sich mit der Organisation der Prozesse in der Supply Chain. Dabei kommen Methoden aus dem Prozessmanagement sowie dem Informations- und Wissensmanagement zur Anwendung. Auf der *Managementebene* steht schließlich die Durchführung verschiedener Managementaufgaben aus den Bereichen des Cultural Managements, des Risk Managements und des Performance Managements an (vgl. Steven 2005, S. 196ff.; Krüger 2004, S. 61).

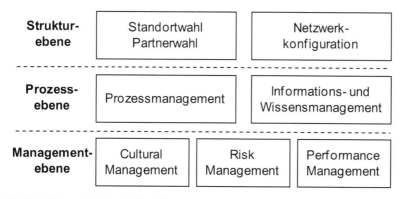

Abb. 12.4 Ebenen des Supply Chain Managements

12.2.1 Entscheidungen auf der Strukturebene

Die *Strukturebene* des Supply Chain Managements wird auch als *Supply Chain Configuration* bezeichnet. Hier werden die Netzwerkpartner und ihre Standorte ausgewählt sowie die Strukturen der im Netzwerk vorgesehenen Produktions- und Logistikprozesse festgelegt. Die Konfigurationsaufgaben sind der strategischen Planungsebene zugeordnet, auf der die Auswahl und die Ausgestaltung der zukünftig im Logistiknetzwerk vorzunehmenden Transformations- und Transferaktivitäten erfolgt. Grundsätzlich wird jede Wertschöpfungsaktivität einem Partner zugewiesen, der über *spezifische Kompetenzen* für ihre Durchführung verfügt bzw. sie zu einem besonders günstigen Preis anbieten kann.

Ausgangspunkt der *Partner- und Standortwahl* sind grundsätzliche Entscheidungen hinsichtlich der gewünschten Verteilung der Wertschöpfungsaktivitäten auf verschiedene Regionen und der zugehörigen Spezialisierung der Netzwerkaktivitäten, d. h. der Breite und Tiefe der Wertschöpfung an den einzelnen Standorten. Zur Planung der Netzwerkstruktur werden insbesondere die aus der klassischen Standortplanung bekannten Optimierungsmodelle und Heuristiken eingesetzt, die auf der Basis von Absatz- und Produktionsmengen, Kapazitäten, Durchlauf- und Lieferzeiten sowie mit Kostengrößen arbeiten, um die Quellen und Senken innerhalb des Netzwerks abbilden, planen und die Mengen verteilen zu können (vgl. z. B. Homburg 2000, S. 293 ff.; Steven 2014, S. 33ff.; Werners 2013, S. 133ff.).

Bei der Standortplanung innerhalb der Supply Chain sind weiter die spezifischen Bedingungen der jeweiligen Standorte, die zu überbrückenden Entfernungen und die wesentlichen Charakteristika der Logistikobjekte zu berücksichtigen. Planungsrelevante Eigenschaften sind vor allem die an einem Standort anfallenden Mengen an Logistikobjekten, deren Beschaffenheit, Verbrauchscharakteristika, Prognosemöglichkeiten, Liefer- bzw. Wiederbeschaffungszeiten und logistische Kennzahlen wie das Wert/Volumen-Verhältnis. Mit zunehmender Entfernung zwischen den potentiellen Standorten erhöhen sich die Probleme bei der Beschaffung von zuverlässigen Informationen hinsichtlich dieser Daten.

Je nach der Machtverteilung im Wertschöpfungsprozess erfolgt die Festlegung der *Netzwerkstruktur* durch mehrere Partner gemeinsam oder ausschließlich durch das fokale Unternehmen. Bei Logistiknetzwerken im Bereich der Automobilindustrie fungiert in der Regel der Automobilhersteller als *fokales Unternehmen*, das die Partner auf den vor- und nachgelagerten Wertschöpfungsstufen auswählt und deren Aktivitäten wesentlich beeinflusst (vgl. z. B. Pollmeier 2008). Aktuelle Beispiele finden sich bei den Kooperationen der Automobilhersteller Daimler-Chrysler und Volkswagen mit Zulieferern und Montagewerken in Südamerika.

Bei der *Partnerwahl* spielen aus strategischer Sicht vor allem die im Netzwerk benötigten spezifischen Kernkompetenzen eine Rolle. Daneben wird darauf geachtet, die gesuchte Leistung zu möglichst günstigen Konditionen zu erhalten. Dabei spielen jedoch weniger die aktuellen Angebotspreise der Lieferanten als die mittel- bis langfristigen Entwicklungsperspektiven eine Rolle.

Eng verbunden mit der Auswahl der Netzwerkpartner ist die *Verteilung der Wertschöpfungsaktivitäten* auf die jeweils kostengünstigsten Standorte und die Gestaltung der Verbindungen zwischen diesen Netzwerkknoten. Dabei müssen Transportrelationen festgelegt und für jede Relation die geeigneten Verkehrs- und Transportmittel ausgewählt werden. Vor allem bei der Überbrückung großer Entfernungen bietet es sich an, zusätzliche Knotenpunkte für Konsolidierungs-, Lagerhaltungs- und Umschlagaktivitäten einzurichten, um die verschiedenen Bereiche des Netzwerks teilweise zu entkoppeln.

Bei der *Netzwerkkonfiguration* kommen verschiedene Gestaltungsprinzipien zur Anwendung:

- Durch die *Kompression* wird die Zahl der logistischen Knoten bzw. der Netzwerkakteure soweit wie möglich verringert, um die Durchsetzung des Flussprinzips in der Supply Chain zu erleichtern und dadurch die Durchlaufzeiten des Materials und die Lagerbestände zu reduzieren. Damit verbunden sind Konsolidierungsaktivitäten, die dazu beitragen sollen, dass Logistikobjekte, die an verschiedenen Orten oder zu unterschiedlichen Zeitpunkten produziert oder benötigt werden, durch dasselbe Transportmittel befördert werden.

- Bei der *Segmentierung* wird die Supply Chain in weitgehend voneinander entkoppelte Abschnitte gegliedert, für die unterschiedliche, den jeweiligen Anforderungen entsprechende Planungs- und Steuerungskonzepte implementiert werden. Durch die Segmentierung wird die Umsetzung des Flussprinzips innerhalb der Segmente unterstützt, so dass Lagerbestände lediglich an den Schnittstellen der Segmente erforderlich sind.

- Als *Postponement* bezeichnet man die bewusste Verzögerung von Produktions- oder Logistikaktivitäten. Durch das Verschieben auf einen späteren Zeitpunkt, zu dem exaktere Informationen vorliegen, sollen Unsicherheiten und Risiken reduziert werden. Postponement in Bezug auf Produktionsaktivitäten bedeutet, dass lediglich die Grundtypen der Produkte auf den ersten Wertschöpfungsstufen prognoseorientiert gefertigt werden, während die Herstellung kundenindividueller Produktvarianten erst bei Eingang konkreter Kundenaufträge erfolgt. Dadurch verschiebt sich der Order Penetration Point nach hinten (vgl. Abschnitt 5.6). Die Verzögerung von Logistikaktivitäten führt zum Verzicht auf dezentrale Lagerhaltung. Im Idealfall erfolgt die Auslieferung der Produkte dann direkt vom Produktionsstandort zum Kunden.

12.2.2 Entscheidungen auf der Prozessebene

Die Prozessebene umfasst die taktisch-operative Planung der Material- und Informationsflüsse im Rahmen des *Supply Chain Planning* sowie die als *Supply Chain Execution* bezeichnete Durchführung und Überwachung der konkreten Abläufe im Logistiknetzwerk. Das auf die physischen Abläufe ausgerichtete Prozessmanagement wird ergänzt durch das Wissens- und Informationsmanagement, das eine effiziente Informationsbereitstellung und -verarbeitung in den die Wertschöpfung begleitenden administrativen Prozessen ermöglicht.

Als *Prozess* wird dabei ein inhaltlich abgeschlossener Vorgang bezeichnet, der aus mehreren Schritten bestehen kann. So könnte man für einen grenzüberschreitend tätigen Logistikdienstleister einen Prozess „Versand" definieren, der sich aus den Bestandteilen „Umschlag", „Seetransport" und „Verzollung" zusammensetzt. Im Supply Chain Planning werden die einzelnen Teilprozesse gestaltet und ihre Durchführung vorbereitet.

Ziel des *Prozessmanagements* ist in erster Linie die Beherrschung der Komplexität der zwischen den Partnern ablaufenden Logistikaktivitäten. Durch organisatorische, planerische und kontrollierende Aktivitäten ist ein effizienter unternehmensübergreifender Material- und Informationsfluss entlang der gesamten Supply Chain sicherzustellen. Dabei sind folgende Teilaufgaben zu erfüllen:

- *Prozessgestaltung*: Die Konzeption eines Prozesses besteht aus der Prozessanalyse, bei der eine Zerlegung von Vorgängen in standardisierte Einzelaktivitäten erfolgt, und der Prozesssynthese, die diese Einzelaktivitäten sinnvoll zu modular aufgebauten Prozessen zusammenfasst. Da komplexe Wertschöpfungsaktivitäten sowohl eine gewisse Stabilität als auch eine große Flexibilität der Prozesse erfordern, sind die Standardisierung und

Modularisierung von Aktivitäten von großer Bedeutung. Für eine effiziente Planung und Abwicklung der logistischen Prozesse ist es zudem erforderlich, die im Logistiknetzwerk ablaufenden Transformations- und Transferaktivitäten in ihrer zeitlich und sachlich bestmöglichen Abfolge anzuordnen und zu koordinieren.

- *Ressourcenzuordnung*: Zur Durchführung eines Prozesses werden bestimmte logistische Ressourcen benötigt, z. B. Flächen, Transportmittel, Arbeitsmittel, Personal sowie die Logistikobjekte selbst. Die Ermittlung der Bedarfe und die Bereitstellung dieser Ressourcen erfolgt in enger Abstimmung mit der Prozessgestaltung und muss mit der Prozessausführung abgestimmt werden. So ist z. B. bei international verteilten Wertschöpfungsprozessen die Entscheidung zwischen See- und Luftfrachtverkehr zur Überbrückung interkontinentaler Distanzen von besonderer Bedeutung, die unter Berücksichtigung des Trade-off zwischen den Zielkriterien Kosten und Zeit getroffen werden muss.

- *Prozesssteuerung*: Die Koordination der Aktivitäten innerhalb eines Prozesses sowie die Abstimmung zwischen verschiedenen Prozessen erfordern netzwerkweit gültige Planungs- und Steuerungsregeln, durch die sich die bei der Durchführung von logistischen Aktivitäten auftretenden Zeit- und Ressourceninterdependenzen bewältigen lassen. Zum einen ist in Abstimmung mit der Strukturebene festzulegen, welche Aufgaben zentral bzw. dezentral durchgeführt werden sollen. Zum anderen umfasst die Prozesssteuerung die Zeitdisposition mit den Teilaufgaben der Durchlaufzeitermittlung, der Auftragskoordination entlang der Supply Chain und der Überwachung des Auftragsfortschritts. Weitere Teilaufgaben sind die Mengendisposition mit der Materialbedarfsplanung, die Nachschubplanung und das globale Bestandsmanagement.

Durch ein konsequentes Prozessmanagement kann man nicht nur die Planungsqualität erhöhen, sondern auch den Materialfluss im Netzwerk verstetigen, unsicherheitsbedingte Lagerbestände reduzieren und die Kapazitätsauslastung verbessern.

Die Aufgabe des *Informations- und Wissensmanagements* ist die adäquate Bereitstellung von Daten, Informationen und Wissen für alle an der Supply Chain beteiligten Unternehmen und Standorte, um die Durchführung der Produktions- und Logistikprozesse zu unterstützen und Ineffizienzen in den Abläufen zu beseitigen. Im Bereich der Informationsverarbeitung kommen folgende Maßnahmen zum Einsatz, um die effektive und effiziente Nutzung von Informationen im gesamten Netzwerk zu unterstützen und die aus der verteilten Wertschöpfung resultierenden Unsicherheiten zu begrenzen:

- Maßnahmen zur *Synchronisation* der Informationsverarbeitung unterstützen eine zeitliche und sachliche Abstimmung der an verschiedenen Orten ablaufenden Material- und Informationsflüsse.

- Eine *Automatisierung* der Informationsverarbeitung wird durch standardisierte Übertragungsprotokolle und internetbasierte Informationssysteme erreicht. Hierdurch lassen sich die Datenerfassung, der Datenaustausch sowie die Datenverarbeitung, -aufbereitung und -speicherung entlang einer Supply Chain vereinheitlichen und verbessern.

12.2 Ebenen des Supply Chain Managements

Im Rahmen des Supply Chain Managements kommen unterschiedliche Ausprägungen von *Informationssystemen* zum Einsatz:

- Die einfachste Architektur eines mehrere Standorte umfassenden Informationssystems für das Supply Chain Management ist die Verbindung von *standortspezifischen ERP-Systemen* mittels Electronic Data Interchange (EDI), um so Daten zu ausgewählten Transaktionen auszutauschen.

- *Advanced Planning Systems* sind modular aufgebaute, mit vielfältigen Funktionen zur Transaktions- und Entscheidungsunterstützung ausgestattete Informationssysteme, die eine standortübergreifende Planung und Steuerung von Prozessen erlauben, allerdings eine weitreichende Datenintegration erfordern. Sie setzen eine zentrale Planungsinstanz voraus und eignen sich daher vor allem zur Abstimmung des hierarchisch strukturierten, engeren Netzwerkkerns.

- *Collaborative Planning Systems* verzichten auf die umfassende Offenlegung von Unternehmensdaten und unterstützen die Integration heterarchisch organisierter Netzwerke. Die einzelnen Module stellen standardisierte Workflows zur Verfügung, die verschiedene Szenarien unternehmensübergreifender Wertschöpfung abdecken.

- *Supply Chain Event Management Systeme* dienen der operativen Steuerung der Logistikprozesse. Sie umfassen Tracking and Tracing-Funktionen, Decision Support-Systeme und eine Front End-Komponente zur Aufbereitung und Auswertung von Statusmeldungen (vgl. Steven/Krüger 2004, S. 183ff.).

Das *Wissensmanagement* befasst sich mit der zweckorientierten, theoriegeleiteten Kombination von Informationen und Erfahrungen (vgl. Bea 2000, S. 362f.). Es umfasst die drei Stufen der Wissensgenerierung, des Wissenstransfers und der Speicherung von Wissen, die angesichts der heterogenen Wissensverteilung in einer Supply Chain ein weites Anwendungsfeld finden. Vor allem die *Wissensgenerierung* ist von großer Bedeutung, um das auf die verschiedenen Wertschöpfungspartner verteilte Wissen auch an anderen Stellen in der Supply Chain verfügbar zu machen. Dabei ist zwischen explizitem und implizitem Wissen zu unterscheiden:

- *Explizites Wissen* besteht unabhängig von bestimmten Personen und ist in der Regel schriftlich fixiert, z. B. in Form von Prozessbeschreibungen, Organisationsanweisungen oder Fahrplänen.

- *Implizites Wissen* hingegen befindet sich in den Köpfen der einzelnen Entscheidungsträger und steht damit nicht allgemein zur Verfügung. So kann z. B. ein Disponent aus seiner Erfahrung bei der Auftragsvergabe berücksichtigen, welche Lieferanten besonders anfällig für Verspätungen sind.

12.2.3 Entscheidungen auf der Managementebene

Die *Managementebene* umfasst mit dem Cultural Management, dem Risk Management und dem Performance Management drei weitere Bausteine, die für die Steuerung einer Supply Chain von besonderer Bedeutung sind.

Das *Cultural Management* ist vor allem dann von Bedeutung, wenn die an der Supply Chain beteiligten Partner aus verschiedenen Staaten und Kulturen stammen. Es umfasst alle Maßnahmen, die die kulturellen Unterschiede zwischen den Partnern ausgleichen. Derartige Probleme resultieren insbesondere aus Sprachbarrieren bzw. sprachlichen Differenzen, aus sozialen Unterschieden, die z. B. in unterschiedlichem Einkommen oder Lebensstandard zum Ausdruck kommen, aber auch aus unterschiedlichen Vorstellungen in ethischer oder moralischer Hinsicht, z. B. in Bezug auf die Einhaltung von Zusagen oder die Zulässigkeit von Schmiergeldzahlungen. Hofstede (1994) unterscheidet die folgenden fünf *Kulturdimensionen*:

- *Machtdistanz* bzw. Verhältnis zu Autoritäten: Eine hohe Machtdistanz findet sich z. B. in arabischen oder asiatischen Ländern, wo Vorgesetzte über deutliche Privilegien verfügen und patriarchalisch führen. In Skandinavien hingegen ist sie sehr gering. Hier herrschen ein kooperativer Führungsstil und flache Hierarchien vor.

- *Individualismus vs. Kollektivismus*: In individualistischen Gesellschaften wie in den USA sind die Beziehungen zwischen den Mitgliedern eher lose, man konzentriert sich auf die Kernfamilie. Der Schutz von individuellen Rechten spielt eine große Rolle. In kollektivistischen Gesellschaften wie in Japan und China wird die einzelne Person vor allem als Teil einer Gruppe angesehen, die als Gegenleistung für Loyalität Schutz gewährt.

- *Maskulinität vs. Femininität*: In maskulin dominierten Gesellschaften, z. B. in Südeuropa, dominieren Werte wie Einkommen, Sozialstatus, Machotum und Konfliktfreude, während in stärker feminin ausgerichteten Gesellschaften wie in Skandinavien mehr auf Kooperation, Harmonie, Solidarität und Lebensqualität abgestellt wird.

- *Vermeidung von Unsicherheit*: Der Drang zur Vermeidung von Unsicherheit, wie er z. B. in Deutschland oder Japan dominiert, führt tendenziell zu strikteren Regeln und Gesetzen sowie einem starken Formalisierungsgrad in den Beziehungen. In den USA oder Kanada hingegen werden neue und unerwartete Situationen als Chancen gesehen, daher sind solche Gesellschaften weniger stark reglementiert.

- *Langfrist- vs. Kurzfristorientierung*: Langfristig orientierte Gesellschaften wie in Deutschland oder der Schweiz setzen einen Fokus auf Werte wie Ausdauer, Beharrlichkeit und Sparsamkeit, während in kurzfristig orientierten Gesellschaften wie den USA mehr Wert auf Effektivität, die zu schnellen Ergebnissen führt, gelegt wird.

Die aus diesen Kulturdimensionen resultierenden kulturellen Unterschiede zwischen den Partnern können sowohl positive als auch negative Auswirkungen auf die Beziehungen in einer Supply Chain haben.

12.2 Ebenen des Supply Chain Managements

- *Positive Auswirkungen* resultieren z. B. aus kulturellen Synergieeffekten, die jedoch nur dann auftreten können, wenn die an einer Transaktion Beteiligten über eine hinreichende interkulturelle Kompetenz verfügen, d. h. über die Fähigkeit, mit einem Partner aus einem anderen Kulturkreis angemessen und effektiv zu interagieren.

- *Negative Auswirkungen* von kulturellen Unterschieden treten vor allem in den Bereichen der Kommunikation und der persönlichen Zusammenarbeit auf. Sie kommen z. B. in Form von erschwerten Verhandlungen, Problemen bei der Konsensfindung, der Zunahme von Konfliktpotentialen und dem Anstieg der Komplexität bei der Konfliktbewältigung zum Ausdruck.

Da das Supply Chain Management eine hohe Präzision bei der Planung und Ausführung der Produktions- und Logistikprozesse erfordert, ist ein einheitliches Verständnis über die zugrunde gelegten Zielgrößen, aber auch hinsichtlich des angestrebten und tatsächlichen Zielerreichungsgrades von besonderer Bedeutung. Dies muss bei der Auswahl von Maßnahmen des Cultural Managements in den Phasen der Anbahnung, der Durchführung und der Weiterentwicklung einer Beziehung angemessen berücksichtigt werden.

Das *Risk Management* befasst sich mit Unsicherheiten über die Entwicklung wichtiger ökonomischer und politisch-administrativer Größen. Das Supply Chain Management ist mit einer Vielzahl von spezifischen Risiken verbunden, die insbesondere bei Kooperationen mit weltweit verteilten, unabhängigen Unternehmen auftreten und den Einsatz geeigneter Vorsichts- und Absicherungsmaßnahmen erfordern (vgl. Vahrenkamp/Siepermann 2007).

- *Interdependenzrisiken* resultieren aus der arbeitsteiligen Durchführung der Wertschöpfung. Diese Risiken können intern oder extern ausgelöst werden und sich aus Sicht eines Unternehmens sowohl auf der Abnehmer- als auch auf der Zuliefererseite auswirken. Ein Beispiel für abnehmerseitige Risiken sind Prognose- oder Dispositionsfehler, auf der Zuliefererseite können z. B. Betriebsunterbrechungen auftreten und zu Lieferverzögerungen führen.

- *Transferrisiken* sind Verlustgefahren, die sich aus dem Austausch von Material, Informationen und Finanzmitteln zwischen den verschiedenen Standorten einer Supply Chain ergeben. Dazu zählen insbesondere Transportrisiken, Datenübertragungsrisiken und Währungsrisiken. Sie steigen tendenziell an, wenn entlang der Supply Chain Zeit- und Mengenpuffer abgebaut werden.

- Als *Länderrisiken* bezeichnet man Gefahren, die typischerweise aus der Betätigung in anderen Staaten resultieren. Hierzu zählen Sicherheitsrisiken, die sich auf die Gesundheit oder die Freiheit der Mitarbeiter sowie auf die Sicherheit der Vermögenswerte des Unternehmens beziehen. Dispositionsrisiken resultieren aus Veränderungen der Wirtschafts- und Sozialgesetzgebung, z. B. Handelshemmnisse oder Einfuhr- und Ausfuhrbeschränkungen. Geld- und fiskalpolitische Risiken können zu Vermögensschäden aufgrund von Inflation, Staatsverschuldung, Haushaltsdefiziten oder Zahlungsbilanzproblemen sowie einer restriktiven Veränderung der Besteuerung führen.

Zur Bewältigung derartiger Risiken in Wertschöpfungsketten kommen verschiedene Instrumente zum Einsatz, die sich auf die Risikosteuerung, die Risikoverteilung, die Risikovermeidung und die Risikobegrenzung beziehen (vgl. Pollmeier 2008).

Das *Performance Management* schließlich dient der regelmäßigen Überwachung, inwieweit die Partner in einer Supply Chain die übernommenen Aufgaben erfüllen und zur Umsetzung der vereinbarten Ziele und Maßnahmen beitragen. Diese Überwachung kann sich auf Leistungsziele, wie die Einhaltung von Zeit-, Qualitäts- und Flexibilitätsvereinbarungen, oder auf Kostenziele beziehen. Es werden verschiedene Instrumente des *Supply Chain Controlling* eingesetzt, insbesondere das Beziehungscontrolling, das Supply Chain Costing und spezifische Kennzahlen- und Berichtssysteme (vgl. Lehreinheit 13). Im Idealfall lässt sich ein selbstregulierendes System einführen, das Vorgaben und Kennzahlen für die verschiedenen Leistungsebenen innerhalb der Supply Chain generiert, in einer interaktiven, diagnostischen Steuerungsfunktion Stichprobenkontrollen entnimmt und sich in periodischen Feedback-Schleifen an veränderte Systemzustände anpasst. Problematisch ist jedoch, dass ein solches einheitliches Controllingsystem nicht nur große Anforderungen an die Datenbereitstellung stellt, sondern häufig auch auf Ablehnung und Widerstände bei einzelnen Partnerunternehmen stößt (vgl. Steven/Pollmeier 2006).

12.3 Globales Supply Chain Management

Die zunehmende Internationalisierung von Unternehmensaktivitäten sowohl auf der Beschaffungs- als auch auf der Absatzseite erfordert ein auf globale Logistikprozesse ausgerichtetes Supply Chain Management. Durch die *Globalisierung* kann ein Unternehmen bzw. eine Supply Chain lokale Wettbewerbsvorteile auf weltweiten Märkten nutzen und mithilfe der Ausnutzung der internationalen Arbeitsteilung die Wertschöpfungstätigkeiten so lokalisieren, dass eine Standortarbitrage erfolgt. Die grenzüberschreitenden Wertschöpfungsaktivitäten können dabei von der sporadischen Bearbeitung einzelner Auslandsmärkte bis zum Aufbau weltweit präsenter Großunternehmen reichen.

Auf der *Beschaffungsseite* einer Supply Chain ist die Sicherung des Zugangs zu den benötigten Ressourcen das wesentliche Ziel der Internationalisierung. Dabei gilt es, systematisch nach geeigneten und günstigen Beschaffungsquellen und Produktionsstandorten für die einzelnen Wertschöpfungsphasen zu suchen. Ist die Entscheidung für einen Standort gefallen, so muss die passende Technologie installiert werden. In Abhängigkeit vom Ausbildungsstand der lokalen Mitarbeiter ist dies nicht notwendigerweise die neueste Technologie.

Die Internationalisierung auf der *Absatzseite* der Supply Chain bezieht sich auf die Erschließung zusätzlicher, möglichst kaufkräftiger Absatzmärkte. Dies kann eine Anpassung der Produkte an länderspezifische Gegebenheiten erfordern, z. B. Aufschriften, Stecker, Stromspannung.

In einer globalen Supply Chain lassen sich durch diese Aktivitäten oft erhebliche Skalen- und Synergieeffekte realisieren. Dabei sind Grundsatzentscheidungen hinsichtlich der internationalen *Diversifizierung*, d. h. der Verteilung der Wertschöpfung auf verschiedene Regionen, und der internationalen *Spezialisierung*, d. h. der vorgesehenen Breite und Tiefe der Wertschöpfung an einem Standort, der Wertschöpfungsaktivitäten zu treffen.

Eine zentrale Einflussgröße bei der Gestaltung von globalen Supply Chains sind die zu überbrückenden *Entfernungen*. Diese lassen sich wie folgt systematisieren:

- *Räumliche Entfernungen* sind die Distanzen zwischen den Lieferanten und den Abnehmern. Mit der Internationalisierung der Wertschöpfung verlängern sich diese Distanzen, so dass die Logistik längere Strecken fahren muss.

- Aus größeren räumlichen Entfernungen resultieren längere Transportzeiten, die in diesem Zusammenhang als *zeitliche Entfernungen* bezeichnet werden. Auch zusätzliche Umschlagvorgänge und administrative Prozesse wie die Verzollung der Waren tragen bei einer global verteilten Wertschöpfung zu einer Vergrößerung der zeitlichen Entfernungen bei.

- Als *kulturelle Entfernungen* bezeichnet man die zwischen Supply Chain-Partnern in verschiedenen Regionen bestehenden sprachlichen Differenzen und Mentalitätsunterschiede. So herrscht bereits in Südeuropa häufig ein anderes Pünktlichkeitsverständnis als in Mitteleuropa. Weiter werden in einigen Ländern nach wie vor Schmiergelder z. B. für die Erteilung von Genehmigungen erwartet.

Ein Beispiel für globale Supply Chains sind die großen Automobilhersteller mit ihren weltweit verteilten Beschaffungs- und Produktionsstandorten sowie Absatzmärkten.

12.4 Planungsverfahren für das Supply Chain Management

Die beim Supply Chain Management auftretenden Planungsaufgaben lassen sich im Wesentlichen drei aufeinander folgenden *Planungsebenen* zuweisen:

- Die *langfristige Planung* umfasst die als Supply Chain Configuration bezeichnete strategisch ausgerichtete Planung und Konfiguration der dem Materialfluss zugrunde liegenden Netzwerkstruktur.

- Gegenstand des auf der taktischen Ebene angesiedelten Supply Chain Planning ist die *mittelfristige Planung* der Material- und Informationsflüsse.

- Die *kurzfristige Planung und Überwachung* der konkreten Abläufe auf der operativen Ebene wird als Supply Chain Execution bezeichnet.

Die Zuordnung von Planungsaufgaben zu den verschiedenen Planungsebenen des Supply Chain Managements sowie die dabei auftretenden Material- und Informationsflüsse lassen sich durch die in Abb. 12.5 dargestellte *Supply Chain Planning Matrix* verdeutlichen (in Anlehnung an Meyr et al. 2000, S. 75).

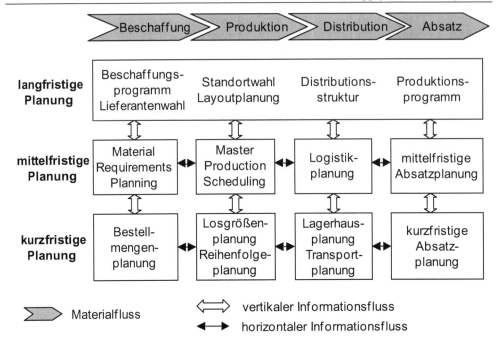

Abb. 12.5 Supply Chain Planning Matrix

Die beim Supply Chain Management auftretenden Planungsprobleme weisen eine *hierarchische* Struktur auf. Anstelle einer direkten Lösung des komplexen Gesamtproblems erfolgt eine Dekomposition in einfacher lösbare Teilprobleme, die über geeignete Schnittstellen miteinander verbunden werden. Dadurch ist für die Teilprobleme des Supply Chain Managements der Einsatz von optimierenden Algorithmen oder von maßgeschneiderten Heuristiken aus dem Operations Research möglich.

Entsprechend der Vielfältigkeit der Ausprägungen von Supply Chains und der dabei anfallenden Planungsaufgaben kommen unterschiedliche Planungsmethoden und Informationssysteme zum Einsatz. Vielfach werden die bereits in den beteiligten Unternehmen implementierten PPS- und ERP-Systeme auch im Supply Chain Management eingesetzt, wobei allerdings die Kritikpunkte hinsichtlich deren Planungsmethodik und Ergebnisqualität verstärkt gelten.

Um die in der Supply Chain anfallenden Abwicklungs- und Planungsprozesse adäquat zu koordinieren und zu unterstützen, sind *integrierte Informationssysteme* erforderlich. Der Datenaustausch erfolgt vielfach auf Basis des Electronic Data Interchange (EDI) unter Verwendung verschiedener Kommunikationsstandards. Daneben gewinnt das Internet als Kommunikationsmedium zunehmend an Bedeutung. Logistische Informationen sind sehr datenintensiv, erfordern häufig einen permanenten Informationsfluss und müssen flexibel gestaltet sein. Dabei steigt die Komplexität mit der Ausdehnung der Supply Chain rasch an. Einige

12.4 Planungsverfahren für das Supply Chain Management

Softwarehäuser bieten bereits betriebswirtschaftliche Standardsoftware für die Problemstellungen des Supply Chain Managements an. Diese Software-Systeme lassen sich – wie in Abb. 12.6 dargestellt – nach den von ihnen abgedeckten Planungsebenen in drei *Grundtypen* einteilen:

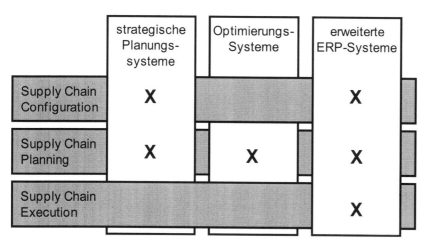

Abb. 12.6 Typen von SCM-Software

- *Strategische Planungssysteme* dienen der Modellierung und Optimierung von überbetrieblichen Supply Chains und enthalten zusätzlich einige Planungswerkzeuge für die taktisch-operative Ebene. Sie werden vor allem in Großunternehmen eingesetzt.

- *Optimierungssysteme* für das Supply Chain Management unterstützen einzelne Funktionsbereiche, wie die Prognoserechnung oder die Maschinenbelegungsplanung. Ihr Einsatzbereich ist in der Regel auf einzelne Standorte begrenzt.

- Bei der *erweiterten ERP-Software* handelt es sich um Systeme, die die bestehende ERP-Software um Elemente für das Supply Chain Management ergänzen. Da in diesem Bereich die Anbieter von betriebswirtschaftlicher Standardsoftware tätig sind, kommt diesen Systemen eine wachsende Bedeutung zu. Vielfach werden Kooperationen von ERP-Anbietern mit auf das Supply Chain Management spezialisierten Softwarehäusern eingegangen. Die SAP AG bietet das Programm APO (Advanced Planner and Optimizer) an, für das auf der Ausführungsebene das Logistics Execution System (LES) als für das Supply Chain Management spezifische Komponente verfügbar ist.

Neben diesen integrierten Systemen werden auch Einzellösungen angeboten, die Teilaufgaben aus einer oder mehreren Ebenen des Supply Chain Managements unterstützen. Hier existiert eine unübersichtliche Vielzahl von Programmen, die typischerweise von kleineren oder mittleren Softwarehäusern angeboten werden (vgl. hierzu Steven/Krüger/Tengler 2000, S. 17ff.).

12.5 Weiterführende Literatur

Pollmeier, I., Strategisches Supply Chain Controlling in der Automobilwirtschaft; Entwicklung eines konzeptionellen Rahmens für das Controlling interorganisationaler Logistiknetzwerke, Verlag Dr. Kovac, Hamburg, 2008

Steven, M.: Supply Chain Management für globale Wertschöpfungsketten, in: Wirtschaftswissenschaftliches Studium 34, 2005, S. 195-200

Steven, M., Krüger, R., Tengler, S.: Informationssysteme für das Supply Chain Management, in: PPS Management 5, 2000, Heft 2, S. 15-23

Steven, M., Pollmeier, I.: Der Risikomanagementprozess in der Supply Chain, in: Logistik Management 8, 2006, Heft 4, S. 7-17

13 Logistikcontrolling

Die Ausgestaltung des Logistikbereichs ist als strategischer Erfolgsfaktor von großer Bedeutung für die Wettbewerbsfähigkeit eines Unternehmens. Das Logistikcontrolling hilft bei der wirtschaftlichen Gestaltung und Abwicklung von Logistikprozessen und damit bei der Erreichung der Logistikziele. Dabei werden auf der Ebene des strategischen bzw. des operativen Logistikcontrollings unterschiedliche Instrumente eingesetzt. Für beide Bereiche von großer Bedeutung sind Logistikkennzahlen.

Leitfragen: Womit befasst sich das Logistikcontrolling?

Welche Bedeutung haben Kennzahlen für das Logistikcontrolling und welche Kennzahlen werden verwendet?

Welche Instrumente werden im strategischen Logistikcontrolling eingesetzt?

Welche Instrumente werden im operativen Logistikcontrolling eingesetzt?

13.1 Aufgaben des Logistikcontrollings

Das *Logistikcontrolling* dient zur Erfüllung von Controllingaufgaben im Logistikbereich. Der Begriffsinhalt des Logistikcontrollings hängt daher einerseits vom zugrunde gelegten Logistikverständnis und andererseits von der Controllingkonzeption ab. Sowohl die Logistik als auch das Controlling sind Bereiche der Betriebswirtschaft, die sich über mehrere Stufen entwickelt haben.

Wie in Abschnitt 1.1 dargestellt wurde, hat sich die Auffassung hinsichtlich der Aufgaben der *Logistik* von einer Konzentration auf die funktionsbezogene TUL-Logistik über die Koordinationsfunktion der Logistik und die Flussorientierung hin zum unternehmensübergreifenden Supply Chain Management (vgl. Lehreinheit 12) entwickelt. Dabei wurden der Einflussbereich und die Aufgaben der Logistik immer umfassender.

Eine ähnliche Entwicklung hat beim *Controlling* stattgefunden. Ausgehend von den Informationsversorgungsaufgaben des Controllings wurde der Fokus nacheinander auf die Kontrolle der betrieblichen Vorgänge und auf die Koordination von Prozessen und Unternehmensbereichen ausgeweitet, bis sich schließlich die Auffassung durchsetzte, dass das Controlling zur umfassenden Unterstützung der Unternehmensführung dient (vgl. z. B. Steven 2007a, S. 427ff.).

Abb. 13.1 zeigt, welche Ausprägungen des Logistikcontrollings sich durch die Kombination dieser beiden Dimensionen ergeben und inwieweit diese Bereiche theoretisch durchdrungen und praktisch umgesetzt worden sind (vgl. Weber 2002a, Sp. 1223ff.). Je dunkler das jeweilige Feld in der Matrix eingefärbt ist, desto stärker wurde es bereits bearbeitet.

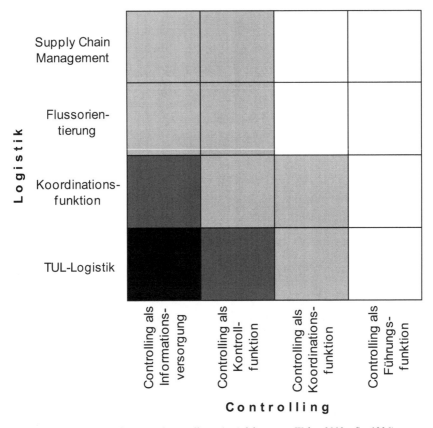

Abb. 13.1 Ausprägungen des Logistikcontrollings (in Anlehnung an Weber 2002a, Sp. 1226)

Am besten durchdrungen ist die Informationsversorgungsfunktion des Logistikcontrollings, die auf die Bereitstellung von Mengen- und Kosteninformationen vor allem auf der operativen Ebene der TUL-Logistik abzielt. Auch die Kontrollfunktion, die einen Abgleich zwischen Sollvorgaben und Istwerten vornimmt, weist einen hohen Bearbeitungsstand auf. Die Koordinationsfunktion des Controllings muss hingegen noch auf die flussorientierte Logistik und das Supply Chain Management ausgedehnt werden, und die Konzeption, die das Controlling als eine umfassende Führungslehre auffasst, weist bislang noch keinen starken Bezug zur Logistik oder zum Supply Chain Management auf.

Auf den verschiedenen Ebenen werden die folgenden *Aufgaben* des Logistikcontrollings mit unterschiedlicher Intensität verfolgt.

- Planung, Steuerung und Kontrolle der Logistikleistungen und der Logistikkosten

13.1 Aufgaben des Logistikcontrollings

- Koordination sowohl der verschiedenen Teilbereiche als auch der verschiedenen Logistikpartner
- Entwicklung und laufende Anpassung von logistischen Planungsverfahren (vgl. Lehreinheit 6)
- Bereitstellung von Informationen für Transport-, Umschlag- und Lagerprozesse, insbesondere in Form von Logistikkennzahlen
- Vor- und Nachkalkulation der Logistikleistungen
- Koordination und Informationsversorgung auf der Führungsebene des Logistikmanagements
- Unterstützung der Gestaltung sowohl von unternehmensinternen als auch von unternehmensexternen flussorientierten Logistikstrukturen

Abb. 13.2 zeigt, welche Aufgabenverteilung zwischen dem strategischen und dem operativen Logistikcontrolling besteht. Auf der *strategischen Ebene* dominieren langfristig ausgerichtete systembildende Führungsentscheidungen und die Abstimmung zwischen den Strategien der verschiedenen betrieblichen Funktionalbereiche. Das *operative Logistikcontrolling* hingegen konzentriert sich auf die Systemkopplung, d. h. auf die Koordination der Subsysteme innerhalb des Logistikbereichs. Dazu leitet es aus den strategischen Zielen kurzfristige Einzelmaßnahmen und Projekte ab, erfasst regelmäßig die Logistikleistungen und die zugehörigen Kosten und nimmt bei Bedarf Abweichungsanalysen vor.

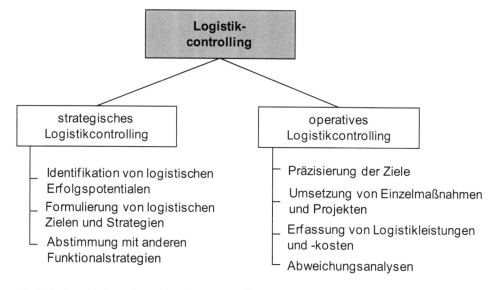

Abb. 13.2 Strategisches und operatives Logistikcontrolling

13.2 Kennzahlen als Basis des Logistikcontrollings

Sowohl im strategischen als auch im operativen Logistikcontrolling spielen *Kennzahlen* eine große Rolle. Kennzahlen sind definiert als quantitative Größen, durch die bestimmte, zahlenmäßig erfassbare betriebswirtschaftliche Sachverhalte abgebildet werden. Dabei werden die meist umfangreichen Einzeldaten zu einer überschaubaren Anzahl von besser handhabbaren Kenngrößen zusammengefasst, die der Information der Entscheidungsträger und zur Unterstützung ihrer Entscheidungen dienen (vgl. z. B. Franz 1999, S. 291ff.).

Kennzahlen sind durch die folgenden Merkmale charakterisiert:

- Eine Kennzahl bezieht sich auf ein bestimmtes *Objekt*, den Gegenstand der Kennzahl. Z. B. lassen sich für ein Fahrzeug als Kennzahl die Anzahl der zurückgelegten Kilometer, der Treibstoffverbrauch oder die Nutzungszeit angeben.

- Weiter weist eine Kennzahl einen bestimmten *Zeitbezug* auf. Sie bezieht sich entweder auf einen Zeitpunkt, dann bildet sie eine Bestandsgröße ab, oder auf eine Periode, dann bildet sie eine Stromgröße ab. Ein Beispiel für eine zeitpunktbezogene Kennzahl ist der bei der Inventur festgestellte Lagerbestand eines Produkts am Inventurstichtag. Eine zeitraumbezogene Kennzahl sind z. B. die Kosten einer Logistikkostenstelle in einem Abrechnungsmonat.

- Das dritte Merkmal einer Kennzahl ist, dass sie einen bestimmten *Zahlenwert* und eine *Dimensionsangabe* aufweist. So werden Kosten- und Erlöskennzahlen in Geldeinheiten gemessen, Produktionskennzahlen in den Einheiten der entsprechenden Güter. Der Zahlenwert einer Kennzahl wird entweder direkt gemessen, aus bestimmten Merkmalsausprägungen der Kennzahlenobjekte ermittelt oder aus anderen Kennzahlen berechnet. Ein Beispiel für eine berechnete Kennzahl ist die Umsatzrendite einer Logistikleistung, die sich als Quotient aus dem Erfolg und dem Umsatz ergibt.

Damit sie ihre Entscheidungsunterstützungsfunktion erfüllen können, müssen Kennzahlen die Eigenschaft der *Controllability* aufweisen. Das bedeutet, dass sie eindeutig und im Zeitablauf konstant formuliert sind, regelmäßig in nachvollziehbarer Weise bestimmt werden und auf möglichst aktuellen Daten basieren. Weiter müssen sie die zugrunde liegenden Tatsachen adäquat abbilden und schließlich muss ihre Erhebung zu vertretbaren Kosten möglich sein.

Abb. 13.3 zeigt die wichtigsten Kriterien, anhand derer sich sowohl strategische als auch operative Kennzahlen klassifizieren lassen (vgl. Dellmann 2002).

- *Inhalt*: Die mithilfe der Kennzahl beschriebenen Sachverhalte können sich auf die Qualität von Logistikprozessen oder auf Mengen-, Wert- oder Zeitgrößen beziehen. Die Kennzahlen können entweder als Absolutzahlen oder als Verhältniszahlen erhoben werden.

- *Skalenniveau*: Die Kennzahlen können eine nominale Ausprägung haben (z. B. Qualität ist in Ordnung – Qualität ist nicht in Ordnung), ordinale Ausprägung (z. B. der Grad der

13.2 Kennzahlen als Basis des Logistikcontrollings

Kundenzufriedenheit) oder kardinale Ausprägung (z. B. Lagermengen oder Erlöse). Der größte Teil der in der Logistik verwendeten Kennzahlen ist kardinal definiert.

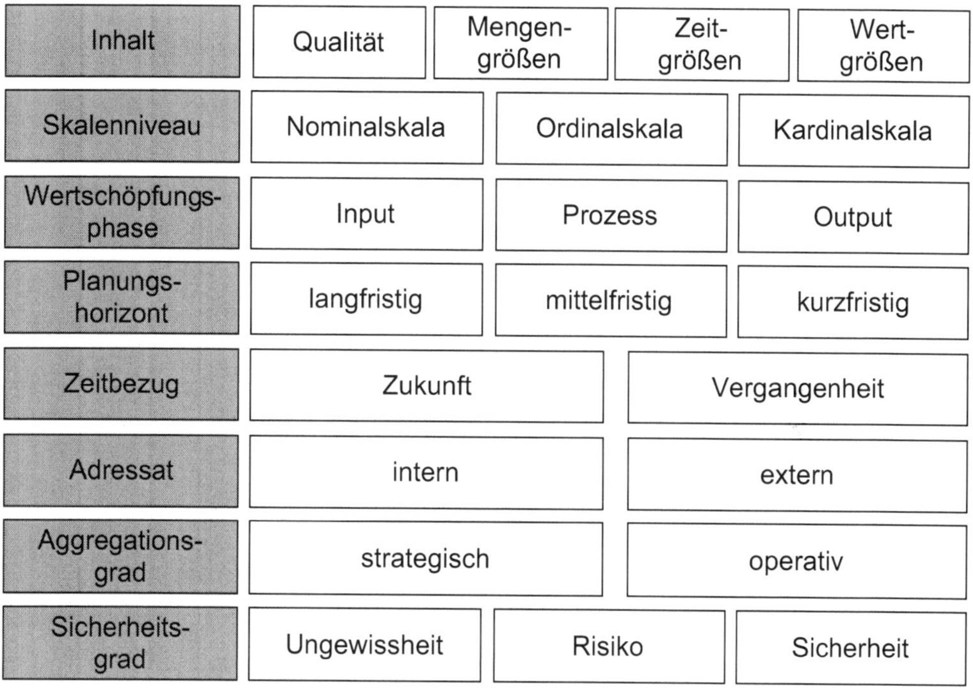

Inhalt	Qualität	Mengen-größen	Zeit-größen	Wert-größen
Skalenniveau	Nominalskala	Ordinalskala		Kardinalskala
Wertschöpfungs-phase	Input	Prozess		Output
Planungs-horizont	langfristig	mittelfristig		kurzfristig
Zeitbezug	Zukunft		Vergangenheit	
Adressat	intern		extern	
Aggregations-grad	strategisch		operativ	
Sicherheits-grad	Ungewissheit	Risiko		Sicherheit

Abb. 13.3 Kriterien zur Klassifikation von Kennzahlen

- *Wertschöpfungsphase*: Nach diesem Kriterium unterscheidet man zwischen input-, prozess- und outputbezogenen Kennzahlen.
- *Zeit*: Der Zeitaspekt von Kennzahlen weist zwei Dimensionen auf. Nach dem *Planungshorizont* unterscheidet man lang-, mittel- und kurzfristige Kennzahlen. Der *Zeitbezug* der Kennzahlen kann zukunfts- oder vergangenheitsorientiert sein. Vergangenheitsdaten sind einfach zu beschaffen, haben aber oft keine große Steuerungsrelevanz. Zukunftsbezogene Kennzahlen hingegen haben eine weitaus größere Bedeutung für die Erreichung spezifisch definierter Zielsetzungen, lassen sich jedoch meist nicht einfach generieren.
- *Adressat*: Die meisten Kennzahlen richten sich an Adressaten innerhalb des Unternehmens, z. B. die Unternehmensführung oder Abteilungsleiter. Logistikkennzahlen für externe Adressaten werden z. B. im Rahmen des Jahresabschlusses publiziert.
- *Aggregationsgrad*: Während auf der operativen Ebene sehr stark detaillierte Kennzahlen genutzt werden, dominieren auf der strategischen Ebene hoch aggregierte Schlüsselkenn-

zahlen (Key Performance Indicators, KPI), die mit den kritischen Erfolgsfaktoren verknüpft sind.

- *Sicherheitsgrad*: Nach dem Sicherheitsgrad der in einer Kennzahl enthaltenen Informationen ergibt sich eine Unterscheidung in einwertige Kennzahlen, bei denen vollständige Sicherheit bezüglich der festgestellten Ausprägung besteht, mehrwertige Kennzahlen mit bekannten Wahrscheinlichkeiten, die eine Risikosituation abbilden, und mehrwertige Kennzahlen ohne Wahrscheinlichkeitsangabe, die dem Informationsstand der Ungewissheit entsprechen.

Eine weitere Strukturierung von Logistikkennzahlen erfolgt anhand der in Abb. 13.4 genannten Kriterien, die sich auf den Güterfluss, die Zielsetzungen und den Verdichtungsgrad beziehen.

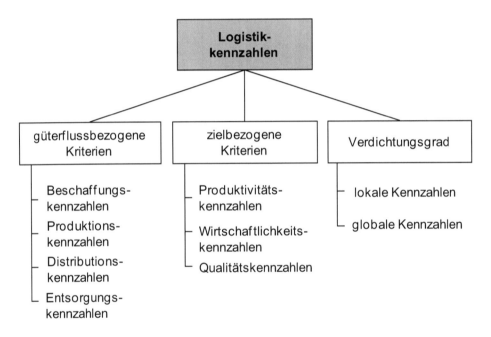

Abb. 13.4 Strukturierung von Logistikkennzahlen

- Nach dem *Güterfluss* lassen sich Logistikkennzahlen einteilen in Beschaffungskennzahlen wie die Anzahl der Lieferanten oder die Beschaffungskosten je Bestellung, in Produktionskennzahlen wie den Auslastungsgrad der Maschinen bzw. Fahrzeuge, die Umschlaghäufigkeit des Lagerbestands oder die Wertschöpfungstiefe, in Distributionskennzahlen wie die Anzahl der Kunden oder die Liefertreue und schließlich in Entsorgungskennzahlen wie den Grad der Abfalltrennung.

- Bei einer Strukturierung der Logistikkennzahlen nach den unterstützten *Zielen* unterscheidet man Produktivitätskennzahlen wie die Transportzeit je Auftrag, den Lagernutzungsgrad oder die Anzahl abgewickelter Sendungen je Arbeitsstunde, Wirtschaftlichkeitskennzahlen wie die Bearbeitungskosten je Auftrag, die Beschaffungskosten je Bestellung oder den Anteil der Logistikkosten am Umsatz und Qualitätskennzahlen wie die Fehllieferungsquote, die Servicegrade oder die Kundenzufriedenheit.

- Eine Einteilung nach dem *Verdichtungsgrad* führt zu lokalen Kennzahlen, die in den einzelnen operativen Einheiten erhoben werden, und globalen Kennzahlen, die für das Unternehmen insgesamt von Bedeutung sind.

Zur sinnvollen Unterstützung der Planung, Steuerung und Kontrolle werden nicht nur separate Einzelkennzahlen erhoben, sondern diese nach sachlichen Kriterien zu einem *Kennzahlensystem* zusammengefasst, das als wichtiges Informationsinstrument die Entscheidungsträger unterstützt. Logistikkennzahlen und -kennzahlensysteme spielen sowohl im strategischen als auch im operativen Logistikcontrolling eine große Rolle. Daher werden sie – neben anderen Controllinginstrumenten – in den beiden folgenden Abschnitten aus der jeweiligen Perspektive näher untersucht.

13.3 Strategisches Logistikcontrolling

Das *strategische Logistikcontrolling* leitet die mit der Logistik verfolgten Zielsetzungen aus den allgemeinen Unternehmenszielen und aus der strategischen Gesamtplanung ab. Es schafft die Voraussetzungen für eine effiziente Durchführung der Logistikprozesse auf der operativen Ebene. Im Folgenden werden mit dem Logistikportfolio, dem Höchstpunktzahlverfahren und der Supply Chain Balanced Scorecard einige typische Instrumente des strategischen Logistikcontrollings vorgestellt.

13.3.1 Logistikportfolio

Unter einem *Portfolio* versteht man im strategischen Management eine zweidimensionale Matrix, in der der Zusammenhang zwischen einer vom Unternehmen direkt beeinflussbaren Größe (interne Dimension) und einer nicht direkt beeinflussbaren Größe (externe Dimension) dargestellt wird. Durch Einordnung der jeweils betrachteten Objekte in die Matrix kann man erkennen, in welchen Feldern das Unternehmen gut bzw. schlecht positioniert ist, und Strategien hinsichtlich der weiteren Entwicklung ableiten.

Im *Logistikportfolio* (vgl. Weber/Kummer 1998, S. 133ff.) bildet die interne Dimension die im Unternehmen vorhandene Logistikkompetenz ab, der durch die externe Dimension die Logistikattraktivität gegenübergestellt wird. Die *Logistikkompetenz* ist umso höher, je besser das Unternehmen in der Lage ist, Logistikprozesse zu gestalten und durchzuführen. Die *Logistikattraktivität* resultiert aus den mit der Umsetzung einer Logistikstrategie verbundenen Erfolgspotentialen, die sich am Markt einerseits aus möglichen Kostensenkungen und andererseits aus Leistungssteigerungen ergeben. Teilt man diese beiden Achsen jeweils in die Ausprägungen „hoch" und „gering" ein, so ergeben sich vier strategisch relevante Handlungsfelder. Abb. 13.5 zeigt, welche Strategien sich den einzelnen Feldern zuordnen lassen.

Abb. 13.5 Logistikportfolio

- Sind sowohl die Logistikattraktivität als auch die Logistikkompetenz gering, so lohnt es sich nicht, eine explizite Logistikstrategie zu entwerfen. Die hierfür erforderliche Managementkapazität sollte besser für andere Aktivitäten genutzt werden.

- Bei geringer Logistikattraktivität, aber hoher Logistikkompetenz gibt es nur wenig Potential zur strategischen Nutzung dieser Kompetenz im eigenen Unternehmen. Daher sollte das Unternehmen seine eigenen Logistikaktivitäten reduzieren oder seine Logistikleistungen am Markt anbieten.

- Im umgekehrten Fall, d. h. bei hoher Logistikattraktivität und geringer Logistikkompetenz, lautet die strategische Empfehlung, entweder das eigene Logistik-Knowhow auszubauen oder die benötigten Logistikleistungen am Markt einzukaufen.

- Die strategisch beste Position liegt im oberen rechten Feld, in dem die Logistikattraktivität und die Logistikkompetenz hoch sind. Diesen Vorsprung gilt es, durch eine explizite Logistikstrategie zu sichern oder sogar auszubauen.

Grundsätzlich sollte darauf geachtet werden, dass die Positionierung möglichst nah an der Diagonalen von unten links nach oben rechts liegen sollte, denn dort befinden sich die Logistikattraktivität und die Logistikkompetenz in einem ausgewogenen Verhältnis. Bei Positionen unterhalb der Diagonalen sollten die Logistikaktivitäten tendenziell reduziert werden, oberhalb ist eine Ausweitung der Logistikkompetenzen erforderlich.

13.3.2 Höchstpunktzahlverfahren zur Lieferantenbewertung

Beim *Höchstpunktzahlverfahren* handelt es sich um ein Verfahren des Lieferantenmanagements, mit dem die aktuelle Leistungsfähigkeit und das Entwicklungspotential der Lieferanten bewertet werden können. Da eine Modifikation der Nutzwertanalyse verwendet wird, ist mit geringem Zeitaufwand eine aussagekräftige Bewertung der Zulieferer möglich. Mithilfe eines Punktebewertungsverfahrens lassen sich verschiedene, in der Regel nicht gleich gewichtete Kriterien berücksichtigen (vgl. Janker 2004, S. 118f.). Das Höchstpunktverfahren geht wie folgt vor:

- Zunächst müssen die relevanten Zielkriterien vorgegeben werden. Diese bilden hierarchisch strukturiert die verschiedenen Aspekte der vom Lieferanten erbrachten Leistungen ab.

- Anschließend werden die Bewertungskriterien gewichtet, indem die maximale Gesamtpunktzahl von 100 entsprechend ihrer jeweiligen Bedeutung auf diese verteilt wird. Dabei geht man zweistufig vor: Zunächst erfolgt eine Verteilung auf Kriterienbereiche und dann innerhalb jedes Bereichs auf die Einzelkriterien.

Kriterien	max	Punkte Lieferant 1					Punkte Lieferant 2				
Entgeltleistung	25										
Preis	5	5	4	**3**	2	1	5	4	**3**	2	1
Konditionsgestaltung	10	10	8	6	**4**	2	10	8	6	**4**	2
Zahlungsbedingungen	5	5	4	**3**	2	1	5	**4**	3	2	1
Vertragsdauer	5	5	**4**	3	2	1	5	4	**3**	2	1
Logistikleistung	35										
Lieferzuverlässigkeit	15	15	**12**	9	6	3	15	**12**	9	6	3
Liefermenge	10	**10**	8	6	4	2	10	8	6	**4**	2
Lieferzeit	5	5	4	**3**	2	1	5	**4**	3	2	1
Lieferrisiko/-entfernung	5	5	**4**	3	2	1	5	4	3	2	**1**
Qualitätsleistung	25										
Produktqualität	20	**20**	16	12	8	4	20	16	**12**	8	4
Erfahrung des Lieferanten	5	5	4	3	**2**	1	5	4	3	**2**	1
weitere Informationen	15										
Kooperationserfahrung	10	10	**8**	6	4	2	10	8	6	4	**2**
besondere Qualifikationen	5	5	4	**3**	2	1	5	**4**	3	2	1
Summe	100	∑ Lieferant 1: 76 Punkte					∑ Lieferant 2: 55 Punkte				

Abb. 13.6 Beispiel zum Höchstpunktzahlverfahren (Pollmeier 2008, S. 236)

- Die Bewertung eines Lieferanten erfolgt, indem ihm für jedes Kriterium Punkte entsprechend einer vorgegebenen Skala zugeordnet werden, die seinem Erfüllungsgrad des Kriteriums entsprechen. Die Gesamtpunktzahl des Lieferanten entspricht der Summe der an ihn vergebenen Punkte.

- Die Entscheidung fällt in der Regel für den Lieferanten mit der höchsten Punktzahl. Bei knappen Ergebnissen können zusätzlich weitere, nicht im Verfahren erfasste Kriterien, z. B. die Größe des Lieferanten oder das erwartete künftige Potential, herangezogen werden.

In Abb. 13.6 wird das Vorgehen des Höchstpunktzahlverfahrens anhand eines *Beispiels* veranschaulicht. Es soll eine Auswahl aus zwei Lieferanten getroffen werden. Als wichtige Kriterienbereiche wurden die Entgeltleistung (maximal 25 Punkte), die Logistikleistung (maximal 35 Punkte), die Qualitätsleistung (maximal 25 Punkte) und weitere Informationen (maximal 15 Punkte) identifiziert. Innerhalb der Logistikleistung als dem wichtigsten Bereich sollen die Lieferzuverlässigkeit (maximal 15 Punkte), die Liefermenge (maximal 10 Punkte), die Lieferzeit (maximal 5 Punkte) und das aus der Entfernung resultierende Lieferrisiko (maximal 5 Punkte) beurteilt werden.

Wie Abb. 13.6 zeigt, erfolgt die Bewertung für jedes Kriterium auf einer fünfwertigen Skala. Die für die einzelnen Ausprägungen maximal zu vergebenden Punkte sind umso größer, je höher das Gewicht des Kriteriums ist. Im Beispiel erzielt der Lieferant 1 76 Punkte, der Lieferant 2 hingegen nur 55 Punkte, so dass die Entscheidung für Lieferant 1 fallen würde.

90-100 Punkte	Der Lieferant erfüllt die Anforderungen sehr gut. Er erhält den Status eines ausgezeichneten Lieferanten. Der Lieferanteil sollte ausgeweitet werden.
75-90 Punkte	Der Lieferant erfüllt die Anforderungen gut. Er erhält den Status eines bevorzugten Lieferanten. Der Lieferanteil sollte eventuell ausgeweitet werden. Eventuell ist die Entwicklung zu einem bevorzugten Lieferanten anzustreben.
50-75 Punkte	Der Lieferant erfüllt die Anforderungen nur zum Teil. Er erhält den Status eines geeigneten, aber nicht bevorzugt auszuwählenden Lieferanten. Das Entwicklungspotential zu einem bevorzugten oder ausgezeichneten Lieferanten ist zu prüfen.
0-50 Punkte	Der Lieferant erfüllt die Anforderungen nur mangelhaft. Er erhält den Status eines nicht geeigneten Lieferanten. Ein anderer Lieferant ist zu suchen.

Abb. 13.7 Mindestanforderungen im Höchstpunktzahlverfahren

Ergänzend kann gefordert werden, dass die Lieferanten bestimmte, in Abb. 13.7 beispielhaft aufgeführte *Mindestanforderungen* erfüllen. So kann z. B. verlangt werden, dass die Lieferanten mindestens 75 Punkte erzielen, also die Anforderungen im Schnitt gut erfüllen. Dies ist für den Lieferanten 1 der Fall. Erreicht der nach dem Höchstpunktzahlverfahren beste Lieferant jedoch weniger als 75 Punkte, so sollte man ihn nur dann auswählen, wenn er ein entsprechendes Entwicklungspotential erkennen lässt. Andernfalls könnte man in anderen Regionen nach bislang nicht berücksichtigten Lieferanten suchen.

Für das Höchstpunktzahlverfahren gelten sämtliche *Kritikpunkte*, die auch bezüglich der Nutzwertanalyse immer wieder angeführt werden (vgl. z. B. Steven 2007, S. 484ff.), insbesondere der starke Einfluss von subjektiven Einschätzungen bei der Auswahl der Kriterien und bei der Zuordnung der maximal zu vergebenden Punkte für die einzelnen Kriterien, aber auch bei der Vergabe der Punkte an die zu beurteilenden Lieferanten. Je nach Situation können bereits geringfügige Unterschiede an einer dieser Stellen die Entscheidung beeinflussen.

13.3.3 Supply Chain Balanced Scorecard

Angesichts der räumlichen, zeitlichen und kulturellen Entfernungen, die bei der Zusammenarbeit von Unternehmen in einer Supply Chain überbrückt werden müssen, ist die Einführung eines *Supply Chain Controllings* unverzichtbar, um die verschiedenen Produktions- und Logistikaktivitäten und den daraus resultierenden Fluss von Waren und Informationen (vgl. Lehreinheit 12) zwischen den Supply Chain-Partnern planen, steuern und kontrollieren zu können. Dabei stellt die Implementierung einheitlicher Controlling-Instrumente in sämtlichen, räumlich oft weit verteilten Partnerunternehmen große Herausforderungen an deren Kooperationsbereitschaft.

Ein geeignetes Instrument zur Unterstützung der strategischen Steuerung einer Supply Chain ist die *Balanced Scorecard* (vgl. Kaplan/Norton 2006). Dabei handelt es sich um ein strategisches Kennzahlensystem, das versucht, die Eindimensionalität von rein finanzwirtschaftlichen Kennzahlensystemen zu vermeiden, indem die dort üblichen traditionellen finanzwirtschaftlichen Kennzahlen – wie die Kapitalrentabilität, den Cashflow und den Unternehmenswert – um weitere erfolgsrelevante Perspektiven erweitert werden. Für jede dieser Perspektiven werden bereichsspezifische Ziele vorgegeben und darauf aufbauend die zugehörigen, unternehmensspezifischen *Schlüsselkennzahlen* (Key Performance Indicators, KPI) definiert. Um die Entscheidungsträger nicht zu überlasten, soll auf der strategischen Ebene eine Beschränkung auf drei bis fünf Schlüsselkennzahlen je Perspektive erfolgen, die im Zuge der Umsetzung der Ziele in operative Maßnahmen weiter aufgegliedert und konkretisiert werden.

Abb. 13.8 zeigt eine *Supply Chain Balanced Scorecard*, die neben der klassischen Finanzperspektive vier zusätzliche Perspektiven aufweist (vgl. Pollmeier 2008, S. 265ff.). Für jede Perspektive sind Ziele zu formulieren und in Kennzahlen umzusetzen, für die dann Vorgabewerte formuliert und aus denen Maßnahmen abgeleitet werden.

- Die (End-)*Kundenperspektive* konzentriert sich auf die Kunden- und Marktsegmente, an die die Supply Chain ihr Angebot richtet. Hier steht die Frage im Vordergrund, wie die

Befriedigung der Kundenwünsche innerhalb der Supply Chain verbessert werden kann. Wichtige Kennzahlen sind der Marktanteil, die Kundenzufriedenheit und die Servicequalität.

- Die *Prozessperspektive* umfasst die logistischen Prozesse, die den interorganisationalen Material- und Informationsfluss sicherstellen. Im Mittelpunkt steht die Ausgestaltung der Prozesse innerhalb der Supply Chain, um letztlich die Kundenwünsche zu befriedigen. Die Beurteilung erfolgt insbesondere anhand von Durchlauf- und Lieferzeiten sowie Servicegraden.

- Die *Knowhow-Perspektive* fokussiert sich auf die personellen und organisatorischen Voraussetzungen, die zur Erfolgserzielung erforderlich sind. Im Mittelpunkt stehen das Wissen der Mitarbeiter und die vorhandenen Entwicklungs- und Innovationspotentiale zur Steigerung der Wettbewerbsfähigkeit der Supply Chain. Die zugehörigen Schlüsselkennzahlen beziehen sich insbesondere auf den Informationsaustausch, die Arbeitsproduktivität und die Innovationsrate.

- Eine Supply Chain-spezifische Perspektive ist die *Kooperationsperspektive*, in der die Beziehungen zwischen den Supply Chain-Partnern abgebildet werden. Es gilt, durch geeignete Kennzahlen die Intensität und die Qualität der Kooperation innerhalb der Supply Chain zu verbessern. Mögliche Kennzahlen sind die Dauer der Zugehörigkeit zur Supply Chain, die Fluktuationsrate und die Vertragsbruchrate.

- In der *Finanzperspektive* steht die Beurteilung und Steigerung der finanziellen Leistungsfähigkeit der Supply Chain im Vordergrund. Als Kennzahlen kommen hier Logistik-, Bestands- und Fehlmengenkosten, die Umsatzrentabilität und die Budgeteinhaltungsquote in Betracht.

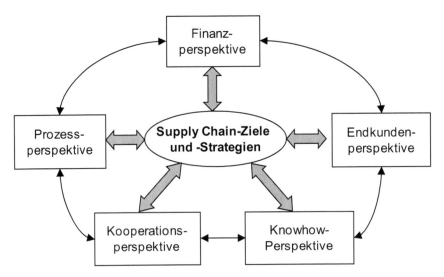

Abb. 13.8 Perspektiven einer Supply Chain Balanced Scorecard

Wesentlich für die Philosophie der Balanced Scorecard ist, dass sämtliche Perspektiven miteinander verknüpft sind und nur gemeinsam den Erfolg der Supply Chain bewirken können. Im Mittelpunkt der Darstellung stehen die gemeinsamen Ziele und Strategien, die es durch abgestimmte Maßnahmen der Supply Chain-Partner umzusetzen gilt. Dadurch soll eine Konzentration auf Einzelziele vermieden und letztlich ein integriertes erfolgsorientiertes Denken gefördert werden.

Wird z. B. durch die Mitarbeiter in einem der an der Supply Chain beteiligten Unternehmen eine Verbesserung in einem Logistikprozess angeregt (Knowhow-Perspektive), die die Zusammenarbeit mit einem anderen Supply Chain-Partner erfordert (Kooperationsperspektive), so erfordert dies eine Veränderung des betroffenen Prozesses in der Prozessperspektive, die sich über höhere Kosten negativ auf die Finanzperspektive auswirken kann. Auf der anderen Seite kann der veränderte Prozess die Kundenzufriedenheit erhöhen (Endkundenperspektive), was sich wiederum positiv auf die Finanzperspektive auswirkt.

13.4 Operatives Logistikcontrolling

Das operative Logistikcontrolling setzt die zuvor erarbeiteten Strategien in operative Maßnahmen um. Besonders wichtig sind dabei die Nutzung operativer Logistikkennzahlen z. B. im Rahmen der Abweichungsanalyse und die Aufstellung und Einhaltung von Logistikbudgets mithilfe der Logistikkosten- und -leistungsrechnung.

13.4.1 Operative Logistikkennzahlen

Der Einsatz von Kennzahlen auf der operativen Ebene des Logistikcontrollings dient dazu, Informationen über die Nutzung von logistischen Ressourcen, den Ablauf von Logistikprozessen und die erzeugten Logistikleistungen den Entscheidungsträgern in adäquater Form zur Verfügung zu stellen. Die *operativen Logistikkennzahlen* sollten aus den logistischen Zielen abgeleitet werden, z. B. ist es sinnvoll, regelmäßig die Lieferzeit und die Termintreue zu analysieren, wenn das Ziel verfolgt wird, den Lieferservice zu verbessern.

Weiter muss bei der Gestaltung eines operativen Kennzahlensystems berücksichtigt werden, welche Empfänger welche Kennzahlen tatsächlich benötigen und zu welchen Zeitpunkten bzw. in welcher Frequenz diese Kennzahlen erhoben werden sollen. Es ist sicherzustellen, dass die den Kennzahlen zugrunde liegenden Informationen zeitnah zur Verfügung stehen. Verantwortlichkeiten für die Datenerfassung bzw. Berichtspflichten müssen definiert werden. Nach der Erhebung müssen die Daten so aufbereitet und dargestellt werden, dass die daraus resultierenden Kennzahlen eine möglichst große Entscheidungsrelevanz aufweisen.

Operative Kennzahlen lassen sich für die folgenden Zwecke nutzen:

- *Soll/Ist-Vergleich*: Beim Soll/Ist-Vergleich wird der ermittelte Wert einer Kennzahl (Ist-Wert) einer zuvor geplanten Vorgabegröße (Soll-Wert) gegenübergestellt. In Abhängigkeit vom Ausmaß der Soll/Ist-Abweichung werden mehr oder weniger umfangreiche

Maßnahmen ergriffen. So kann z. B. der Soll-Wert für den Lagerbestand eines Artikels so bestimmt worden sein, dass weder Lieferverzögerungen zu erwarten sind noch zu hohe Kapitalbindungskosten auftreten. Weicht der Ist-Wert nach unten ab, erhöht sich die Gefahr von Lieferverzögerungen und das Lager sollte aufgefüllt werden. Bei einer Abweichung nach oben steigt die Kapitalbindung an und man kann z. B. die nächste Bestellung reduzieren oder zeitlich nach hinten verschieben.

- *Zeitvergleich*: Der Zeitvergleich erlaubt es, die zu verschiedenen Zeitpunkten erhobenen Werte der Kennzahl einander gegenüberzustellen und z. B. in Form einer Zeitreihe zu analysieren. Werden dabei unerwünschte Tendenzen erkannt, so muss mit geeigneten Maßnahmen reagiert werden. In vielen Unternehmen wird regelmäßig die Ausschussquote erhoben. Eine sinkende Ausschussquote lässt sich als erfolgreiche Umsetzung von Qualitätssicherungsmaßnahmen interpretieren und erfordert keine weiteren Eingriffe. Steigt die Ausschussquote jedoch an, so sind die Ursachen zu analysieren und abzustellen.

- *Betriebsvergleich*: Ein Betriebsvergleich stellt Kennzahlen aus vergleichbaren Einheiten des Unternehmens einander gegenüber. Dabei handelt es sich um ein innerbetriebliches Benchmarking, denn die Performance jeder Einheit wird anhand der jeweils besten im Unternehmen erreichten Werte beurteilt. Bei dezentraler Lagerhaltung kann man z. B. die Umschlaghäufigkeit der Lagerbestände, die als Quotient aus dem Lagerabgang einer Periode und dem durchschnittlichen Lagerbestand definiert ist, untersuchen. Für diejenigen Einheiten, deren Umschlaghäufigkeit geringer ist als der höchste erzielte Wert, der den Benchmark bildet, können gezielte Maßnahmen zur Erhöhung des Lagerumschlags geplant werden, indem z. B. der Vorgabewert für den Lagerbestand und damit der Nenner des Quotienten reduziert wird.

In Tab. 13.1 sind Beispiele für operative Logistikkennzahlen für die verschiedenen Logistikbereiche angegeben.

- In der *Beschaffungslogistik* beziehen sich die meisten Kennzahlen auf die Bestände und auf die Lieferanten. Das Controlling der Bestände unterstützt das Kostenziel, die Pflege die Lieferantenbeziehungen trägt zur Sicherung der Materialversorgung bei.

- Die Kennzahlen der *Fertigungslogistik* beziehen sich auf die Anlagen sowie auf die innerbetrieblichen Aufträge und Transporte. Es ist wichtig, den Zustand der Anlagen unter Kontrolle zu behalten, da diese die Basis für die Abwicklung von Aufträgen sind. Die Konzentration auf Aufträge und deren Durchlauf durch die Fertigung trägt zum Serviceziel bei.

- Dieses steht bei der *Distributionslogistik* im Vordergrund, in der Kennzahlen zur Lieferung, zur Kommissionierung und zu der Durchführung der Transporte erhoben werden.

- Die *entsorgungslogistischen Kennzahlen* beziehen sich auf die Sammel- sowie auf die Aufbereitungsprozesse.

13.4 Operatives Logistikcontrolling

Tab. 13.1 Operative Logistikkennzahlen

Logistikbereich	typische Kennzahlen
Beschaffungslogistik	∅ Bestandshöhe Bestandskosten Umschlaghäufigkeit des Lagers genutzte Lagerkapazität Anteil Sicherheitsbestand ∅ Reichweite des Materials Lieferbereitschaft ∅ Lieferantenumsatz Stammlieferantenquote Anteil Eilbestellungen Kosten je Bestellung ∅ Beschaffungszeit
Fertigungslogistik	Auslastungsgrad der Anlagen Bereitschaftsgrad der Anlagen Anlagenproduktivität Anzahl Anlagenausfälle ∅ Anlagenalter Durchlaufzeit der Aufträge Anteil Eilaufträge Anteil Transportzeit je Auftrag Kapitalbindung durch ruhende Bestände innerbetriebliche Transportkosten Kosten je Materialbewegung
Distributionslogistik	Lieferservicegrade Lieferzeit Termintreue Anteil Sondertransporte durchschnittliche Abweichung Soll-/Ist-Liefertermin Fehlmengenkosten Kommissionierungen je Mitarbeiter Kosten je Kommissioniereinheit Artikelzahl je Packeinheit Anteil der durch Dienstleister abgewickelten Lieferungen Anteil der Logistikkosten an den Gesamtkosten Fuhrparkkosten Anteil Leerkilometer Beladungsquote/Auslastungsgrad der Fahrzeuge Transportkosten je Auftrag
Entsorgungslogistik	Recyclingquote Reinheitsgrad der Aufbereitung Auslastungsgrad von Sammelfahrzeugen Anteil besonders überwachungsbedürftiger Reststoffe Entsorgungskosten

In sämtlichen Logistikbereichen werden neben rein quantitativen Kennzahlen auch Kostengrößen genutzt. Die in Tab. 13.1 genannten Kennzahlen stellen lediglich ausgewählte Beispiele dar, letztlich muss jedes Unternehmen entsprechend seinen Zielsetzungen die geeigneten Kennzahlen zusammenstellen. Dabei lassen sich die Kennzahlen teilweise rechnerisch bzw. sachlogisch zu einem *operativen Kennzahlensystem* verknüpfen.

Ein Beispiel für ein solches Kennzahlensystem für das Subsystem Transport ist in Abb. 13.9 angegeben. Aus den sachlogisch miteinander verknüpften Kennzahlen Transportkosten, verfügbare Einsatzstunden und verfügbare Zuladung sowie den gemessenen Kenngrößen geleistete Tonnenkilometer, Anzahl der Sendungen, Ist-Einsatzstunden und Ist-Ladung werden verschiedene, für die Beurteilung des Transportbereichs relevante Kennzahlen gebildet.

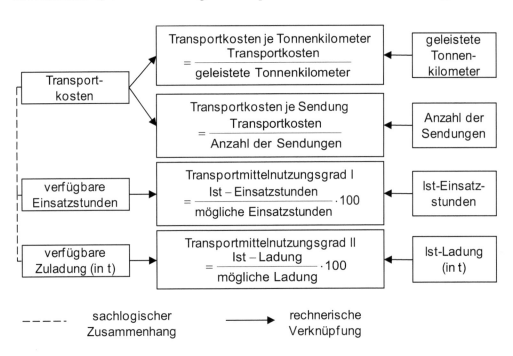

Abb. 13.9 Kennzahlensystem für das Subsystem Transport (in Anlehnung an Pfohl/Zöllner 1991, S. 239)

Diese Zusammenstellung kann für besonders wichtige Schlüsselkennzahlen in Form eines *Cockpit Charts* erfolgen. Ein Cockpit Chart erlaubt dem Entscheidungsträger – ähnlich wie die Instrumente im Cockpit eines Flugzeugs – einen raschen Überblick über den Zustand seines Bereichs. Er erhält einen Berichtsbogen, auf dem er die aktuellen Werte, die Entwicklung im Zeitablauf sowie die Sollwerte der für seinen Bereich relevanten Kennzahlen erkennen kann. Kennzahlen, deren Werte sich im zulässigen Bereich befinden, erfordern aktuell keine Aufmerksamkeit. Erreicht oder über- bzw. unterschreitet der Wert einer Kennzahl hingegen die vorher definierten Grenzen, so ist zu prüfen, wodurch dies verursacht wurde und durch welche Maßnahmen entgegengesteuert werden kann.

13.4 Operatives Logistikcontrolling

Eine verbreitete Darstellungsform der in Cockpit Charts erfassten Kennzahlen orientiert sich an einer Verkehrsampel. Für jede Kennzahl werden grüne, gelbe und rote Bereiche definiert und entsprechend visualisiert. Abb. 13.10 gibt ein Beispiel für ein Cockpit Chart mit vier Kennzahlen aus der Beschaffungslogistik.

Reichweite des Materials

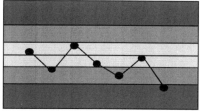

Umschlaghäufigkeit

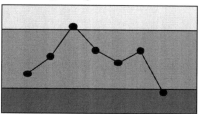

Bestandshöhe

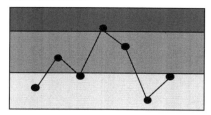

Nutzung der Lagerkapazität

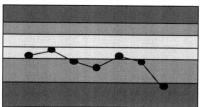

Abb. 13.10   Cockpit Chart für die Beschaffungslogistik

Die Erhebung dieser Kennzahlen erfolgt zu sieben aufeinanderfolgenden Zeitpunkten, z. B. im Wochenabstand. Während sich zu Beginn der Betrachtung sämtliche Kennzahlen mit Ausnahme der Umschlaghäufigkeit im (hier hell dargestellten) grünen Bereich befinden, liegen zum letzten dargestellten Zeitpunkt alle Werte mit Ausnahme der Bestandshöhe im (hier dunkel dargestellten) roten Bereich, so dass ein Eingriff des Entscheidungsträgers dringend erforderlich ist.

Der aus operativen Logistikkennzahlen resultierende Informationsgewinn ist umso höher, je aktueller diese bereitgestellt werden können. Die zeitnahe Erhebung von Logistikkennzahlen stellt daher eine große Herausforderung für die betriebliche Informationswirtschaft dar.

13.4.2   Logistikkosten- und -leistungsrechnung

Die Aufgabe der *Logistikkosten- und -leistungsrechnung* besteht darin, die in einer Periode erbrachten Logistikleistungen mit den dafür entstandenen Kosten mengen- und wertmäßig zu verknüpfen, um die Wirtschaftlichkeit der Prozesse beurteilen zu können. Abb. 13.11 zeigt, in welchem Zusammenhang logistische Leistungen und Kosten stehen.

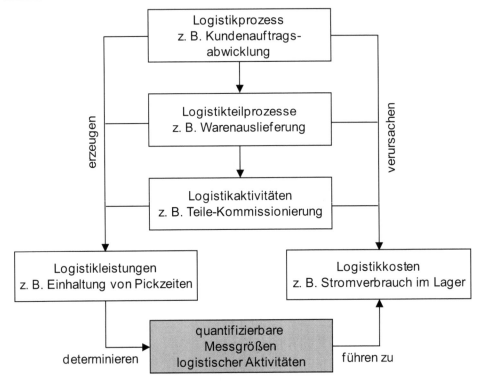

Abb. 13.11 Erfassung logistischer Leistungen und Kosten

Ein Logistikprozess, z. B. die Kundenauftragsabwicklung, lässt sich in Logistikteilprozesse wie die Warenauslieferung und diese wiederum in einzelne Logistikaktivitäten wie die Teile-Kommissionierung zerlegen. Diese Logistikprozesse, -teilprozesse und -aktivitäten erzeugen die logistischen Leistungen. In diesem Fall führen sie zur Einhaltung vorgegebener Pickzeiten, die sich als Messgröße der logistischen Aktivitäten quantifizieren lassen. Gleichzeitig verursachen die Logistikprozesse, -teilprozesse und -aktivitäten die Logistikkosten, in diesem Fall unter anderem den Stromverbrauch im Lager, der sich ebenfalls durch Messungen ermitteln lässt.

Aufgrund des hohen Gemeinkostenanteils in der Logistik sollte die Logistikkostenrechnung als Prozesskostenrechnung ausgestaltet werden. Die *Prozesskostenrechnung* hat sich Ende der 1980er Jahre in den USA aus dem Activity Based Costing entwickelt (vgl. Cooper/Kaplan 1988). Ihr Grundgedanke besteht darin, die Kosten nicht mithilfe eines Zuschlags zu den Einzelkosten auf die Produkte bzw. Leistungen zu verrechnen, sondern anhand der Inanspruchnahme der betrieblichen Aktivitäten bzw. Prozesse, durch die diese Produkte bzw. Leistungen hergestellt werden. Dadurch eignet sie sich insbesondere für Dienstleistungen, wie sie auch im Logistikbereich erbracht werden (vgl. Abschnitt 9.4), die typischerweise durch einen großen Anteil an Gemeinkosten charakterisiert sind.

In der *Kostenartenrechnung* wird der Einsatz von Produktionsfaktoren für die Erstellung von Logistikleistungen differenziert erfasst. Dabei ist zu unterscheiden zwischen den Kosten selbsterstellter Logistikleistungen, die zunächst in Form von Löhnen und Gehältern, Abschreibungen auf Gebäude und Fahrzeuge, Kosten für Strom, Treibstoff usw. anfallen, und Kosten für extern bezogene Logistikleistungen wie Transporte, angemietete Lagerhäuser oder die Nutzung von Umschlageinrichtungen, für die der Dienstleister Rechnungen ausstellt.

In der *Kostenstellenrechnung* werden die Kosten zunächst auf die Kostenstellen und innerhalb jeder Kostenstelle auf die dort durchgeführten Prozesse verteilt. Dabei erfolgt eine Kostenspaltung in direkt von der Leistungsmenge abhängige Leistungskosten, beschäftigungsabhängige sprungfixe Bereitschaftskosten und beschäftigungsunabhängige Bereitschaftskosten. Die ersten beiden Kostenkategorien werden als leistungsmengeninduzierte (lmi-)Kosten auf Basis der jeweiligen Kostentreiber über die Prozessmengen abgerechnet, die beschäftigungsunabhängigen Bereitschaftskosten werden als leistungsmengenneutrale (lmn-) Kosten anhand der lmi-Kosten geschlüsselt.

In der *Kostenträgerrechnung* erfolgt schließlich die Kalkulation der Gesamtkosten für eine logistische Leistung anhand der für die Erstellung dieser Leistung in Anspruch genommenen Aktivitäten und Teilprozesse. Diese Art der Abrechnung entsprechend der tatsächlichen Inanspruchnahme führt bei logistischen Dienstleistungen zu einer wesentlich verursachungsgerechteren Abrechnung als die pauschale Verteilung von Gemeinkosten in der Zuschlagskalkulation (zur Durchführung der Prozesskostenrechnung vgl. z. B. Steven 2007, S. 457ff.).

13.5 Weiterführende Literatur

Göpfert, I.: Logistik, Vahlen, München, 3. Aufl. 2013

Pollmeier, I.: Strategisches Supply Chain Controlling in der Automobilwirtschaft, Dr. Kovač, Hamburg 2008

Weber, J.: Logistik- und Supply Chain Controlling, Schäffer Poeschel, Stuttgart, 5. Aufl. 2002b

Weber, J.: Logistikkostenrechnung, Springer, Berlin usw., 2. Aufl. 2002c

14 Literaturempfehlungen

Antes, R., Hansjürgens, B., Letmathe, P. (Hrsg.): Emissions Trading – Institutional Design, Decision Making and Corporate Strategies, Springer, Berlin usw. 2008

Arnold, U.: Beschaffungsmanagement, Schäffer-Poeschel, Stuttgart, 2. Aufl. 1997

Asdecker, B.: Retourenmanagement – Begriff, Inhalte, Strategien, in: Wirtschaftswissenschaftliches Studium 40, 2011, S. 258-262

Bamberg, G., Baur, F.: Statistik, Oldenbourg, München/Wien, 12. Aufl. 2002

Bartmann, D., Beckmann, M. J.: Lagerhaltung, Springer, Berlin usw. 1989

Bea, F. X.: Wissensmanagement, in: Wirtschaftswissenschaftliches Studium 29, 2000, S. 362-367

Bichler, K., Krohn, R.: Beschaffungs- und Lagerwirtschaft, Gabler, Wiesbaden, 8. Aufl. 2001

Bruns, K.: Analyse und Beurteilung von Entsorgungslogistiksystemen, Gabler, Wiesbaden 1997

Bundesverband Güterkraftverkehr Logistik und Entsorgung (BGL) e. V. (Hrsg.): Güteraufkommen der Verkehrsträger im Bundesgebiet 1950-2012, Online im Internet, URL: http://bgl-ev.de/images/daten/verkehr/gueteraufkommen_tabelle.pdf, Stand: März 2014, Abruf: 12.11.2014

Burchert, H., Hering, T., Rollberg, T.: Logistik, Oldenbourg, München/Wien 2000

Chopra, S., Meindl, P.: Supply Chain Management, Pearson, Hallbergmoos, 5. Aufl. 2014

Cooper, R., Kaplan, R. S.: Measure Costs Right: Make the Right Decisions, in: Harvard Business Review 1988, Sept.-Oct., S. 96-103

Corsten, H., Gössinger, R.: Einführung in das Supply Chain Management, Oldenbourg, München/Wien 2001

Corsten, H., Gössinger, R.: Produktionswirtschaft, Oldenbourg, München/Wien, 13. Aufl. 2012

Corsten, H., Gössinger, R.: Produktions- und Logistikmanagement, UTB, Konstanz 2013

DB Schenker: Kennzahlen und Fakten zur Nachhaltigkeit 2013, Online im Internet, URL: http://www.dbschenker.com/file/8135922/data/kennzahlenbroschuere_nachhaltigkeit_2013.pdf, Abruf: 12.11.2014

13.5 Weiterführende Literatur

Debreu, G.: Werttheorie – Eine axiomatische Analyse des ökonomischen Gleichgewichts, Springer, Berlin usw. 1976

Dellmann, K.: Kennzahlen und Kennzahlensysteme, in: Küpper, H.-U., Wagenhofer, A. (Hrsg.), Handwörterbuch Unternehmensrechnung und Controlling, 4. Aufl., Schäffer-Poeschel, Stuttgart 2002, Sp. 940-950

Domschke, W.: Logistik: Rundreisen und Touren, Oldenbourg, München/Wien, 4. Aufl. 1997

Domschke, W.: Logistik: Transport, Oldenbourg, München/Wien, 5. Aufl. 2007

Domschke, W., Drexl, A.: Logistik: Standorte, Oldenbourg, München/Wien, 4. Aufl. 1996

Dyckhoff, H., Umweltmanagement, Springer, Berlin usw. 2000

Exeler, H.: Das homogene Packproblem in der betriebswirtschaftlichen Logistik, Physica, Heidelberg 1988

Fleischmann, B.: Bestandsmanagement zwischen Zero Stock und Inventory Control, in: OR News Nr. 19, 2003, S. 22-27

Forrester, J. W.: Industrial Dynamics, Cambridge (Mass.), 7. Aufl. 1972

Franz, K.-P.: Kennzahlensysteme für das Produktionsmanagement, in: Corsten, H., Friedl, B. (Hrsg.), Einführung in das Produktionscontrolling, Vahlen, München 1999, S. 291-317

Göpfert, I.: Logistik, Vahlen, München, 3. Aufl. 2013

Gudehus, T.: Logistik 1 – Grundlagen, Verfahren und Strategien, Springer, Berlin usw. 2000a

Gudehus, T.: Logistik 2 – Netzwerke, Systeme und Lieferketten, Springer, Berlin usw. 2000b

Günther, H.-O., Tempelmeier, H.: Produktion und Logistik, Springer, Berlin usw., 6. Aufl. 2005

Harrison, A., van Hoek, R.: Logistics Management and Strategy, Pearson, Prentice Hall 2002

Hofstede, G.: The Business of Intercultural Business is Culture, in: International Business Review 2, 1994, S. 1-14

Hofstede, G., Hofstede, G. J., Mayer, P., Sondermann, M., Lee. A.: Lokales Denken, globales Handeln. Interkulturelle Zusammenarbeit und globales Management, Beck, München, 5. Aufl. 2011

Hoitsch, H.-J.: Produktionswirtschaft, Vahlen, München, 2. Aufl. 1993

Homburg, C.: Quantitative Betriebswirtschaftslehre, Gabler, Wiesbaden, 3. Aufl. 2000

Ihde, G. B.: Transport, Verkehr, Logistik, Vahlen, München, 3. Aufl. 2001

Isermann, H.: Verpackung, in: Kern, W., Schröder, H.-H., Weber, J. (Hrsg.), Handwörterbuch der Produktionswirtschaft, Schäffer-Poeschel, Stuttgart, 2. Aufl. 1996, Sp. 2162-2182

Isermann, H.: Grundlagen eines systemorientierten Logistikmanagements, in: Isermann, H.: Logistik – Gestaltung von Logistiksystemen, Moderne Industrie, Landsberg am Lech, 2. Aufl. 1998, S. 21-60

Isermann, H.: Gestaltung von Logistiksystemen, Moderne Industrie, Landsberg am Lech, 2. Aufl. 1998

Janker, C. G.: Multivariate Lieferantenbewertung, Gabler, Wiesbaden 2004

Jaquemin, M., Pibernik, R., Sucky, E. (Hrsg.): Quantitative Methoden der Logistik und des Supply Chain Management, Verlag Dr. Kovač, Hamburg 2006

Jonsson, P.: Logistics and Supply Chain Management, McGraw Hill, New York 2008

Jünemann, R., Beyer, A.: Steuerung von Materialfluß- und Logistiksystemen, Springer, Berlin usw., 2. Aufl. 1998

Jünemann, R., Schmidt, T.: Materialflußsysteme – Systemtechnische Grundlagen, Springer, Berlin usw., 2. Aufl. 1999a

Jünemann, R., Schmidt, T.: Materialflußsysteme – Materialfluss und Logistik, Springer, Berlin usw., 2. Aufl. 1999b

Kaplan, R. S., Norton, D. P.: The Balanced Scorecard – Translating strategy into action, Boston 2006

Kille, C., Schwemmer, M.: TOP 100 in European Transport and Logistics Services, DVV Media Group GmbH, Hamburg 2013

Kistner, K.-P.: Die Substitution von Umlaufvermögen durch Anlagevermögen im Rahmen der Produktion auf Abruf, in: OR Spektrum 16, 1994, S. 125-134

Kistner, K.-P.: Optimierungsmethoden, Physica, Heidelberg, 3. Aufl. 2003

Kistner, K.-P., Steven, M.: Neuere Entwicklungen in Produktionsplanung und Fertigungstechnik, in: Wirtschaftswissenschaftliches Studium 20, 1991, S. 11-17

Kistner, K.-P., Steven, M.: Produktionsplanung, Physica, Heidelberg, 3. Aufl. 2001

Klaus, P.: Jenseits einer Funktionenlogistik: Der Prozessansatz, in: Isermann, H.: Logistik – Gestaltung von Logistiksystemen, Moderne Industrie, Landsberg am Lech, 2. Aufl. 1998, S. 61-78

Koether, R.: Technische Logistik, Hanser, München, 3. Aufl. 2007

Kortschak, B.: Vorsprung durch Logistik, Service Fachverlag, Wien 1992

Krüger, R.: Das Just-in-Time-Konzept für globale Logistikprozesse, Gabler, Wiesbaden 2004

13.5 Weiterführende Literatur

Kummer, S.: Logistikcontrolling, in: Kern, W., Schröder, H.-H., Weber, J.(Hrsg.), Handwörterbuch der Produktionswirtschaft, Schäffer-Poeschel, Stuttgart. 2. Aufl. 1996, Sp. 1118-1129

Kummer, S.: Supply Chain Controlling, in: Kostenrechnungspraxis 45, 2001, S. 81-87

Kummer, S., Grün, O., Jammernegg, W.: Grundzüge der Beschaffung, Produktion und Logistik, Pearson, München, 3. Aufl. 2013

Küpper, H.-U.: Controlling-Konzept für die Logistik, in: Männel, W. (Hrsg.), Logistik-Controlling, Gabler, Wiesbaden 1993, S. 39-57

Küpper, H.-U., Helber, S.: Ablauforganisation in Produktion und Logistik, Schäffer-Poeschel, Stuttgart, 2. Aufl. 1995

Männel, W. (Hrsg.): Logistik-Controlling, Gabler, Wiesbaden 1993

Merklein, T.: Berücksichtigung umweltpolitischer Vorgaben im unternehmerischen Entscheidungsprozess – Strategien und Maßnahmen in Reaktion auf die Einführung des EU Emissions Trading im europäischen Luftverkehr, Dr. Kovač, Hamburg 2012

Meyr, H., Wagner, M., Rohde, J.: Structure of Advanced Planning Systems, in: Stadtler, H., Kilger, C. (Hrsg.), Supply Chain Management and Advanced Planning, Springer, Berlin usw. 2000, S. 75-77

Ohno, T.: Das Toyota-Produktionssystem, Campus, Frankfurt am Main 1993

Pfohl, H.-C.: Logistiksysteme, in: Wittmann, W. et al. (Hrsg.), Handwörterbuch der Betriebswirtschaft, Schäffer-Poeschel, Stuttgart, 5. Aufl. 1993, Sp. 2615-2632

Pfohl, H.-C. (Hrsg.): Integrative Instrumente der Logistik, Erich Schmidt, Berlin 1996

Pfohl, H.-C.: Jahrhundert der Logistik, Erich Schmidt, Berlin 2001

Pfohl, H.-C.: Logistiksysteme, Springer, Berlin usw., 8. Aufl. 2010

Pfohl, H.-C., Zöllner, W. A.: Effizienzmessung der Logistik, in: Die Betriebswirtschaft 51, 1991, S. 323-339

Pollmeier, I.: Strategisches Supply Chain Controlling in der Automobilwirtschaft, Dr. Kovač, Hamburg 2008

Porter, M. E.: Competitive Strategy, Free Press, New York 1985

Reichmann, T.: Controlling mit Kennzahlen, Vahlen, München, 8. Aufl. 2011

Schröder, H.: Praktiken zur Steigerung der Effektivität und der Effizienz in der Distribution, in: Wirtschaftswissenschaftliches Studium 41, 2012, S. 120-126

Schulte, C.: Logistikmanagement, Vahlen, München, 6. Aufl. 2012

Sebastian, H.-J., Grünert, T. (Hrsg.): Logistik Management, Teubner, Stuttgart/Leipzig/Wiesbaden 2001

Spengler, T., Voss, S., Kopfer, H. (Hrsg.): Logistik Management, Physica, Heidelberg 2004

Springer Fachmedien Wiesbaden (Hrsg.): 222 Keywords Logistik, Springer Gabler, Wiesbaden, 2. Aufl. 2014

statista.com: online im Internet, URL: http://de.statista.com/statistik/daten/studie/12135/umfrage/entwicklung-der-mautsaetze-fuer-lkw-bis-3-achsen/, Abruf am 12.12.2014

Steinbuch, P. A.: Logistik, NWB-Verlag, Herne/Berlin 2001

Steven, M.: Produktion und Umweltschutz – Ansatzpunkte für die Integration von Umweltschutzmaßnahmen in die Produktionstheorie, Gabler, Wiesbaden 1994a

Steven, M.: Just-in-Time und Umweltschutz, in: CIM-Management 10, 1994b, S. 54-58

Steven M.: Networks in Reverse Logistics, in: Dyckhoff, H., Lackes, R., Reese, J. (Hrsg.), Supply Chain Management and Reverse Logistics, Springer, Berlin usw. 2004, S. 163-180

Steven, M.: Supply Chain Management für globale Wertschöpfungsketten, in: Wirtschaftswissenschaftliches Studium 34, 2005, S. 195-200

Steven, M.: Handbuch Produktion, Kohlhammer, Stuttgart 2007a

Steven, M.: Entsorgung, in: Köhler, R., Küpper, H.-U., Pfingsten, A. (Hrsg.), Handwörterbuch der Betriebswirtschaft, Schäffer-Poeschel, Stuttgart, 6. Aufl. 2007b, Sp. 394-402

Steven, M.: Einführung in die Produktionswirtschaft, Kohlhammer, Stuttgart 2013

Steven, M.: Produktionsmanagement, Kohlhammer, Stuttgart 2014

Steven, M., Bruns, K.: Entsorgungslogistik, in: Das Wirtschaftsstudium 26, 1997, S. 695-700 u. S. 802-806

Steven, M., Keine genannt Schulte, J., Merklein, T.: Einsatz von Produktionsfunktionen zur Reduktion von Treibstoffverbrauch und CO_2-Emissionen in der zivilen Luftfahrt, in: Wirtschaftswissenschaftliches Studium 40, 2011, S. 401-406

Steven, M., Krüger, R., Tengler, S.: Informationssysteme für das Supply Chain Management, in: PPS Management 5, 2000, Heft 2, S. 15-23

Steven, M., Krüger, R.: Supply Chain Event Management für globale Logistikprozesse, in: Spengler, T., Voß, S., Kopfer, H. (Hrsg.), Logistik Management, Physica, Heidelberg 2004, S. 179-195

Steven, M., Merklein, T.: Ökologische Verantwortung und Umweltberichterstattung im Luftverkehr, in: Hahn, R., Janzen, H., Matten, D. (Hrsg.), Die gesellschaftliche Verantwortung des Unternehmens, Schäffer-Poeschel, Stuttgart 2012, S. 349-369

Steven, M., Pollmeier, I.: Der Risikomanagementprozess in der Supply Chain, in: Logistik Management 8, 2006, Heft 4, S. 7-17

Steven, M., Tengler, S., Krüger, R.: Reverse Logistics, in: Das Wirtschaftsstudium 32, 2003, S. 643-647 u. S. 779-784

Stölzle, W., Heusler, K. F., Karrer, M.: Die Integration der Balanced Scorecard in das Supply Chain Management-Konzept (BSCM), in: Logistik Management 3, 2001, S. 73-85

Stölzle, W.: Supply Chain Controlling und Performance Measurement – Konzeptionelle Herausforderungen für das Supply Chain Management, in: Logistik Management 4, Nr. 3, 2002, S. 10-21

Stölzle, W., Otto, A. (Hrsg.): Supply Chain Controlling in Theorie und Praxis, Gabler, Wiesbaden 2003

Strebel, H., Schwarz, E. J. (Hrsg.): Kreislauforientierte Unternehmenskooperationen, Oldenbourg, München/Wien 1998

Supply Chain Council: Supply Chain Council & Supply Chain Operations Reference (SCOR) Model Overview, online im Internet, URL: www.supply-chain.org, State: June 9, 2000.

Tempelmeier, H.: Material-Logistik, Springer, Berlin usw., 7. Aufl. 2008

Tempelmeier, H., Kuhn, H.: Flexible Fertigungssysteme, Springer, Berlin usw. 1993

Thonemann, U.: Operations Management, Pearson, München 2005

United Nations: Global Warming Potentials, online im Internet, URL: http://unfccc.int/ghg_data/items/3825.php, Abruf: 25.11.2014

Vahrenkamp, R.: Produktions- und Logistikmanagement, Oldenbourg, München/Wien 1994

Vahrenkamp, R.: Logistik, Oldenbourg, München/Wien, 7. Aufl. 2012

Vahrenkamp, R., Kotzab, H.: Logistik, Oldenbourg, München/Wien, 7. Aufl. 2012

Vahrenkamp, R., Mattfeld, D. C.: Logistiknetzwerke, Gabler, Wiesbaden 2007

Vahrenkamp, R., Siepermann, C. (Hrsg.): Risikomanagement in Supply Chains, Erich Schmidt, Berlin 2007

Vogel, A.: Controlling in der gewerblichen Entsorgungslogistik, Peter Lang, Frankfurt am Main 1993

Wäscher, G.: Logistik, in: Berndt, R., Altobelli, C. F., Schuster, P. (Hrsg.), Springers Handbuch der Betriebswirtschaftslehre I, Springer, Berlin usw. 1998, S. 421-468

Weber, J.: Logistik als Koordinationsfunktion – Zur theoretischen Fundierung der Logistik, in: Zeitschrift für Betriebswirtschaft 62, 1992, S. 877-895

Weber, J.: Logistikcontrolling, in: Küpper, H.-U., Wagenhofer, A. (Hrsg.), Handwörterbuch Unternehmensrechnung und Controlling, Schäffer-Poeschel, Stuttgart, 4. Aufl. 2002a, Sp. 1222-1230

Weber, J.: Logistik- und Supply Chain Controlling, Schäffer-Poeschel, Stuttgart, 5. Aufl. 2002b

Weber, J. : Logistikkostenrechnung, Springer, Berlin usw., 2. Aufl. 2002c

Weber, J., Kummer, S.: Logistikmanagement, Schäffer Poeschel, Stuttgart, 2. Aufl. 1998

Werners, B.: Grundlagen des Operations Research, Springer Gabler, Berlin/Heidelberg, 3. Aufl. 2013

Wiendahl, H.-P. (Hrsg.): Erfolgsfaktor Logistikqualität, Springer, Berlin usw. 1996

Wildemann, H.: Investitionsplanung und Wirtschaftlichkeitsrechnung für flexible Fertigungssysteme (FFS), Schäffer, Stuttgart 1987

Zäpfel, G., Wasner, M.: Der Peitschenschlageffekt in der Logistikkette und Möglichkeiten der Überwindung chaotischen Verhaltens, in: Logistik Management 1, 1999, S. 297-309

Zäpfel, G., Piekarz, B.: Supply-Chain-Controlling, Vieweg, Wiesbaden 2005

Zimmermann, H.-J.: Operations Research, Vieweg, Wiesbaden 2005

Marion Steven

Einführung in die Produktionswirtschaft

2013. X, 214 Seiten,
102 Abb., 9 Tab.
Kart. € 29,90
ISBN 978-3-17-023443-7

auch als EBOOK

Die Produktion ist eine zentrale betriebliche Funktion, die unter den Bedingungen des globalen Standortwettbewerbs so gestaltet werden muss, dass nachhaltige Wettbewerbsvorteile entstehen. Das Aufgabenfeld der Produktionswirtschaft umfasst insbesondere die Materialbereitstellung, die Lieferantenwahl, Transportvorgänge, die Lagerhaltung, die Planung von Produktionsprogrammen, die Planung und Steuerung des Produktionsprozesses selbst sowie die Abbildung und Kontrolle dieser Vorgänge im Rechnungswesen. Das Lehrbuch hat das Ziel, Studierende ohne Vorkenntnisse mit den wichtigsten Sachverhalten und Planungsmethoden der Produktionswirtschaft vertraut zu machen. Es ist in 13 Lehreinheiten gegliedert, deren Inhalt jeweils dem Umfang einer Vorlesungsdoppelstunde entspricht.

Leseproben und weitere Informationen unter www.kohlhammer.de

W. Kohlhammer GmbH · 70549 Stuttgart
vertrieb@kohlhammer.de

Kohlhammer

Marion Steven

Produktions-management

2014. XI, 230 Seiten,
82 Abb., 22 Tab.
Kart. € 29,99
ISBN 978-3-17-025655-2

auch als EBOOK

Die Aufgabe des Produktionsmanagements ist die Ausgestaltung des Produktionsbereichs und die laufende Planung der Abläufe innerhalb des Produktionssystems eines Unternehmens. Ausgehend von einer Einordnung des Produktionsmanagements werden die wichtigsten Entscheidungen auf der strategischen, der taktischen und der operativen Planungsebene behandelt. Dabei werden sowohl konzeptionelle als auch quantitative Modelle eingesetzt. Abschließend wird mithilfe der hierarchischen Produktionsplanung, der PPS-Systeme und der ganzheitlichen Produktionssysteme der Bereich des Produktionsmanagements aus einer umfassenden Perspektive dargestellt. Der Stoff ist in 13 Lehreinheiten gegliedert, deren Inhalt jeweils dem Umfang einer Vorlesungsdoppelstunde entspricht und die weitgehend unabhängig voneinander durchgearbeitet werden können.

Leseproben und weitere Informationen unter www.kohlhammer.de

W. Kohlhammer GmbH · 70549 Stuttgart
vertrieb@kohlhammer.de

Kohlhammer